교과서에 나오는 6학년 위인들

위인전 편찬위원회 편

교과서에 나오는 6학년 위인들

위인전 편찬위원회 편

자유토론

머리말

　어린이 여러분이 읽어야 하는 책은 분야 별로 참으로 많습니다. 동화, 동시, 과학, 역사에 관한 책 등······.

　동화와 동시를 통해서는 무한한 상상력과 창의력을 키울 수 있고, 과학책이나 역사책에서는 비판력과 논리적인 사고력을 키울 수 있습니다.

　위인전도 마찬가지지요. 어린이 여러분은 위인전을 읽으면서 위인들의 어린 시절을 통해 자신을 비교해 보게 되고, 남다른 지혜와 용기를 배우게 되지요. 또한 착하고 슬기롭고, 의로운 마음으로 용기있게 어려움을 헤쳐나가는 지혜를 배우기도 하구요.

　위인은 어린이 여러분의 친구입니다. 역사에 길이 남는 위인이라고 해서 여러분과 다른 종류의 사람이 아닙니다.

　그들도 어린 시절에는 말썽을 피워 부모님께 혼나기도 했고, 잘못을 저질러 참회의 눈물을 흘리기도 했습니다.

　요즘처럼 할 것도 많고 배울 것도 많은 어린이 여러분이 그 많은 위인전을 다 읽을 수는 없습니다.

　교과서에 나오는 위인들만을 가려 뽑아 간략하게 소개해 놓은 이 책 한 권으로 여러분은 교과서 속 위인들을 모두 만나게 될 것입니다.

교과서에 나오는 위인들 ········· 6학년

 **목차**

추사체의 주인공 김정희
13

청산리 전투의 명장 김좌진
16

영화 〈아리랑〉의 감독 나운규
19

한국 근대의 선구적인 언론인 남궁억
22

발해를 세운 대조영
25

비극적 생애를 산 명성 황후
28

국방과 민생에 힘쓴 무녕왕
31

목화씨를 붓대 속에 넣어 온 문익점
34

망국을 통탄한 민영환
37

순국으로 의병 봉기의 도화선을 당긴 박승환
40

가야금으로 방아타령을 연주한 백결
42

의병을 이끈 승려 사명 대사
44

인류의 빛이 된 성인 석가모니
47

임진왜란 속에서 선조
50

화왕계를 지어 신문왕을 깨우친 설총
53

백성과 학자를 아끼고 사랑한 세종 대왕
56

신출귀몰한 의병대장 신돌석
60

한국의 훌륭한 어머니 신사임당
63

천혜의 요새인 새재를 버린 신입
65

이등박문을 사살한 안중근
69

인류를 위한 복음 예수 그리스도
72

고려 왕조를 세운 왕건
75

일본 문화 발전에 기여한 왕인 박사
78

대승불교의 시조 원효 대사
82

나라 위해 젊음을 바친 유관순
85

구한말 선구자적 개화 사상가 유길준
88

동요에 바친 삶 윤극영
93

하늘과 바람과 별을 노래한 저항시인 윤동주
99

홍코우 공원에서 폭탄을 던진 윤봉길
101

살수대첩의 영웅 을지문덕
103

고구려의 명재상 을파소
110

신하를 사랑한 태종 이방원
113

일본 천황에게 폭탄을 던진 이봉창
115

민족을 위해 바친 삶 남강 이승훈
118

나라 빼앗긴 울분을 글로 토로한 장지연
122

녹두장군 전봉준
124

정조의 사랑 다산 정약용
130

청렴한 관리를 주장한 정인홍
133

임금을 꺾은 낮은 벼슬아치의 고집 조헌
136

한글 연구에 바친 삶 주시경
139

천연두 예방에 앞장선 지석영
142

동학을 창시한 최제우
145

검소함을 실천한 학자 최현배
149

민족 시인 만해 한용운
152

민족혼을 담은 음악가 홍난파
156

무장 항쟁의 선봉에 서서 홍범도
159

인재를 중시한 흥선대원군
163

가난한 사람들을 위한 삶 마더 테레사
166

교과서에 나오는 위인들 ················· 6학년

 목차

청해진의 왕자 장보고
168

신라의 시조 박혁거세
174

백제의 시조 온조왕
177

죽는 날까지 나라를 위해 유관
179

한산대첩의 영웅 이순신
184

학문 진흥에 바친 삶 최충
187

동의보감을 지은 허준
190

나라와 운명을 함께 한 계백
196

백제의 전성시대 근초고왕
201

신라의 명장 김유신
203

대종교를 창시한 나철
206

일본에서 이름을 빛낸 승려 화가 담징
210

삼국통일의 터전을 닦은 무열왕
213

삼국을 통일한 문무왕
216

순국으로 의병 봉기의 도화선을 당긴 박승환
219

노구의 몸으로 승군을 이끈 서산 대사
221

백성을 위한 정치 성덕왕
225

베를린 올림픽의 영웅 손기정
228

한국환상곡 안익태
232

겨레의 횃불 안창호
237

탁월한 정복자 알렉산더
242

조선을 세운 이성계
244

동방의 군자 율곡 이이
248

이국에서도 굽히지 않은 절개 이준
252

활자 개발에 기여한 무신 과학자 이천
255

북방 외교에 힘쓴 장수왕
257

천민 신분을 뛰어넘은 과학자 장영실
261

선비의 절개를 지킨 정인보
265

동맹관계를 이용한 영토 넓히기 진흥왕
269

화약을 발명한 최무선
273

관대한 인품의 명재상 황희
277

강력한 정치를 펼친 연개소문
281

빈 그릇을 덕으로 채운 강감찬
285

조선의 마지막 임금 고종
287

불변의 진리를 가르친 사상가 공자
290

하늘이 내린 장수, 홍의장군 곽재우
294

위대한 정복자 광개토 대왕
297

최초로 과거 제도를 실시한 광종
299

조국의 독립을 위해 김구
301

의병을 일으켜 나라에 충성한 김덕령
306

음악 보급에 힘쓴 현제명
309

교과서에 나오는 **6학년** 위인들

위인전 편찬위원회 편

추사체의 주인공
김정희

    1786년 정조 10년, 김정희는 아버지 김노경과 어머니 유씨 사이에서 맏아들로 태어났습니다. 어려서부터 글씨 솜씨가 뛰어나 어른들을 놀라게 했으며, 늘 뭇사람들의 칭찬을 받았습니다.

    일곱 살 때 입춘 날, 김정희가 입춘첩을 써서 대문에 붙인 일이 있었습니다. 마침 당대의 영상 채제공이 그 집 앞을 지나가다가 그 입춘첩을 보고 깜짝 놀라 그 집으로 들어갔습니다. 갑자기 정승의 방문을 받은 아버지 김노경은 자못 당황하였습니다.

    "아이고 대감께서 어떻게 저희 집에 오셨습니까?"

    "대문에 붙인 글씨를 보고 들어왔소. 누가 쓴 것입니까?"

    일곱 살짜리 소년의 솜씨란 말을 듣고 채 정승은 이렇게 말을 하였습니다.

    "이 애가 명필로는 이름을 날리겠지만, 만약 글씨로 출세를 하면 팔자가 사나울 것이오. 문장으로 세상을 울리게 하는 것이 낫겠소이다."

    김정희는 할아버지와 아버지가 모두 서울에서 벼슬을 하고 있어서 어려서 일찍 고향인 충청도 예산을 떠나 서울로 올라와서 학문을 닦았습니다. 시를 잘 짓고 글씨와 그림에 능하며, 또한 무예에도 뛰어난 학자 박제가에게서 가르침을 받았습니다.

    "지금 이 시대에 정희의 재주를 따를 자가 없을 것이다. 내 그를 훌륭한 인물로 만들리라."

이렇게 생각한 박제가는 그를 가르치는 데 정성을 다했습니다.
그의 학문은 날로 깊이를 더하여 스물네 살에 생원 시험에 합격하였습니다. 하지만 벼슬보다 학문을 닦는 데 더 관심이 많았던 그는 중국에 가서 공부하고 싶어했습니다.
"중국에 가면 뛰어난 유학자들을 만나 더 깊이있는 학문을 배울 수 있을 텐데……."
김정희가 생원 시험에 합격한 해인 1809년, 나라에서는 중국으로 사신을 보내게 되었습니다. 이 때 김정희는 사신으로 가는 아버지 김노경을 따라 중국에 가게 되었습니다.
중국에 간 김정희는 오십여 일 간 머무르며 청나라의 젊은 학자 조강, 일흔여덟 살의 노인 학자 옹방강 등을 만나 학문에 대해서 열띤 토론을 하였습니다. 이 때 옹방강은 학문이 뛰어난 김정희를 알아보고 크게 칭찬하였습니다.
"학문과 문장이 해동에서 제일이다."
이제 겨우 스물다섯의 젊은 김정희에게 학문에 대하여 열심히 이야기해 주었습니다.
중국에서 돌아온 뒤에도 김정희는 중국의 학자들과 편지를 주고받으며 학문의 깊이를 다졌습니다. 그러한 가운데서도 옹방강과 완원이라는 학자들과의 관계가 깊어 김정희의 학문은 이 두 스승의 영향을 많이 받았습니다. 김정희는 옹방강에게 금석 탁본과 옛날 책 또는 글씨, 그림, 인삼 등을 선물로 보냈습니다. 옹방강도 김정희의 정성에 감동하여 자기의 많은 저서와 김정희가 물어 보는 학문에 관한 이야기를 상세히 적어 보내 주었습니다.
옛날 비석에도 관심이 많았던 김정희는 함흥 황초령에 있는 신라 진흥왕 순수비를 연구하였습니다. 그리하여 그 때까지 무학 대사의 비라고 전해 오던 것을 진흥왕 순수비라고 밝혔습니다.
한편 추사는 독특한 자기 개성을 살려 추사체를 창조하였고 매화를

사랑하여 매화 그림도 많이 그렸습니다.
　글씨와 그림과 학문에 뛰어난 그는 예문관의 한림, 규장각의 대교를 지내는 등 선비로서 가장 보람있는 벼슬길에 올랐습니다. 그러다가 마흔한 살에 충청도 지방의 암행어사가 되고, 이듬해에는 여러 특권과 명예를 누리는 부교리가 되었습니다.
　하지만 그의 벼슬살이가 내내 순탄한 것만은 아니었습니다. 1840년 쉰넷이 되던 해, 김정희는 정권 다툼에 휩쓸려 억울하게 변을 당하여 죄인이 되어 제주도로 귀양가게 되었습니다. 제주도에 있으면서 김정희는 학문을 배우고자 하는 젊은이들을 가르쳤습니다. 제자들에게 온갖 생활과 사람의 도리에 대하여 가르쳤던 김정희는 그렇게 하는 것으로 삶의 보람을 느끼기도 하였습니다.
　제주도에 간 지 9년 만에 귀양살이에서 풀려났습니다. 그 때 그의 나이 예순네 살이었습니다. 그러나 예순여섯에 또다시 당쟁의 회오리에 휘말려 함경도 북청으로 귀양을 갔습니다. 그 곳에서도 그의 가르침을 받고자 하는 젊은이들이 많았습니다. 김정희는 제주도에서처럼 그들에게 학문을 전수했습니다.
　다음 해인 1852년 추사는 귀양살이에서 풀려나게 되었습니다. 그는 아버지의 묘가 있는 과천 관악산 기슭에 집을 짓고 불경을 읽으며, 가까운 봉은사를 찾아가서 승려들과 불법을 이야기하면서 조용히 여생을 보냈습니다.
　지고한 선비정신을 글과 그림에 담았던 추사 김정희는 1856년 일흔하나를 일기로 세상을 떠났습니다.

청산리 전투의 명장
김좌진

　김좌진의 아버지 김형규는 홍성 일대에서 이름을 떨치는 부자였습니다. 하지만 김좌진이 열 살 되던 해에 아버지는 세상을 떠나고 말았습니다. 아버지를 여읜 김좌진은 홀어머니 슬하에서 자라면서 서당을 다니며 글을 익혔습니다. 그러나 병법에만 관심이 많았던 김좌진은 글공부를 등한시한 채 무협소설이나 전쟁 영웅들의 무용담에 열중하였습니다.
　"이놈, 너만 바라보며 살고 계시는 네 어머니 보기가 부끄럽지도 않느냐!"
　김좌진 어머니의 남다른 부탁을 받은 서당 선생은 그의 행동을 못마땅해 했습니다.
　자기 행동의 잘못을 깨닫지 못한 소년 김좌진은, 1896년 어느 날 고향마을을 찾아온 김석범에게서 세상 이야기를 듣게 되었습니다.
　"일본을 등에 업은 친일파가 나라를 망치고 있다. 위기에 처한 나라를 구하기 위해서는 독립 운동을 벌여야 한다."
　김석범의 말에 감동한 소년 김좌진은 자신도 독립 운동을 해야겠다고 마음 먹었습니다.
　열여섯 살이 되던 해, 집안 살림을 떠맡은 김좌진은 나라 사랑하는 마음을 실천하기 시작하였습니다. 그리하여 자신의 토지를 소작인들에게 나누어 주고 고향 마을에 호명학교를 세웠습니다.

1907년 을사조약으로 나라가 위태로웠을 때, 김좌진은 분연히 서울로 달려갔습니다. 서울에서 올라온 그는 노백린, 안창호 등을 만나 독립 운동을 벌였습니다. 독립자금을 마련하기 위해 종로에 '이창양행'이라는 상점을 차렸고 무기구입 자금을 모으기 위해 전국을 돌아다녔습니다. 하지만 부호인 김종근을 위협하면서 군자금을 받아내려고 했던 그는 강도 미수죄로 일본 경찰에 체포되고 말았습니다.
  김좌진은 감옥에서 2년이라는 세월을 보내고 풀려날 수 있었습니다. 그를 요주의 인물로 찍은 일본 경찰은 그냥 두지 않았습니다. 그의 일거일동을 감시하며 따라다녔습니다. 일본 경찰의 감시를 아랑곳하지 않고 독립활동을 했던 그는 걸핏하면 체포되었습니다.
  일본 경찰에 쫓기는 신세가 되자, 스물아홉 살의 김좌진은 만주로 활동 무대를 옮겨야 했습니다.
  만주로 진출한 김좌진은 조국광복을 이루겠다는 일념에 사로잡혀 더욱 세차게 독립 운동을 펼쳤습니다.
  김규식, 이범석 등과 북로군정서를 조직하고 총사령관에 취임한 그는 사관학교를 세워 독립군 양성에 더욱 박차를 가했습니다.
  이렇게 북만주에 독립군이 세력을 키워가자 일본은 위협을 느꼈습니다. 일본군은 독립군 토벌작전을 계획하고 독립군 본거지를 향해 쳐들어갔습니다. 미리 이러한 정보를 입수했던 독립군은 백운평의 숲속에서 숨을 죽이고 적의 접근을 기다리고 있었습니다.
  일본군이 계곡으로 들어오자, 독립군은 김좌진의 권총소리를 신호로 일제히 공격을 퍼부었습니다. 일본군은 맞서 싸우기도 하고 일부는 후퇴하면서 수많은 사상자를 냈습니다.
  이 후 자신감에 넘친 독립군은 어랑촌 전방에서 일본군 3개 여단을 몰살시켰습니다. 만 4일 간 10여 차례의 접전을 벌인 끝에 2천여 명에 달하는 일본군을 살상했습니다. 한편 독립군은 일본군에 비해 아주 낡은 무기를 지녔고, 게다가 10분의 1 정도밖에 되지 않은 수로 일본군 주력부대를 여지없이 격파했던 것입니다.

　홍범도와 연합전선으로 승리를 거둔 이 전투는 '청산리대첩' 이라는 이름으로 독립투쟁사에 길이 빛나고 있습니다.

　다음 해인 1921년 봄, 일본군은 대대적인 보복작전을 벌였습니다. 독립군은 열악한 조건에서 맞서 싸우기보다 잠시 물러섰다가 다음 기회를 기다릴 수밖에 없었습니다.

　그리하여 독립군은 러시아 노령 자유시로 이동하였습니다. 이 때 일본군과 비밀타협을 한 러시아 지방 군대는 독립군을 공격하였습니다.

　쫓기는 처지가 된 김좌진은 천신만고 끝에 다시 만주로 돌아왔습니다. 하지만 그를 기다리고 있는 것은 만주 동포들 사이의 분열이었습니다.

　상해 임시정부의 요직을 사양하고 만주 동포들을 한데 묶는 일에 열중했던 그는 과거의 부하였던 두 청년에게 암살당하고 말았습니다. 동포들의 분열된 모습에서 비롯된 이 암살사건은 독립투사뿐만 아니라 만주의 동포들에게 커다란 슬픔을 가져왔습니다.

영화 〈아리랑〉의 감독
나운규

1926년 10월 1일은 나운규의 〈아리랑〉이 개봉되는 날이었습니다. 종로 3가 단성사 앞에는 사람들이 구름떼처럼 몰려들었습니다.

상영 시간을 한 시간 앞두고 표가 매진되고 표를 못 산 사람들은 극장 앞에서 난리를 피웠습니다.

나운규는 그 장면을 보고 흐뭇하지 않을 수 없었습니다. 이제까지의 고생이 눈앞에 주마등처럼 스쳐갔습니다.

"나운규 감독, 드디어 해냈군요! 〈아리랑〉은 한국 영화사에서 민족의 정신을 가장 훌륭하게 담아내고 있는 작품이오."

올이 두터운 코트를 입은 영화 평론가 이영일은 나운규에게 축하의 말을 건넸습니다.

"모른긴 해도 나 감독이 없었더라면 민족영화는 훨씬 후에야 감상할 수 있었을 것이오."

담배연기를 길게 내뿜으며 영화감독 유현목도 한마디하였습니다.

"원! 별 말씀을요. 그러나저러나 관객들의 반응이 좋아야 할 텐데……"

어두운 영화관에 영사기의 빛줄기가 뿜어지자 스크린에는 영상이 펼쳐졌습니다.

기대감에 부풀어 있던 관객들은 일제히 숨을 죽였습니다.

스크린에는 '개와 고양이' 라는 자막으로 시작되었습니다. 개와 고양이는 당시 암울한 일제 상황을 암시하는 말들이었습니다.
이어 느릿하고도 쾌활한 변사의 목소리가 흘러나왔습니다.
'평화를 노래하던 백성들이 기나긴 세월에 싸인 슬픔의 시를 읊으려 합니다. 평화가 깊이 잠들었던 고요한 촌락 넓은 들 가운데는 별안간 개와 고양이의 싸움이 시작되었습니다.'
영화가 진행되고 시간이 흐를수록 관객들은 영화 속에 몰입되었습니다.
스크린 위에는 3·1운동으로 투옥된 뒤 잔인한 고문을 받는 주인공 영진의 모습이 비춰집니다. 이어 영진은 고문의 후유증으로 정신 이상자가 되고 급기야는 낫으로 일본의 앞잡이인 기호를 찔러 죽이기까지 합니다. 얼마 후 일본 경찰들은 영진을 체포하고는 포승줄에 묶습니다. 일본 경찰은 영진을 끌고 석양이 지는 아리랑 고개를 넘습니다.
이 마지막 장면에서 객석은 울음바다가 되었습니다. 이어 관객들은 '아리랑'을 합창하였습니다.
……아리랑 아리랑 아라리요, 아리랑 고개로 넘어간다. 나를 버리고 가시는 님은 십리도 못 가서……
어떤 관객들은 대한의 독립을 외치기도 하였습니다. 그야말로 자신들이 한민족임을 뼈저리게 체험하는 순간이었습니다.
나운규의 눈에서도 눈물이 흘러내렸습니다.
일제의 검열 제도가 서슬 퍼런 암울한 식민지 시대에도 나운규의 영화는 풍자나 은유가 아닌 정공법의 언어를 택했습니다. 그래서 나운규의 영화는 일본 검열관들에 의해 상영금지를 많이 당하였습니다.
27년에 만들어진 그의 작품〈들쥐〉는 영화 사상 처음으로 상영금지 처분을 받았습니다.
한편 농토를 빼앗긴 뒤 전당포, 술집만 늘어나는 고국을 등지고 간도로 떠나는 한스런 유랑민의 삶을 그린〈두만강을 건너서〉는 검열로 인해 여러 차례 제목을 바꿔야 했습니다. 〈저 강을 건너서〉로, 다음에

는 〈사랑을 찾아서〉로 바뀌었습니다. 그나마 일본 검열관은 그 영화에 숱한 가위질을 하였습니다.

일제의 가위질에 화가 머리끝까지 오른 나운규는 필름을 들고 건물 지붕에 올라가 악을 썼습니다.

"허가를 안 해 주면 떨어져 자살하겠다!"

이에 일본 기마대가 급히 출동하는 등 활극이 벌어졌다는 일화도 있습니다.

이러한 모든 일들은 나운규가 자신의 영화 속에 민족 정신과 일본에 대한 저항 의식을 치열하게 담아 내려 했기 때문입니다.

〈아리랑〉을 비롯한 일제치하의 민족의 한과 반항 의식을 걸출하게 담아낸 수많은 작품을 만들었던 나운규는 1937년 폐결핵으로 세상을 떠났습니다.

한국 근대의 선구적인 언론인
남궁억

　남궁억은 1863년 서울 왜송골에서 태어났습니다. 그는 철종 때 무과 중추도사라는 벼슬을 지낸 남궁영의 삼 남매 중 외아들로 양반 신분이었으나, 어려서 아버지를 일찍 여의어 집안이 매우 가난하였습니다.
　그의 홀어머니는 바느질로 삼 남매를 간신히 길렀으므로 외아들을 서당에 보낼 형편이 못 되었습니다.
　남궁억은 여섯 살 때부터 이웃 서당에 찾아가 종일 어깨 너머로 공부를 하였습니다. 그의 향학열에 감탄한 서당 훈장의 호의로 정식 학동이 되었으나 책을 살 돈이 없어서 친구의 책을 옆에서 넘겨 보며 공부를 했습니다.
　스물한 살이 된 남궁억은 인생의 큰 전환기를 맞았습니다. 1883년 우리 나라 최초의 영어학교인 '동문학'에 입학한 것이었습니다. 열심히 영어 공부를 한 남궁억은 이듬해에 수석으로 졸업하였습니다. 이제 서양 서적을 읽을 수 있게 된 그는 개화 사상에 눈을 뜨게 되었습니다.
　동문학을 졸업한 남궁억은 전권 대신 조민희의 수행 서기관으로 영국, 러시아, 독일을 순방하여 국제정세와 서양문물에 관한 많은 지식을 습득하였습니다. 그리하여 1893년에는 칠곡군수를 지냈습니다.
　1894년 갑오경장 때 내부 토목국장으로 임명되자, 남궁억은 서울의

도로를 정비하였고 '탑골공원'을 세웠습니다. 이 시기에 민영환이 설립한 사립 흥화 학교에서 영문법과 국사를 가르치기도 하였습니다.

남궁억은 나라가 외세에 침탈당하자 관직을 사임하고 국민을 계몽하여 나라의 힘을 기르려고 노력하였습니다. 서재필, 이상재 등과 함께 독립협회를 창립하였고 황성신문을 창간하였습니다.

독립협회가 해산된 뒤 그는 나라와 민족의 권리를 지키기 위해 노력을 아끼지 않았습니다. '황성신문'에 러시아와 일본의 한국 침략 야욕을 폭로하고 경각심을 촉구하는 글을 실었다가 경무청에 갇힌 적도 있었습니다. 이 후 석방된 그는 일본에 망명해 있는 박영효와 의병을 일으키기로 했다고 모함을 당하여 다시 구속되기도 했습니다.

1905년 고종의 부탁으로 성주목사로 부임하여 백성을 위해 선정을 폈습니다. 그러나 경상관찰사 이근택이 인삼, 금, 명주 등을 바치라고 하자 그는 관찰사를 찾아가 상납을 하게 되면 성주 백성들이 살 수 없게 되므로 취소해 달라고 말하였습니다.

"상관의 명령을 어길 참이오? 벼슬이 정 싫다면 그만 두시오."

관찰사가 노발대발하자 불의와 타협을 모르는 강직한 남궁억은 벼루통을 관찰사 앞에 내던졌습니다.

"이놈, 네가 준 벼슬이냐? 네가 언제부터 그리 세도가 당당했더냐."

남궁억은 그 길로 성주목사직을 그만두었습니다.

이 후 고종과 친구들의 권고로 양양 군수로 부임하게 되자 애국계몽운동을 시작하였습니다. 양양에 현산 학교를 설립하고 신구국교육을 실시하였습니다. 하지만 '헤이그 밀사사건'으로 고종이 강제 퇴위 당하자 관직을 버리고 상경하였습니다.

서울에 올라온 그는 동지들을 모아 대한협회를 창립하고 국권 회복을 위해 애국계몽운동을 전개하였습니다. 그리고 1910년에는 나라를 위하는 길이 교육에 있다면서 배화학당의 교사가 되었습니다. 그는 영문법을 가르치면서 그 시간에 학생들과 비밀리에 약속하고 우리 나라 역사를 가르쳤습니다. 그리고 한글을 보급시키기 위해 한글체를 연구하였고 궁체 한글 교과서도 발행하였습니다.

남궁억은 1918년 건강이 악화되어 친지들의 권고에 따라 선조의 고향인 강원도 홍천군으로 내려갔습니다. 그 곳에서 3·1운동의 감격을 안고 모곡 학교를 설립하였습니다. 그는 이 시기에 학생들을 위한 교재로 〈동사략〉, 〈조선 이야기〉 등의 국사 책과 〈조선어 보충〉 등을 지었습니다.

모곡 학교를 세운 그는 독립정신을 불어넣기 위해 전국 각 지방의 단체에 나라꽃인 무궁화 묘목을 보내기도 하였습니다. 또한 여학생들에게는 '무궁화 삼천리'라는 자수본을 고안하여 무궁화로 각 도를 표시한 한반도 모양의 수를 놓게 해서 독립정신을 고취하였습니다.

남궁억은 1933년 그의 제자들이 중심이 된 기독교계열 독립 운동 단체인 '십자가당 사건'으로 일제 경찰에 체포되었습니다. 1934년 1년 만에 석방되었으나 일제 경찰로부터 받았던 갖은 고문으로 인해 1939년 일흔일곱의 나이로 일생을 마쳤습니다.

"내가 죽거든 무덤을 만들지 말라. 내 시체를 과실수 밑에 묻어서 거름이 되게 하라."

이것이 그가 마지막으로 남긴 말이었습니다.

발해를 세운
대조영

   대조영은 699년에 예전 고구려 땅에 발해를 건설하였습니다. 발해는 옛 고구려인들이 지배계급이 되었고, 말갈족이 하층민을 구성하여 세워진 국가입니다. 말갈은 일찍부터 고구려의 식민지였기에 고구려인들과 다툴 일이 없었습니다. 때문에 고구려인들은 나라를 원활하게 다스릴 수 있었습니다.
   처음에 대조영은 세력을 규합할 적에 신라에 원조를 청하였습니다. 이에 신라는 그에게 높은 관직을 내리는 등 파격적인 대우를 하였습니다.
   그러나 신라의 융숭한 대접 뒤에는 나름대로의 전략이 있었습니다. 신라로서는 삼국통일을 이룰 때 여러 모로 도움을 준 당나라가 큰 문제거리가 아닐 수 없었습니다. 당나라가 시도 때도 없이 신라의 정치를 간섭해왔기 때문입니다.
   "발해의 대조영을 잘 구슬린다면 신라에서 당나라 세력을 몰아내는 데 큰 도움을 줄 것이다."
   신라의 전략은 맞아 떨어졌습니다. 대조영은 동모산에 수도를 정하고 요서지방의 맹주 돌궐과 함께 손을 잡고 당나라의 침입에 맞섰습니다. 이에 당나라는 크게 당황하고는 발해나 신라를 대하는 태도가 한결 공손해졌습니다.
   얼마 뒤 당나라는 대조영을 발해의 왕으로 인정하였습니다. 그것은 당나라가 대조영의 만주 지배를 공식적으로 승인한다는 의미를 지닌 일이었습니다.
　대조영은 발해의 기초를 다지고, 나라를 굳건한 반석 위에 올려 놓으려 했습니다. 때문에 그는 싸움판만 벌일 수는 없었습니다. 그는 안으로 내치에 힘쓰는 한편 백성들이 편안하게 지낼 수 있도록 만전을 기했습니다.
　어려운 시기를 넘기고자 대조영은 주변국과의 외교에도 신중을 기울였습니다. 당나라가 자신을 만주의 지배자로 인정하자, 대조영은 사신을 당나라에 파견하여 우호정책을 폈습니다.
　한편 대조영은 남쪽의 신라를 견제하는 일도 게을리하지 않았습니다. 교활하게도 당나라는 신라와도 친선관계를 맺어 두 나라를 투쟁하게도 만들고 친구처럼 사이좋게 만들기도 하였습니다.
　신라 또한 발해를 견제하였습니다. 대조영은 신라를 견제하기 위해서는 일본과 친교를 맺는 것이 가장 효과적이라고 생각하였습니다. 그리하여 대조영은 일본에 사신과 훌륭한 보석을 보내 그들의 환심을 사는 한편 굳건한 우호관계를 수립하였습니다.
　비록 당나라의 승인으로 만주의 지배자가 되었지만, 대조영은 왕위에 있으면서 당나라의 입김을 물리치려 무던히도 애를 썼습니다.
　그러던 어느 날 당의 현종은 흑수말갈에 새로운 행정책임자를 임명하였습니다. 흑수말갈은 오래도록 발해의 지배 아래 있었는데, 이런 당의 행동은 발해를 자극하기에 충분했습니다.
　대조영의 아들 무왕은 이를 그냥 보고 있을 수 없었습니다. 무왕은 아버지 대조영의 뜻을 누구보다도 잘 알고 있었기에 곧바로 흑수말갈의 정복에 나섰습니다.
　무왕은 동생 대문예를 보내 정벌전쟁을 벌였지만, 믿었던 동생은 당나라의 농간에 넘어가 싸우지도 않고 당나라에 투항해 버렸습니다.
　무왕은 이를 갈며 분개했으나 헛일이었습니다. 그는 끓어오르는 분

노를 글로 표현하고 사신을 통해 당나라에 자신의 뜻을 알렸습니다.
"당나라는 교묘한 외교전술을 중단하라! 그렇지 않으면 발해와의 대규모 전쟁을 피하지 못할 것이다."
당나라는 그즈음 새로운 전쟁에 휘말리기를 꺼려하던 터라, 발해에게 한발짝 양보하였습니다.
그러나 무왕은 당나라를 믿지 않았습니다.
"교활한 당나라 녀석들! 지금은 양보했지만, 그들은 언제든 흑수말갈을 이용하여 발해를 공격할 것이다."
그리하여 무왕은 732년 대군을 이끌고 당나라가 세워놓은 장사라는 흑수말갈의 행정책임자를 살해하고 큰 승리를 거두었습니다.
이 후로도 발해는 당나라와 친하게 지내기도 하고, 앙숙으로 지내기도 하였습니다.
대조영은 발해국을 건설하여 고구려의 옛 영토를 회복하고자 피나는 노력을 했습니다. 또한 그는 당나라의 속국이 아님을 증명하기 위해서 독자적인 연호를 쓰고 주체적인 외교노선을 폈습니다. 또 당나라가 때때로 부당한 간섭을 할 때면 이에 과감히 맞섰습니다.
오늘날의 분단사정에 비추어 볼 때 대조영의 영토회복 의지와 주체의식은 아무리 칭찬하여도 남음이 있습니다.

비극적 생애를 산
명성황후

 아들 명복을 왕으로 옹립한 흥선 대원군은 어느 집 딸을 왕비로 책봉할 것인지 고민하였습니다. 안동 김씨, 풍양 조씨로 이어지는 세도 정치의 온갖 횡포를 보아온 흥선 대원군은 세도를 부리지 못할 양반집의 딸을 왕비로 고르려고 했던 것입니다.
 그리하여 뼈대있는 집안이되 몰락한 여주의 민씨집 딸을 왕비로 선택하였습니다.
 열다섯 살에 왕비가 된 민비는 그 총명한 머리로 왕의 총애를 독차지 하려고 했습니다. 그러나 왕의 총애를 독차지한 궁인인 이씨가 민비보다 왕자를 먼저 낳고 말았습니다.
 왕자 완화군이 태어나자 시아버지 흥선 대원군은 궁인 이씨와 왕자에게만 애정을 쏟았고 민비를 홀대하였습니다.
 "두고 보라지. 내가 무슨 수를 써서라도 왕의 마음을 사로잡아서 이 앙갚음을 톡톡히 하고 말리라."
 유달리 질투심과 독점욕이 강했던 민비는 먼 일가인 친정의 오라버니들과 흥선 대원군으로부터 소외되었던 유생들을 조정에 끌어들이기 시작했습니다.
 이런 계획에 어느 정도 성공한 민비는 1871년 왕자를 낳았습니다. 그런데 흥선 대원군이 보내온 산삼을 먹은 왕자는 태어난 지 5일 만에 죽고 말았습니다. 흥선 대원군이 일부러 왕자를 죽이려고 산삼을 먹였다고 생각한 민비는 그에 대한 증오심으로 불타올랐습니다.
　1873년 나라 안팎이 열강에 의해 어수선하고 경복궁 중건으로 민심이 들떠 있었습니다. 이 기회를 이용하여 민비는 최익현을 시켜 흥선 대원군을 탄핵하는 상소를 올리게 하였습니다.
　이리하여 흥선 대원군의 기세를 한풀 꺾은 민비는 왕의 나이가 성년이 넘었으므로 섭정이 필요치 않다는 뜻을 선포하게 하였습니다.
　이로 인해 대원군은 정치에서 완전히 물러날 수밖에 없었습니다.
　제 세상을 만난 민비는 친정 오라비들과 자기 세력이 될 인물들을 요직에 앉혔습니다.
　이렇게 야무지게 정권을 휘어잡은 민비였지만 그녀의 신변은 하루도 편할 날이 없었습니다. 더욱이 민중들의 원성은 그녀에게 몽땅 쏠려 있었고 그녀를 죽이려는 음모가 잠시도 늦춰지지 않았습니다.
　1882년 구식군인들은 온갖 차별대우와 민씨들의 부정에 항의하여 반란을 일으켰습니다. 그들은 민씨의 중심세력인 민겸호를 죽이고 궁중으로 밀고 들어갔습니다. 궁중으로 쳐들어간 군인들은 민비를 찾아헤맸습니다. 하지만 민비는 재빨리 몸을 숨겨 궁중을 탈출했고 충주에서 가까운 장호원의 집에 숨어 들었습니다. 이에 군인들이 흥선 대원군을 떠받들자, 흥선 대원군은 민비의 죽음을 선포했고 조정에서 민씨 세력을 몰아내었습니다.
　그러나 민비는 비밀리에 고종에게 청나라에 도움을 청하라고 지시하였습니다. 고종은 민비의 말대로 청군을 끌어들여 군란을 평정하고 흥선 대원군을 텐진으로 납치하게 하였습니다.
　돌아온 민비는 흥선 대원군의 잔당을 몰아내고 자신의 세력을 모아 정권을 다시 잡았습니다.
　이 후 1844년 개화당에 의해 갑신정변이 일어나자 민씨 세력은 무너지기에 이르렀습니다. 하지만 민비는 청나라에 도움을 요청하여 일본을 등에 업은 개화당을 몰아내는 수완을 발휘하였습니다.

1894년 동학혁명이 일어나 일본이 개입하자 흥선 대원군은 일본 세력의 힘을 빌어 다시 등장했습니다. 그토록 미워했던 일본이지만 며느리에 대한 피맺힌 원한 때문에 흥선 대원군은 일본과 손을 잡고 며느리를 없애려고 했던 것입니다.

  청일전쟁 후 청나라가 일본에 패하자, 민비는 러시아 세력을 끌어들였습니다. 친러 정책을 썼던 민비는 일본을 견제하려 하였습니다.

  일본 세력은 친러 정책을 쓰는 민비를 눈에 가시처럼 여겼습니다. 그리하여 일본의 낭인들은 칼을 휘두르며 궁중에 침입하여 궁녀들을 닥치는 대로 찌르고 죽였으며 민비까지 난자했습니다. 민비의 시체는 처음에는 우물 속에 처박혔다가, 곧 궁궐 밖으로 옮겨져 불태워졌습니다.

  흥선 대원군과 민비는 위기에 처한 나라를 구하려고 애썼을지 모르지만 망해 가는 나라 앞에서 서로의 원한과 앙갚음은 나라에 결코 이익이 되지 못했습니다.

국방과 민생에 힘쓴
무녕왕

   무녕왕은 백제의 제 25대 왕으로 동성왕의 둘째 아들로 태어났습니다. 어려서부터 성격이 인자하고 너그러워 주위 사람들이 무척이나 그를 따랐습니다. 또 자라면서 키가 8척에 이르렀고, 준수한 용모의 젊은이로 성장하였습니다.
   501년 백가라는 자가 반란을 일으켜 동성왕의 살해를 꾀하였습니다. 백가는 은밀히 자객을 보내어 동성왕을 살해하고 말았습니다.
   그러자 백제의 여러 신하들은 서둘러 비어 있는 왕위를 메우고자 하였습니다.
   경험이 많고 나이가 지긋한 신하 한 명이 입을 뗐습니다.
   "지금 백제는 반란이 일어나 임금이 살해되는 등 지극히 어려운 처지에 놓여 있소. 우리가 가장 먼저 해야 할 일은 어수선한 나라를 바로 세울 수 있는 새 임금을 추대하는 것이요. 해서 말인데, 저는 총명하고 너그러운 사마 왕자(무녕왕의 어릴 적 이름)를 임금으로 추대했으면 하오."
   이 말에 모든 신하들은 찬성하였습니다.
   무녕왕은 왕위에 오르자 먼저 아버지의 원수를 갚아야겠다고 생각했습니다. 그리하여 군사를 일으켜 백가가 머무르고 있던 우두성으로 진격하였습니다. 이에 백가는 힘껏 싸웠으나 더 이상 버티지 못하고 성 밖으로 나와 항복하고 말았습니다. 무녕왕은 백가의 머리를 베어 백강에 던져 아버지의 원수를 갚고, 반란을 평정하였습니다.

무녕왕 시절 고구려와 북쪽의 말갈족은 끊임없이 백제를 침략하였습니다. 무녕왕은 나라 안팎의 대세를 파악하는 능력이 탁월하였습니다.

"백성들이 마음 편히 생업에 종사하기 위해서는 무엇보다 국방을 안정시켜야 할 것이다."

이렇게 해서 무녕왕은 고구려의 남진을 적절히 막고 백제의 중흥을 도모하였습니다. 501년 겨울에 무녕왕은 우영을 시켜 군사 5천을 거느리고 고구려의 수곡성을 습격하게 하였습니다. 이 싸움의 승리로 고구려는 백제의 변방을 공격하는 일을 삼가게 되었습니다.

그 당시 고구려뿐만 아니라 백제도 북쪽의 말갈족으로부터 끊임없는 침략을 받았습니다. 503년에 말갈족들은 백제의 고목성으로 진격하였습니다. 그러자 무녕왕은 군사 5천을 내보내 이들을 물리쳐 멀리 북쪽으로 내쫓았습니다. 그러나 그 후에도 말갈족은 땅이 기름지고 날씨가 온화한 백제 땅을 계속해서 탐내었습니다. 그리하여 3년 후, 말갈족은 다시 백제 땅에 침범하였습니다. 평소 북쪽 외적들의 침략에 대비해 만전을 기하고 있던 무녕왕은 이번에도 어려움 없이 말갈족을 물리쳤습니다.

그러나 무녕왕은 그 승리에 마음을 놓을 수 없었습니다.

'비록 승리를 거두었지만 말갈족은 여전히 건재하니, 언젠가 그들은 또다시 침범할 것이다. 무언가 획기적인 대비책을 세워야겠구나!'

이런 생각에서 무녕왕은 고목성 남쪽에 커다란 두 개의 목책을 세우고 장령성을 축조하여 말갈의 침입에 대비하였습니다.

과연 무녕왕의 예상대로 그 해 겨울에 말갈은 고구려의 병사와 함께 백제를 침범하였습니다. 소문에 의하면 고구려의 장수 고로가 말갈과 함께 한성 땅을 치기 위해 횡악 방면에 진을 치고 있다는 것이었습니다. 그러나 침략자들은 모든 것을 완벽하게 준비한 백제를 당할 수 없어 크게 패하고 말았습니다.
 무녕왕은 이처럼 말갈족이나 고구려의 침입에 대비하는 한편 중국 양나라와 외교 관계에도 힘을 쏟았습니다. 훗날 고구려나 신라가 침범했을 경우를 대비해 힘이 센 양나라와 좋은 관계를 유지하는 것은 중요한 일이라고 생각했기 때문입니다. 그리하여 양나라에 사신을 파견하기도 하고 때로는 조공을 바치기도 하였습니다.
 또 무녕왕은 국방과 외교뿐만 아니라 민생의 안정에도 힘을 쏟았습니다. 506년에는 유난히 전염병이 횡행하였습니다. 뿐만 아니라, 3월부터 5월까지 비가 내리지 않자 시냇물과 연못이 모두 말라버렸습니다. 이토록 가뭄이 심하니 농부들은 하늘만 쳐다볼 뿐 농사 지을 엄두를 내지 못하였습니다. 결국 그 해에는 대흉년이 들어 굶어죽는 백성까지 생겨났습니다.
 "백성들이 굶주리는 것을 보니 심장이 녹아 내리는 것처럼 가슴이 아프구나. 이는 다 짐의 덕이 부족한 탓이로다."
 무녕왕은 도탄에 빠진 백성들을 구하고자 나라의 곡식 창고를 개방하여 백성들에게 나누어 주었습니다.
 510년에는 위치가 유리한 곳에 제방을 쌓게 하여 벼농사에 큰 진전을 이루었습니다. 뿐만 아니라 유랑자들을 붙들어 고향으로 돌려보내 농사를 짓도록 배려하였습니다. 그리고 우수한 철제농기구와 앞선 벼 재배법을 중국으로부터 들여와 보급하였습니다. 그러다 보니 농업생산력은 비약적으로 발전하게 되었고, 굶주리는 백성들도 크게 줄어들게 되었습니다.
 국방과 외교, 민생에 큰 공을 세운 무녕왕은 523년 예순셋의 나이로 세상을 떠났습니다. 무녕왕의 묘는 충남 공주시 동성동에 위치하고 있습니다. 무녕왕릉에서 출토된 유물은 2천 여 점에 이르고 있습니다. 여러 유물들과 고분의 축조술은 당시의 생활상을 반영하며, 백제인의 수준 높은 예술세계를 한껏 과시하고 있습니다.

목화씨를 붓대 속에 넣어 온
문익점

문익점은 공민왕 때 과거에 급제하여 벼슬길에 나갔습니다. 그 후 원나라 사신으로 갔다가 덕흥군 사건에 휘말려 원나라 남부 지방에서 귀양살이를 했습니다. 1363년부터 1년 간 원나라에 잡혀 있다가 사건이 해결된 후에야 비로소 우리 나라로 돌아올 수 있었습니다.

그 때 문익점은 원나라에서 생전 처음으로 밭에 환하게 피어 있는 흰 목화꽃을 보게 되었습니다.

"저 꽃나무의 이름이 어떻게 됩니까? 그리고 어디에 쓰길래 이 넓은 밭에서 재배합니까?"

호기심에 사로잡힌 문익점은 밭에서 일하고 있는 농부에게 다가가 물었습니다.

농부가 친절하게 꽃에 대한 설명을 마치자 문익점의 궁금증은 더해 갔습니다.

'꽃으로 어떻게 옷감을 만들 수 있단 말인가! 도저히 믿어지지 않는구나. 그렇다면 우리 나라에 가서 저 꽃씨를 심어봐야겠다. 목화로 옷을 지을 수만 있다면 추운 겨울에 고생하는 우리 나라 사람들도 따뜻하게 지낼 수 있을 거야.'

"제가 우리 나라로 돌아갈 때 이 꽃씨를 얻어 갈 수 있을까요?"

목화에 욕심이 생긴 문익점은 농부에게 말하였습니다.

"그건 법으로 금하는 일이라, 만일 발각되면 사형에 처해진다오."

문익점은 자신의 꿈을 포기해야 한다고 생각하자 한숨이 절로 나왔습니다.
　그러나 원나라의 법이 아무리 엄격하더라도 문익점의 결심을 막을 수는 없었습니다.
　"내가 죽는 한이 있더라도 반드시 이 꽃씨를 가져가고 말 테다."
　어느덧 가을이 되자 문익점은 목화를 수확하는 것을 구경하는 척하면서 목화 몇 송이를 따서 집으로 돌아왔습니다. 하지만 목화씨를 가져갈 방법이 도무지 떠오르지 않았습니다.
　그러던 어느 날 골똘히 생각에 잠겨 글을 쓰고 있던 문익점은 붓을 보고는 기발한 생각을 떠올렸습니다.
　"옳지! 내 이제껏 이 생각을 왜 못했던고!"
　문익점은 목화씨를 한 알 한 알 정성스레 붓대 속에 넣고 흘러나오지 않도록 붓 뚜껑을 단단히 막았습니다.
　국경을 지나면서 여러 차례 몸수색을 당했지만 문익점은 그 때마다 무사히 통과하였습니다.
　고려에 돌아온 문익점은 고향인 경상남도 산청으로 내려갔습니다.
　집에 도착하자마자 그는 얼른 붓 뚜껑을 열고 목화씨를 꺼냈습니다. 열 알 가운데서 몇 알을 꺼내 장인인 정천익에게 주었습니다.
　"제가 농사일에 대해서 잘 모르니 장인 어른께서 이걸 심어 가꾸어 보십시오. 저도 몇 알 심어 보도록 하겠습니다."
　문익점은 그간 있었던 일들을 그대로 장인에게 얘기하였습니다. 장인은 목화에 대한 이야기가 신기하기만 하였고 사위가 목숨을 걸고 구해 온 씨앗이 더없이 소중하게 여겨졌습니다.
　그 후로 그들은 어렵게 목화 싹을 틔워 목화 재배 기술을 터득해 갔습니다. 문익점은 목화 씨앗을 마을 사람들에게 나누어주며 재배하게 하였습니다. 하지만 목화에서 씨앗을 빼는 방법뿐만 아니라 옷을 짓는 기술도 몰랐습니다.

정천익은 이 문제를 해결하려고 무던히 노력하였습니다. 그는 밤낮을 가리지 않고 연구에 몰두하였습니다. 어느 날 원나라에서 온 노승이 그를 찾아왔습니다.

"소승이 길을 가다 문득 원나라에서 보던 목화를 보게 되어 고향 생각이 나길래 이렇게 왔나이다."

그 승려가 원나라 사람이라는 것을 안 정천익은 목화를 재배하게 된 경위를 설명하고는 씨앗 빼는 방법과 옷 짓는 기술을 물었습니다.

노승은 자신이 아는 방법을 자세하게 일러주었습니다.

정천익은 노승의 도움으로 마침내 씨앗을 빼내는 기계와 실 뽑는 기계를 만들어 내는 데 성공하였습니다.

한편 문익점의 손자 문래는 후에 방추자를 만들었고 문영은 직조법을 개발하였습니다.

목화 재배로 무명옷을 지어 입게 된 고려에서는 얼마 지나지 않아 그것을 일본과 여진족에게 수출하기도 하였습니다. 문익점에 의해 고려의 의복과 경제가 크게 발전을 이루게 된 것은 두말할 나위도 없었습니다.

망국을 통탄한
민영환

　민영환은 우리 나라가 일본과 을사 보호 조약을 체결할 무렵에 시종 무관장이란 미미한 자리에 있었습니다. 임금을 모시는 일을 하는 이 벼슬은 정치와는 거리가 먼 자리였습니다.
　그즈음 민영환은 공교롭게도 전처의 묘를 옮기기 위하여 시골에 내려가 있었습니다. 그런데 뜻밖의 소식이 들려왔습니다.
　"무엇이라구! 일본과 보호조약을 체결했다구? 아, 이게 무슨 청천벽력 같은 소리란 말인가?"
　이장을 마친 민영환은 곧 서울로 올라왔습니다. 장안은 슬픔과 분노로 온통 눈물과 한숨의 바다로 변해 있었습니다. 민영환은 땅을 치며 통곡하였습니다.
　"이렇게 통탄만 하고 있을 일이 아니로다. 무슨 일이 있어도 망국의 조약을 철폐해야 한다."
　민영환은 의정 대신을 지낸 조병세와 뜻을 같이하고는 동지들을 모았습니다. 그들은 궁궐로 가서 고종 황제에게 상소를 올렸습니다.
　"일본의 앞잡이와 나라를 팔아먹은 매국노 다섯을 당장 처단해야 합니다. 그리고 조약을 무효로 해야 합니다."
　그러나 고종의 회답을 듣기도 전에 일본 헌병들은 조병세를 가두고 민영환의 무리를 강제로 해산시켰습니다.
　민영환은 이에 굴복하지 않고 또다시 고종 황제에게 소장을 올렸습니다. 그들 일행은 울면서 고종 황제의 회답을 기다렸습니다. 이윽고 고종 황제의 회답이 내려왔습니다.
"경들의 충성스런 애국심은 지극도 하도다. 하지만 나라의 형세가 이렇게 되었으니 조용히 물러가도록 하라."
"안 될 말이옵니다. 우리들의 뜻이 이루어질 때까지 물러설 수 없사옵니다."
민영환 일행은 꼼짝도 하지 않고 있었습니다. 그리고 그들의 피맺힌 울음소리는 궁중을 가득 메웠습니다. 경무관 오진섭이 허둥지둥 나오더니 고종의 명을 전했습니다.
"물러들 가십시오. 경들이 이렇게 하면 폐하의 괴로움만 커질 뿐이오. 조용히 물러가시라는 분부요."
민영환은 더욱 울분에 찬 목소리로 말할 뿐이었습니다.
"신들이 상소한 바가 이루어진다면 나라를 되찾을 수 있을 것이오. 이대로 물러가라기보다 차라리 신의 목을 베어 주시기 바랍니다."
"저희들의 생각도 같습니다. 저희들의 목도 베어 주시기 바랍니다."
여러 사람이 다투어 말하며 흐느껴 울었습니다.
고종은 그들의 강경한 태도에 어찌할 바를 몰랐습니다. 고종 자신도 민영환의 상소대로 조약은 무효라고 선언하고 싶은 심정이었습니다.
일본 헌병들은 재빨리 출동하여 민영환 일행을 모조리 붙잡아 갔습니다. 민영환은 평리원에 끌려가서 처벌을 받았습니다.
그러나 백성들이 들고 일어날 것을 겁낸 일본은 민영환을 곧 풀어 주었습니다. 석방된 민영환은 그래도 뜻을 굽히지 않고 판서 민영규, 김종환, 남정철 등과 더불어 다시 상소할 것을 결심했습니다. 죽어도 물러서지 않을 심산이었습니다.
그러나 민영환은 밤낮을 가리지 않고 돌아다닌 데다가 슬픔과 충격

이 너무 컸던 나머지 몸져 눕고 말았습니다. 그러자 그는 의관 이완식의 집에서 진찰을 받고 약을 먹으면서 몸을 추스렸습니다. 그러나 민영환은 분통을 삭이지 못해 마음만 급해질 뿐이었습니다. 이미 나라는 기울어져 일으켜 세울 수 없는 지경에 이르렀다고 생각되자 민영환은 비장한 결심을 품었습니다.

'일본의 밥이 된 망국의 설움을 어찌하랴. 나라를 바로 세울 수 없는 몸이 살아서 무엇하랴!'

민영환은 만류하는 이완식의 손을 조용히 뿌리치며 집으로 향했습니다. 가족을 만났건만 민영환은 별 말이 없었습니다. 가족의 모습을 빠짐없이 눈에 새겨둘 양으로 지그시 훑어보았습니다. 그는 곧 의관의 집으로 되돌아갔습니다. 방문을 걸어 잠그고 벼루와 종이를 꺼내 유서를 썼습니다.

유서를 정성스레 가다듬은 민영환은 궁궐을 향해 마지막 절을 하였습니다. 그리고 조용히 칼을 꺼내 가슴을 찌르고 배를 갈랐습니다.

1905년 11월 30일, 민영환은 마흔다섯의 젊은 나이로 세상을 떠나고 말았습니다.

민영환이 순사했다는 소식이 퍼지자 전국 곳곳에서 의병이 일어나 일본군과 싸움을 벌였습니다. 또한 그의 뒤를 이어 자결하는 우국지사들도 있었습니다. 고종 황제는 그의 죽음을 애통히 여겨 '충정'이라는 시호를 내렸습니다.

순국으로 의병 봉기의 도화선을 당긴
박승환

    1869년 서울에서 출생한 박승환은 어려서부터 지혜와 용기가 뛰어났습니다. 군대에 복무한 지 십여 년 만에 육군참령이 되었습니다.
    1895년 일제는 명성황후를 시해하였습니다. 이에 격분한 박승환은 일본인에게 보복을 하려고 했지만 기회를 얻지 못했습니다. 헤이그 특사 사건으로 고종이 왕위에서 물러날 때도, 그는 궁중에서 이를 저지하려고 했으나 고종에게 화가 미칠 것을 우려하여 중단하고 말았습니다.
    박승환이 시위대 제 1연대 제 1대대장으로 있을 때인 1907년 8월 1일, 일제는 대한 제국 군대를 해산하려고 새벽에 대대장 이상의 장교를 일제통감의 관저에 집합시켰습니다. 그는 병을 핑계로 그 집합 명령에 응하지 않았습니다. 오전 열 시에 일제가 군대 해산식을 강행하자 그는 크게 분개하였습니다.
    "군인은 국가를 지키는 것이 그 본분이거늘 외적이 침략하였는데도 군대를 해산하게 되었구나. 이는 황제의 뜻이 아닌 간신들의 농간이니 내 죽을지언정 이를 따를 수 없다."
    이 말을 마친 그는 대대장실에서 몇 자의 유서를 썼습니다.
    "대한제국 만세!"
    이렇게 외친 다음 그는 권총으로 자결하고 말았습니다.
    그는 유서에 다음과 같은 말을 남겼습니다.

'군인이 능히 나라를 지키지 못하고 신하가 능히 충성을 다하지 못하면 만 번 죽어도 아깝지 않다.'

박승환의 죽음을 지켜보았던 장병들은 그의 자결을 모든 부대에 알렸습니다. 그 말을 전해 들은 부대의 장병들은 분노하여 탄약고를 부수고 탄환을 꺼내어 일본군에 대항하였습니다.

제 1연대 제 1대대가 일본군과 싸움을 벌인다는 소식을 듣고 제 2연대 제 1대대도 이에 호응하여 동참하였습니다.

장병들은 일본군과 총격전을 벌이며 전투에 들어갔습니다. 또 전투가 끝난 뒤에는 대부분의 군인이 의병으로 전환하여 일제에 저항하게 되었습니다.

박승환의 자결은 대한제국군대 최후의 진면목을 보여 주었을 뿐 아니라, 군대의 봉기에 의한 무력강화를 가져와 의병 운동이 무장투쟁으로 전환하는 기틀이 되었던 것이었습니다.

박승환은 죽음으로써 나라에 충성하여 살신성인(절개를 지켜 목숨을 버림)한 것이었습니다. 그의 죽음은 부패한 관리들과 군 장교들에게 참다운 애국이 무엇인지를 알렸고, 항일의병투쟁을 전국적으로 확산시킨 기폭제였습니다.

가야금으로 방아타령을 연주한
백결

　김부식이 지은 〈삼국사기〉에는 신라의 뛰어난 음악가 두 사람을 소개하고 있습니다. 한 사람은 백결 선생이고 다른 한 사람은 우륵입니다. 백결 선생에 대한 이야기는 아주 간단하게 기록되어 있습니다.
　어떠한 사람이었는지 자세한 기록은 없지만 백결 선생은 신라 제24대 자비왕 때의 사람이었습니다.
　백결 선생은 경주 남산에 살았습니다. 너무나 가난했던 그는 새 옷을 마련할 길이 없어 매번 기워 입었습니다. 백 군데를 넘게 옷을 깁다보니 더 이상 꿰맬 곳이 없을 정도였습니다. 너덜너덜한 헝겊 조각이 붙어 있는 그의 옷에는 마치 메추라기가 매달려 있는 듯했습니다. 세상 사람들은 '옷을 백 군데 기워 입었다' 하여 그를 백결 선생이라 불렀습니다.
　백결 선생은 부귀영화나 출세욕에 관심을 두지 않는 사람으로, 언제나 가야금을 타며 희로애락과 불평불만을 달래었습니다.
　어느 해 설날이 며칠 앞으로 다가왔습니다. 이웃집에서는 정월 설 준비로 떡을 찧느라 떠들썩했습니다. 백결 선생의 아내는 떡 찧는 소리를 듣고 한탄하였습니다.
　"다른 집에서는 모두들 설을 맞아 떡을 찧느라 야단인데, 우리 집은 떡도 못 찧으니 어떻게 새해를 맞나."
　이 소리를 들은 백결 선생은 하늘을 쳐다보며 한숨을 쉬었습니다.

"무릇 삶과 죽음은 그 사람의 운명에 달린 것이요, 부귀영화는 천명에 달린 것인데 그대는 무엇을 그리 걱정하는가. 내 이제 그대를 위하여 떡 찧는 소리를 내 줄 터이니 슬픔을 잊으시오."

아내에게 이렇게 말한 그는 가야금을 켜서 떡 찧는 소리를 내었습니다. 이것이 대악, 즉 방아악이라는 이름으로 세상에 전해졌습니다.

어쨌든 이 짧은 얘기에 담긴 애처로운 부부애나 세상에 구애받지 않은 달관자적 인생관에는 감동하지 않을 수 없습니다. 그리고 이 이야기 또한 신라의 음악가들의 뛰어난 재주와 고상한 정신력을 칭송한 것이었습니다.

역사 기록에 의하면 457년 신라의 음악가 팔십여 명이 일본에 건너가 음악 보급에 종사하고, 6세기 초에는 '신라금'이라는 거문고가 즐겨 연주되었다고 합니다.

의병을 이끈 승려
사명 대사

선조 25년에 임진왜란이 일어나자 세상은 소란스러워졌습니다.
　사명당이 금강산에 거처하고 있을 때, 왜적들은 절에까지 들어와 살생을 일삼았습니다.
　"부처님의 가르침은 중생을 구제하는 데에 있다. 지금 나라 안으로 왜적들이 창궐하니 어찌 산사에만 앉아 있을 것인가."
　이 때부터 사명당은 수백 명의 승군들을 이끌고 선조가 거처하고 있는 곳으로 향하였습니다. 당시에 전국의 승병을 총지휘하던 스님은 서산 대사였습니다. 또한 서산 대사는 사명당의 스승이기도 했습니다. 서산 대사는 사명당이 승군을 거느리고 온다는 말에 반가움을 감추지 못하였습니다.
　"이제 나이가 들어 더는 승군을 통솔할 수가 없으니, 그대에게 뒷일을 부탁하오."
　서산 대사는 사명당의 손을 붙들고 부탁했습니다. 이렇게 해서 사명당은 승군의 지휘자가 되었습니다.
　이 때부터 사명당은 조국을 위해 여러 전투에 참여했습니다. 유명한 행주대첩에 직접 참가는 못했지만, 이 때부터 권율의 휘하에서 승병을 거느리고 활동하였습니다. 사명당이 이끄는 승병들은 의령전투에서 큰 승리를 거뒀는가 하면, 통신과 군수물자 운반에 많은 공을 세웠습니다.

한편 사명당은 적진에 들어가 평화협상을 벌이기도 하였습니다. 적장 가토는 협상에서 승리하기 위해서는 사명당의 기를 죽여야겠다고 생각했습니다. 그리하여 사명당이 통과할 길 양편에 온갖 무기로 무장한 병사를 십 리나 되도록 도열시켰습니다. 그러나 사명당은 마치 산보나 하는 기분으로 느릿하게 걸었습니다.

그러나 일본측의 무리한 주장으로 협상은 결렬되었습니다. 사명당이 자리에서 일어설 때 적장 가토는 조선을 조롱하기 위해 가벼운 농담을 꺼냈습니다.

"조선에 보배가 있습니까?"

그러자 사명당은 대꾸하였습니다.

"없습니다. 오히려 보배는 일본에 있지요."

"그게 무슨 뜻이오?"

"지금 우리 나라에서는 당신의 머리를 보배로 생각하고 있으니, 보배는 일본에 있는 것이 아닙니까?"

이 말에 조선을 놀리려던 가토는 오히려 자신이 놀림을 당했음을 알고 호방하게 웃음을 터뜨렸습니다.

옛 속담에 추운 방을 일컬어 '사명당의 사처방이냐?'라는 말이 있는데, 이는 사명당에 대한 다음의 유명한 일화에서 비롯된 것입니다.

사명당이 강화사절로 일본에 들어갔을 때, 일본인들은 사명당을 욕보이고자 했습니다. 그러나 사명당은 번번이 높은 도술을 이용하여 곤욕을 면하였습니다.

어느 날 그들은 사명당을 잡아 큰 솥에 넣고 불을 때어 살해하려 했습니다. 그러자 사명당은 솥 안에서 얼음 '빙' 자를 써서 끓는 물에 넣고 주문을 외웠습니다.

그러자 삽시간에 솥 안에 서리가 뽀얗게 서렸다고 합니다. 사명당의 사처방이 추울 수밖에 없는 이유는 이 때문입니다.

이 일화가 사실인지는 알 수 없지만, 속담으로 정착할 수 있었던 것은 그만큼 백성들이 일본을 미워했기 때문입니다.

　예순일곱 살이 되자 사명당은 나날이 쇠약해졌습니다. 마침내 1610년 8월에 가야산에서 고요히 입적하였습니다.

　사명당은 승려로서는 기구한 시대에 태어났습니다. 부처님의 뜻에 따르자면 살생을 금해야 했지만 나라의 운명이 너무나 급박한지라 도리 없이 살생이 자행되는 전쟁터에 뛰어들어야 했던 것입니다.

　이러한 사명당의 구국충심은 오래도록 겨레의 가슴에 기억될 것입니다.

인류의 빛이 된 성인
석가모니

　지금으로부터 약 이천오백여 년 전, 지금의 네팔 타라이 지방인 히말라야의 남쪽 기슭에 위치하고 있던 '카필라' 라는 작은 왕국에 한 왕자가 태어났습니다. 그의 이름은 싯다르타. '모든 일이 다 이루어지라' 는 뜻이었습니다. 태자 싯다르타는 어린 시절부터 사물을 보는 눈이 남달랐으며, 깊은 사색에 자주 빠지는 조용한 성품의 소유자였습니다.
　왜 인간은 나고 늙고 병들어 죽어가는지, 왜 모든 생물은 서로를 잡아먹어야만 살 수 있는 것인지, 왜 세상에는 이러한 고통들이 존재해야 하는지, 어린 태자에게는 그 모든 것이 궁금했습니다.
　왕은 자기의 대를 이을 왕자가 밤낮 사색에만 잠겨있는 것을 염려하여 갖은 방법으로 그의 관심을 다른 쪽으로 돌리려고 노력하였습니다. 그러나 싯다르타에게는 삶과 죽음의 문제를 이해하는 것이 너무나 절실했고, 모든 살아 있는 것 속에서 항상 죽음의 그림자를 보았기 때문에 아름다운 궁녀와 향락을 즐기는 일 따위에는 전혀 관심이 없었습니다.
　마침내 왕은 열아홉 살의 싯다르타를 서둘러 결혼시키기로 하였습니다. 아름다운 아내가 곁에 있으면 명상에 잠길 겨를도 없을 것이라고 생각했기 때문이었습니다. 그러나 싯다르타의 고뇌는 더욱 깊어만 갔습니다.

싯다르타가 스물아홉 살이 되던 어느 날, 마침내 그는 출가의 뜻을 굳히고 부왕에게 그 뜻을 이야기하였습니다.

"저는 아무래도 사문(출가한 승려)의 길로 가야겠습니다. 저에게 출가를 허락해 주십시오."

이 말을 듣는 순간 왕은 눈앞이 캄캄해졌습니다.

"사랑하는 태자야, 무슨 소원이든지 다 들어 줄 테니 제발 출가의 뜻만은 버려다오."

태자가 말했습니다.

"그러시다면 저에게 한 가지 소원이 있습니다. 이 소원만 이루어 주신다면, 저는 출가의 뜻을 버리겠습니다."

왕은 환한 얼굴이 되어 소원을 말하기를 재촉하였습니다.

"어서 그 소원을 말해 보아라."

잠시 싯다르타의 얼굴이 돌처럼 굳어졌습니다.

"제 소원은 죽음을 뛰어 넘는 일입니다. 늙고 죽어 가는 고통에서 벗어날 수 있는 방법을 가르쳐 주신다면, 저는 이 자리에서 출가의 뜻을 버리겠습니다."

이 말에 왕도 어찌할 수 없었습니다. 그리하여 싯다르타는 어느 날 밤 아무도 모르게 왕궁을 빠져 나와 사문의 길을 걷게 되었습니다.

이 후 싯다르타는 당대에 이름이 나 있는 스승들을 찾아다니며 정열적으로 수도에 정진하였습니다. 그리하여 매번 그의 스승이 가르치는 가장 높은 경지에 이르곤 하였습니다.

그러나 싯다르타는 그것에 만족할 수가 없었습니다. 그것은 해탈이 아니었기 때문이었습니다. 이제 그는 스스로 그 자신을 스승으로 하여 더욱더 맹렬한 수행을 하기로 하였습니다. 그의 눈은 해골처럼 움푹 들어가고 몸에는 가죽만 남았습니다. 죽지 않고 살아 있다는 것이 이상하게 느껴질 정도였습니다. 그러나 싯다르타는 아직도 완전히 번뇌를 끊지 못했으며, 삶과 죽음을 뛰어 넘지도 못했다고 생각했습니다.

 어느덧 고행을 시작한 지도 다섯 해가 지났습니다. 아무도 감히 흉내낼 수 없는 지독한 고행을 계속해 보았지만, 여전히 생사의 고뇌는 끊이지 않았습니다. 그러다 문득 지금까지의 모든 과정에 회의가 들었습니다.

 "단지 육체를 괴롭히는 일이 진정한 해탈과 무슨 관계가 있단 말인가?"

 그는 그것 자체가 하나의 집착임을 느꼈습니다. 그 동안의 고행으로 지칠 대로 지친 허약한 육체를 이끌고 니란자나 강을 건널 때, 마침 그 곳에는 우유를 짜고 있던 한 소녀가 있었습니다. 그는 그 소녀에게 한 그릇의 우유를 얻어 마셨습니다. 그리고 숲 속에 들어가 커다란 보리수 아래에 단정히 앉았습니다.

 "이 자리에서 육신이 다 죽어 없어져도 좋다. 우주의 생명의 실상을 깨닫기 전에는 결코 이 자리를 떠나지 않으리라."

 마침내 명상에 잠긴 지 6년째 되는 어느 날, 어슴프레 밝아오는 하늘 위로 새벽 별 하나가 밝게 떠올랐습니다. 그 때 그는 드디어 정각(올바른 깨달음)을 얻었습니다. 생사의 모든 이치가 그 앞에 밝게 드러났으며, 우주가 곧 하나의 덩어리로서 나뉘어질 수 없는 영원한 실체임을 깨닫게 되었습니다.

 그 후 싯다르타는 석가모니가 되어 사십여 년 간 많은 사람들에게 가르침을 폈습니다. 그의 문하에는 계급을 초월한 수많은 제자들이 모여들었습니다. 석가모니 밑에서 똑같은 깨달음을 얻은 제자도 나타났습니다. 그리하여 석가모니는 여든 살이 되어 열반에 들게 되었을 때, 그의 모든 지혜를 제자들에게 전하고 인류 역사에 위대한 햇불이 된 빛의 생애를 마감하였습니다.

임진왜란 속에서
선조

선조는 덕흥군 이초의 셋째 아들로 조선 제 11대 임금인 중종의 후궁 창빈 안씨의 소생이었습니다. 선조 임금은 1567년 열여섯이란 어린 나이로 왕위에 올랐습니다.

1590년, 조선은 일본의 움직임이 수상하다고 판단하였습니다. 이에 선조는 통신사 황윤길과 부사 김성일 등을 일본에 보내 그 곳의 동태를 살피게 하였습니다. 그런데 이듬해 돌아온 두 사람은 서로 엇갈린 보고를 하였습니다.

"상감 마마, 지금 왜군은 전쟁 준비에 한창이니 그들의 침략에 대비하셔야 합니다."

통신사 황윤길은 다급하게 선조에게 간하였습니다.

"아니옵니다. 도요토미는 사람됨이 보잘 것 없어, 군사를 일으킬 만한 위인이 못 됩니다. 때문에 전쟁 준비를 하는 것은 괜히 민심을 어지럽히는 결과만 가져올 것입니다."

통신부사 김성일은 안이하게 대답하였습니다.

조정의 신하들은 대책수립에 고민하다가 결국 김성일의 말에 따라 전란에 대비하지 않기로 하였습니다.

그러나 김성일의 주장과는 달리 이듬해 4월 일본은 대대적인 침략을 감행해 왔으니, 이것이 곧 임진왜란입니다.

당시 조선은 이백여 년 동안 부분적인 외침을 제외하고는 거의 전

쟁을 치른 경험이 없었습니다. 오랫동안 지속된 평화로 전쟁에 대한 대비도 거의 없었지요. 이에 비해 일본은 그 동안 오랜 전쟁을 통해서 익힌 병법, 무술, 축성술, 해운술 등으로 고도의 전쟁 기술을 터득하고 있었습니다.

그런 상황이다 보니 조선은 불시에 쳐들어온 왜적들을 감당할 수 없었습니다. 부산으로 침략한 왜군들은 무서운 속도로 북상하여 보름쯤 후에는 한양까지 함락시켰습니다. 이 후 개성, 평양까지 차례로 함락되니 선조는 의주까지 피난가야 하는 신세가 되고 말았습니다.

그러나 사태는 더욱 악화되기만 했습니다. 왜군은 선조가 피신해 있는 의주성 주위만 남겨놓고 함경도 일대까지 점령하고 말았습니다. 선조는 다급하게 명나라에 원군을 요청하였습니다.

그러나 전라도 지역의 수군만큼은 결코 일본에 밀리지 않았습니다. 거기다 6월 이후부터 전국 각지에서 봉기한 의병들의 활약과 명나라 군사의 도움으로 전세는 조금씩 역전되어 갔습니다. 이 때부터 조선의 병사들은 왜군을 남쪽으로 밀어내어 1593년에는 다시 한양을 수복하게 되었습니다.

이 후 조선과 일본 사이에는 한동안 소강 상태가 지속되었습니다. 그러나 1597년 휴전의 분위기가 깨어지면서 다시 정유재란이 발생하였습니다. 그러나 다행히 다음 해 8월에 도요토미가 병으로 세상을 뜨자 왜군들은 본국으로 철수하기 시작했습니다.

7년 동안 지속된 임진왜란이 끝나자 선조는 전란으로 인한 피해 복구와 민심을 안정시키기 위해 총력을 기울였습니다.

"민생이 도탄에 빠졌는데 어찌 나라의 임금인 내가 사치를 일삼을 수 있겠느냐?"

이런 생각에 선조는 스스로 음식과 의복을 절제하고 사치를 배격하였습니다. 한편 새로운 농지를 개척하고 양식을 절약할 수 있는 방법을 유포시켜 백성들을 돕고자 하였습니다.

"상감 마마, 지금 백성들은 전란으로 인해 사기가 크게 떨어졌고, 나라에 대한 애착심도 사라진 상태입니다. 그러니 애국심을 북돋울 수 있는 방도를 마련하는 게 좋을 듯합니다."

신하의 의견에 따라 선조는 전란중에 공이 있는 자들을 선별하여 신분을 상승시켜 주거나 공신으로 선정하여 녹을 내리게 하였습니다.

그러나 7년 간의 전쟁이 남긴 상처는 너무도 컸습니다. 어떤 고을에서는 굶주림을 견디다 못해 쥐를 잡아 먹는 사태까지 발생하였습니다.

문화재의 소실도 심각했습니다. 경복궁, 창덕궁, 창경궁을 위시한 많은 건축물들이 불에 타버렸고, 귀중한 서적이나 미술품 등이 없어지거나 약탈당했습니다. 또, 역사 책을 보관하던 사고도 전주사고만 남고 나머지는 모두 불에 타고 말았습니다.

비록 선조는 전란을 복구하고자 여러 모로 힘을 기울였지만, 눈에 띄는 효과를 볼 수는 없었습니다. 전쟁 이후로 흉년이 계속되었을 뿐만 아니라, 당쟁의 소용돌이에 조정이 휘말렸기 때문입니다.

결국 선조는 전란의 뒷수습을 끝맺지 못한 채 1608년 쉰아홉 살을 일기로 세상을 떠나고 말았습니다.

선조는 임진왜란을 막지 못했다는 이유로 흔히 무능한 왕으로 기록되고 있습니다. 그러나 그는 여종 시대의 혼란을 수습하고 왕권에 대한 간섭을 뿌리 뽑은 뛰어난 왕이었습니다. 또한 당파싸움을 현실정치에 도움이 되도록 이끌어 가려던 지혜도 겸비했었습니다. 불행한 것은 임진왜란으로 이러한 모든 노력이 수포로 돌아가거나 부작용을 일으켰다는 점입니다.

화왕계를 지어 신문왕을 깨우친
설총

설총은 찬란한 문화를 꽃피운 통일 신라 시대의 뛰어난 학자이며 문장가였습니다.

원효와 요석 공주를 부모로 둔 설총은 머리가 매우 좋았습니다. 어려서 모든 도리를 깨달아 신라의 뛰어난 학자가 되었습니다.

삼국 시대 초에는 한자음을 가지고 우리 고유의 말을 글로 쓴 '이두'가 있었습니다. 한문에 정통했던 그는 이두를 더욱 발전시켜 어떠한 한자 문장이라도 우리말로 읽도록 했습니다.

학문에 통달하였던 설총은 당시 유명한 학자 강수와 더불어 국학(신라 시대의 교육 기관)을 세우고 후진 양성에 힘을 기울였습니다. 그 공로로 박사 칭호를 받고 벼슬은 한림에 이르렀습니다.

비록 그가 남긴 글이나 서적은 전해지지 않지만 신문왕에게 들려줬던 화왕계라는 짧은 이야기가 남아 있습니다.

신문왕이 어느 날 설총에게 재미있고 기이한 이야기를 들려 달라고 청했습니다.

"신이 전에 화왕(꽃 중의 왕, 모란꽃을 일컬음)에 대한 이야기를 들어 알고 있나이다."

설총은 화왕에 관한 이야기를 하기 시작했습니다.

어느 화원에 뿌리를 내린 화왕이 춘삼월을 맞이하여 예쁜 꽃을 피웠습니다. 꽃 중에서 제일 아름다운 모란은 곧 꽃의 임금으로 모셔졌습니다. 모든 꽃들이 앞을 다투어 화왕을 뵙고자 했으나 부끄러운 나머지 감히 가까이 갈 수 없었습니다.

이 때 눈부시게 아름다운 미녀가 얼굴에 홍조를 띠고 화왕 앞에 나섰습니다.

"저는 백설 같은 모래사장을 밟으며, 거울처럼 맑은 바다를 바라보고 봄비에 목욕을 하고 사는 장미이옵니다. 이 깨끗한 몸으로 전하의 높으신 덕을 옆에서 시중들까 하고 찾아왔사옵니다."

연이어 베옷에 가죽띠를 두르고 손에 지팡이를 든 사내 하나가 백발을 휘날리며 화왕 앞에 나타났습니다.

"저는 저 문 밖 산등성이에 살고 있습니다. 아래로는 근사한 경치가 펼쳐져 있고 위로는 우뚝 솟은 산의 풍물을 보이는 곳이지요. 이름은 백두옹(할미꽃)이라 하옵니다. 생각컨대 임금을 모시는 데는 맛있는 음식, 빛나는 옷, 즐거운 노래, 아름다운 자태도 필요하겠지만, 몸을 튼튼히 할 보약과 독을 물리칠 수 있는 약도 있어야 한다고 생각하옵니다. 제가 비록 모습은 험상궂으나 임금님을 받들어 모시고자 이렇게 찾아 왔습니다. 전하께서는 어떻게 생각하시는지요?"

임금은 아름다운 장미와 당당한 할미꽃 가운데 하나를 택해야만 했습니다.

"자네의 말에도 일리는 있지만 아름다운 여인 또한 찾기 힘들 것이다. 이를 어찌하면 좋을꼬!"

화왕은 한참 동안 결정을 내리지 못하고 망설였습니다.

그러자 백두옹이 다시 앞으로 나와 말하였습니다.

"저는 총명하신 화왕께서 곧은 의리를 알아보실까 하여 찾아 왔습니다. 지금 뵈오니 그렇지 않은 것 같사옵니다. 무릇 왕은 간사하고 아첨하는 자를 멀리하고 정직한 자를 가까이 하는 법이옵니다. 이러한 까닭에 저로서도 뭐라 할 수가 없습니다."

이 말을 듣고 화왕은 부끄러워 얼굴이 빨개졌습니다.

이 이야기를 듣고 난 왕은 숙연한 얼굴로 설총을 바라보았습니다.
"그대의 이야기는 매우 깊은 뜻이 있구료. 이를 기록하여 왕이 지켜야 할 훈계로 삼도록 하고 싶소."
그리고 설총에게 높은 지위를 주었습니다.
설총은 '신라 10현' (신라 시대 훌륭했던 열 사람)의 한 분이며, 강수, 최치원과 더불어 '신라의 3대 문장가' 로 추앙되고 있습니다.
설총의 덕망에 감동하였던 고려 8대 왕 현종은 그를 공자를 모시는 사당에 모시도록 하고 '홍유휴' 라는 높은 시호를 내렸습니다.

백성과 학자를 아끼고 사랑한
세종 대왕

　우리 글을 만들어 온 누리에 알리신 슬기로운 세종 대왕은 조선의 제 4대 왕이었습니다. 역사상 가장 어질고 현명한 왕으로 우리 민족의 영원한 자랑인 한글을 만들었으며 정치, 문화, 사회 각 방면에 커다란 업적을 남긴 정말 위대한 왕이었습니다.
　세종 대왕은 어렸을 때부터 책 읽기를 무척 좋아했으며 무슨 책이든 한번 손에 쥐기만 하면 백 번을 거듭 읽어 그 내용을 훤히 익혔다고 합니다.
　세종의 아버지인 태종 임금께서는 아들 중에 제일 영리하고 성품이 어진 셋째 아들 세종을 왕세자로 책봉하여 왕위를 물려주었습니다.
　새로 왕위에 오른 세종은 집현전을 두어 새로운 학자를 양성하였으며 책과 백성을 아끼는 어진 왕이었습니다.
　비단 백성뿐만이 아니라 신하들에게 있어서도 세종은 한줄기 밝은 햇살이었습니다.
　길재라는 고려의 신하가 끝내 절개를 굽히지 않고 세상을 떠났을 때의 일입니다. 고려에 끝까지 충성한 길재는 조선의 입장에서 볼 때에는 적이나 다름없었습니다. 그러나 세종은 길재를 몹쓸 신하로만 보지 않았습니다.
　길재의 죽음에 대해 세종은 호조에 다음과 같은 명령을 내렸습니다.

"길재 선생 댁에 쌀 열다섯 섬과 백지 일백 권을 보내서 장례식에 쓰도록 하라."

자기 아버지와 할아버지를 반역자로 보고 고려 왕조에 충성을 지킨 길재 선생에게 이렇듯 쌀과 백지를 내린 것이었습니다.

그뿐만 아니라 길재 선생이 이루어 놓은 위대한 학자로서의 업적을 높이 칭찬하여 다음과 같이 말하였습니다.

"길재 선생께서는 효도, 충성, 신의, 예의, 염치 등을 학생들에게 가르치셨소. 어머님께서 세상을 떠나시자, 옛 성현이신 주자님이 가르치신 대로 장사를 치르시었지. 항상 단정히 앉으시어 말없이 밤이 깊도록 공부를 하였으니 신하로서 지켜야 할 절개의 본래 모습을 찾아볼 수 있었다오"

무엇보다 세종 대왕은 이렇듯 자기 왕실에 등을 돌린 신하에게까지 따뜻한 마음을 베풀었던 것입니다.

바로 이러한 마음씨가 건국 초의 어지러워지기 쉬운 나라를 별 말썽 없이 다스리게 한 힘이 된 것입니다.

세종 대왕은 왕이 된 후에도 틈틈이 책을 읽어 학문을 닦고 스스로 덕을 쌓았습니다. 또한 학문을 장려하고 백성을 널리 가르치기 위해서 여러 가지 책을 만들어 내기도 했습니다.

그래서 책을 만들어 내는 활자를 새로 만들었으니 곧 1420년의 '경자자', 1434년의 '갑인자' 등의 구리 활자와 1436년의 '명진자' 라는 납 활자였습니다.

그리하여 새로 만들어진 활자는 많은 책들을 인쇄해 냈습니다.

그 때의 인쇄술은 도이칠란트의 구텐베르크가 나무 활자를 써서 인쇄술을 처음 시험한 1438년보다 모두 앞서는 훌륭한 업적들이었습니다.

세종 대왕은 겨레의 자랑인 한글을 만들었습니다. 당시 우리 나라에서 쓰고 있던 한자는 매우 어려웠으므로 일반 백성들이 쉽게 배워 쓸 수가 없었습니다.
 항상 백성들의 어려움을 보살피던 인자하신 세종은 그 점을 가슴 아프게 생각하여 백성들이 쉽게 배워 쓸 수 있는 우리 글자를 만들기로 결심하였습니다.
 그래서 집현전 학자 정인지, 신숙주, 성삼문, 박팽년, 이개, 최항 등으로 하여금 깊은 연구를 통하여 우리의 새 글자를 만드는 데 온 힘을 기울이게 하였습니다.
 세종 대왕이 훌륭한 정치를 펼 수 있었던 것은 모두 백성을 사랑하는 마음이 바탕에 있었기 때문입니다.
 세종이 까닭 없이 목이 타는 병에 걸렸을 적의 일입니다.
 세종은 물을 마시고 꿀물을 마시고 차를 마셔도 자꾸 목이 말라 계속 물을 찾곤 했습니다.
 이 때, 유명한 의원이 목마름 병에 좋은 진기한 보약을 가져왔습니다. 하얀 수탉과 노란 암탉 그리고 양의 고기를 한데 섞어 푹 고아서 만든 약이었습니다.
 "이것을 계속하여 드시면 목마름이 없어질 것입니다."
 의원은 임금의 수라상이나 음식을 맡아보는 벼슬아치에게 말했습니다.
 잘 받들고 들어간 벼슬아치에게 세종은 탕약을 입에 대지도 않고 무엇으로 만든 탕이냐고 물었습니다.
 "의원이 상감 마마의 목마름 병을 고칠 수 있다고 장담하여 지은 보신탕이옵니다."
 의원은 거짓말을 할 수 없어서 사실대로 아뢰었습니다.
 "값진 음식을 상 위에 올리지 말라고 하지 않았더냐! 지금 먹고 있는 음식도 청렴한 황희 정승을 생각하노라면 목으로 가시가 넘어 가는 것 같은데, 이런 고깃국을 먹으라고 하다니. 양은 귀한 짐승이라 백성들이 소 다음으로 귀중히 여기는 재산이 아니냐! 그런데 이러한

보신탕으로 내 목마름을 가라앉히려면 앞으로도 얼마나 많은 소중한 양들이 죽어야 할지 모른다. 백성들에게 그런 폐를 끼치면서까지 목마름을 없애고 싶지는 않다. 양을 먹고 목마름이 낫느니 차라리 황희 정승 집의 소금을 먹고 목마름이 더하여지는 것이 내가 바라는 바이다!"

이처럼 세종은 한시도 백성을 잊은 적이 없었습니다.

세종은 음악에도 남다른 관심을 기울였습니다. 그리하여 박연이란 사람에게 명하여 그 때까지의 음악을 총정리하게 하였으며 아악에 사용되는 악기를 다시 만들도록 하였습니다.

그뿐만 아니라 천문, 기상, 역학 등 과학에도 깊은 관심을 가져 장영실, 이천 등의 과학자를 항상 가까이 하며 과학을 연구하도록 하였습니다.

이토록 나라를 위해 숱한 업적을 남긴 세종은 왕이 된 지 32년 되던 해 1450년, 쉰넷의 나이로 세상을 떠났습니다.

신출귀몰한 의병대장
신돌석

개항 후 나라가 어수선한 시절, 신돌석은 영해부 복평리(지금의 영덕군 축산면 도곡동)에서 어느 중농의 맏아들로 태어났습니다.

"천한 이름을 가진 사람이 오래 산다는 옛말이 있지. 이놈 이름을 어떻게 지을까!"

이렇게 생각한 그의 아버지는 '돌석' 이라는 이름을 지었습니다. 이름 때문에 그를 상놈 또는 머슴 출신으로 오해할 수도 있겠지요? 신돌석의 이름은 원래 태호였습니다.

천한 출신으로 알려진 그는 평산 신씨로 고려의 개국공신 신숭겸의 후손이었습니다. 조선이 건국되자, 찬밥 신세가 된 신돌석의 7대조는 동해에 접한 영해로 내려와 살게 되었던 것입니다.

어려서부터 기골이 장대했던 신돌석은 골목대장으로 활약하여 온 동네를 휘젓고 다녔습니다. 동네 아이들을 모아놓고 줄넘기, 뜀박질하기 따위를 시키는가 하면 미나리꽝에 돌 던지기, 호박에 침주기 따위의 짓궂은 장난을 서슴없이 해댔습니다.

"쯧쯧, 저런 망나니도 철들 날이 올는지. 저놈 부모는 오죽 속이 상할까!"

신돌석의 말썽에 동네 사람들은 혀를 내둘렀습니다.

하지만 비범한 신돌석은 글 읽기에 있어서도 남보다 결코 뒤떨어지지 않았습니다. 열다섯 살쯤에는 웬만한 작은 언덕은 훌훌 뛰어넘는 축지법을 익혔다는 소문도 떠돌았습니다. 한편 이곳저곳을 찾아다니며 많은 인사들과 얘기를 나누며 나라형편을 알아보기도 했습니다.

당시 나라에서는 동학농민전쟁과 일제에 의해 왕비가 살해되어 소란스런 일이 끊이질 않았습니다.

1896년 열아홉 살이 된 신돌석은 어릴 적 동무들과 뜻을 같이 하는 사람들을 모았습니다. 그리하여 최신식 무기를 가진 일본군들을 공격하여 많은 공을 세웠습니다. 그는 자연스레 영해군 의진의 중군장의 자리에 올랐습니다.

그러나 그 해가 저물 무렵 의병활동은 점차 수그러들기 시작했습니다. 이 때부터 그를 잡으려는 관군과 일본군의 눈이 잠시도 멈추지 않았습니다. 그리하여 그는 편히 잠잘 날이 거의 없었습니다.

쫓기는 신세인데도 신돌석은 틈틈이 동지들을 찾아다녔습니다. 이런 와중에 청도 지방을 지나다가 일본군들이 전선 가설하는 것을 보고 공병 다섯 명을 때려눕히고 전선을 뽑아버리기도 했습니다. 또 부산항으로 잠입하여 일본 배 한 척을 뒤집어엎기도 했습니다.

당연히 일본군은 그를 잡으려고 혈안이 되었고 그의 목에는 많은 상금이 걸렸습니다.

1905년 을사조약으로 나라의 외교권이 박탈되자, 또다시 의병항쟁이 전국에서 일어났습니다. 신돌석은 자신의 재산을 팔아 무기를 구입하고 동지를 모으는 데 힘썼습니다.

삼백여 명의 의병을 모은 신돌석은 영해부에 주둔해 있는 일본군을 습격하여 전과를 올리고 이어 울진으로 쳐 올라가 바다에 떠 있는 일본의 병선 아홉 척을 침몰시켰습니다.

1907년 강원도와 경상도에 들어와 삼천여 명에 달하는 의병을 모은 신돌석은 그 일대의 일본군을 모조리 쳐부수었습니다.

신돌석의 명성이 널리 알려지자, 구식군대 등 보다 많은 의병들이 모여들었습니다.

1907년 겨울에는 전국의 의병들이 연합하여 서울로 진격해 들어갔습니다. 그리하여 천여 명을 거느린 신돌석도 경상도 동해 일대의 의병대표로 이 전투에 가담하였습니다.

  양주에 모인 의병들은 13도 총대장으로 이인영이 추대하였고 각지의 의병장으로 부대를 편성하였습니다. 하지만 신돌석은 그 부대 편성에서 빠져 있었습니다. 썩은 양반들이 평민 출신인 그를 의병장으로 삼을 수 없다고 제외시켜 버렸습니다.

  그는 깊은 한숨을 쉬고 고향으로 돌아왔습니다. 그렇다고 나라를 구하는 일을 등한시할 수는 없었습니다.

  고향에 돌아온 그는 영해일대와 일월산, 백운산 일대를 거점으로 항전을 계속하였습니다. 그러나 일본군의 저항이 치열하여 더 이상 버틸 수가 없었던 신돌석은 의병을 해산하고 다음 해 봄에 다시 일어나기로 하였습니다.

  1908년 겨울, 그는 옛 부하이자 고종사촌인 김상열을 찾아갔습니다. 그를 맞이한 김상열 형제는 음모를 꾸몄습니다. 신돌석을 죽여 일본군에 바쳐 많은 상금을 타려는 속셈을 품었던 것입니다. 그리하여 반가운 얼굴로 가장하여 독주를 신돌석 앞에 내밀었습니다. 추운 겨울, 신출귀몰한 장수는 많은 술을 들이키고는 깊은 잠에 빠졌습니다.

  이 때 이들 형제는 무자비하게 도끼로 그의 목을 내리쳤습니다.

  그리하여 나라를 위해 노력을 아끼지 않았던 영웅은 상금에 눈이 먼 동족에 의해 세상을 등지고 말았습니다.

한국의 훌륭한 어머니
신사임당

　1504년 신사임당은 강원도 강릉 북평에서 신명화의 둘째 딸로 태어났습니다. 아들 없이 딸만 다섯인 집에서 태어난 그녀는 어려서부터 얼굴이 아름답고 여러 방면에서 재주가 뛰어났습니다. 총명한 그녀는 바느질이나 수예, 학문과 예술에서 눈부신 재능을 나타냈습니다. 일곱 살에 이미 산수화의 대가인 안견의 그림을 보고 본을 뜨며 훌륭한 그림을 그려냈고 사서와 삼경에 능통하여 어른들을 놀라게 했습니다.
　사임당이 시집가기 전 어느 가을 날, 경사가 난 지체 높은 집안에서 잔치를 벌였습니다. 마을 아낙네들이 모두 초청되어 그 집에 모여들었습니다. 사임당도 이 잔칫집에 초대되었습니다.
　사임당은 마을 아낙네들과 한창 음식을 맛있게 나누어 먹고 있었습니다. 그 때 바깥에 나갔던 한 아낙네가 비단 치마폭을 움켜쥐고 훌쩍훌쩍 울면서 방으로 들어왔습니다. 갑작스런 일에 놀란 사람들은 그녀를 쳐다보며 우는 까닭을 물었습니다.
　"부엌 아궁이 옆을 지나다가 그만 치마폭을 불에 태워버렸어요."
　가난한 집 아낙네라, 잔치에 오면서 남의 비단 치마를 빌려 입고 왔던 모양이었습니다. 큰 낭패를 당한 그녀는 치마를 변상할 형편도 안 되었습니다.
　주위 사람들은 모두 수군거렸고 치마를 태운 아낙네는 넋을 잃고 있었습니다.

63

사임당이 가만히 그 아낙네 쪽으로 다가갔습니다.

"불에 탄 치마를 벗어 주세요. 제가 그 치마 값을 변상할 수 있도록 도와주겠어요."

그 말을 들은 아낙네는 얼른 치마를 벗어 사임당에게 주었습니다.

사임당은 벼루와 먹을 가져오게 하더니 그 치마폭에 포도 그림 몇 폭을 그려 주었습니다.

"이 그림을 시장에 내다 팔면 이런 비단 치마 세 벌은 살 수 있을 것이오. 곧 내다 팔아 치마 값을 갚고 나머지 두 벌은 가지시오."

아낙네는 사임당이 시키는 대로 하여 그 어려움을 면하고 두 벌의 비단 치마까지 얻어 입게 되었습니다.

이렇게 그림 솜씨가 뛰어난 사임당은 포도와 풀벌레 그림을 잘 그렸는데 그 작품을 보는 사람은 누구나 감탄하였습니다.

시집가던 해에 항상 그녀를 엄격하게 가르쳤던 아버지가 돌아가시자, 신사임당은 강릉 친정에서 3년 상을 치르고 스물한 살에 서울 시집으로 나오게 되었습니다.

덕수 이씨 가문의 이원수에게 시집갔던 그녀는 4남 3녀를 두었습니다. 신사임당은 교육에 남다른 관심을 쏟아 자녀 모두를 훌륭하게 키워냈습니다. 그 중 셋째 아들 이이가 훗날 이름을 날리는 재상이 되었습니다.

칠 남매를 깊은 사랑과 엄한 훈계로 가르쳤던 신사임당은 마흔여덟의 나이로 세상을 떠났습니다. 그 당시 열여섯 살이었던 이율곡은 슬픔에 젖어 불교에 마음을 쏟기도 하였습니다.

천혜의 요새인 새재를 버린
신입

신입은 어린 시절부터 무술을 연마하며 사냥하기를 좋아했습니다.

어느 날 신입은 호랑이 사냥을 하다가 문경새재에 이르렀습니다. 그는 힘이 장사일 뿐 아니라 대담하여 혼자 사냥하기를 즐겼습니다. 그 날도 호랑이 발자국을 쫓다가 그만 날이 저물어 길을 잃고 말았습니다. 오랫동안 산 속을 헤매던 끝에 겨우 어느 곳에 반짝이는 불빛을 찾아 외딴집을 발견하였습니다. 주인을 부르니 젊은 여인이 문을 열고 나왔습니다.

"사냥을 하다가 그만 길을 잃고 말았습니다. 하룻밤만 재워주시면 고맙겠습니다."

그러나 여인은 머뭇거리기만 할 뿐 대답을 하지 못했습니다. 여인의 얼굴에는 수심이 가득했고, 집 안에는 아무도 없는 듯했습니다.

신입이 다시 한 번 청하자 여인은 마지못한 듯 입을 열었습니다.

"저희 남편은 산적이랍니다. 원래 그는 저희 집 종이었는데, 제게 흑심을 품고 부모님을 살해하고 나를 이 산 중으로 납치하였습니다. 그리고 도적질을 하면서 살고 있는데, 얼마 후에 남편이 돌아올 것입니다. 몇 번이고 도망가려 했으나, 산이 너무 깊어 그만두어야 했습니다. 부모의 원수를 갚고자 놈을 독살하고자 했으나 워낙 간교한 놈이라 사전에 발각되어 실패하고 말았습니다."

여인은 끝내 눈물을 흘리고 말았습니다.

동정심이 많던 신입은 여인을 구하고자 결심하고 저녁밥을 얻어먹은 후 곳간에 숨어 산적이 들어오기를 기다렸습니다.

과연 밤이 으슥해지자 7척이 넘을 듯한 건장한 사내가 들어왔습니다. 여인을 부르는 것을 보니 그 산적이 틀림없었습니다.

"네 이놈 천벌을 받아라!"

신입은 소리를 지르며 힘차게 활을 당겼습니다. 화살은 정확히 산적의 가슴을 꿰뚫었습니다. 산적은 괴성을 지르며 쓰러졌습니다.

부모의 원수를 갚고 자신을 구해준 신입에게 여인은 자신을 데려가 주기를 간청하였습니다. 하녀가 되어서라도 모시겠으니 제발 데려가기만 해달라고 매달리는 것이었습니다.

그러나 신입은 처자가 있는 몸이라 모르는 여인을 데려갈 수가 없었습니다. 결국 신입은 여인을 뿌리치고 그 집을 나섰습니다. 그런데 신입이 새재 고개 마루에 올라서서 뒤돌아보니 산적의 집이 불에 타고 있었습니다. 놀란 신입이 달려가 보니 집과 여인은 이미 잿더미가 되었습니다. 그토록 타일렀건만 여인은 끝내 신입의 가슴에 큰 상처를 남기고 자결하고 만 것입니다.

한동안 어찌할 바를 몰라 주저앉아 있던 신입은 정신을 차리고 잿더미 속에서 여인의 유골을 수습하여 집 뒤쪽 소나무 아래 묻어 주었습니다.

그 뒤 신입은 무과에 급제하여 변방을 지키는 장수가 되었습니다. 싸움터에 나갈 때에는 가끔 꿈속에서 새재에서 죽은 그 여인이 나타나곤 하였습니다. 그 때마다 여인은 꿈속에서 묘책을 알려주었고 다음 날 그대로 하면 쉽게 적을 이길 수 있었습니다. 그야말로 백전백승이었습니다.

임진년 4월 왜군 이십만 명이 부산포에 상륙, 파죽지세(대적을 거침없이 물리치고 쳐들어가는 당당한 기세)로 밀고 올라왔습니다.

선조 임금은 신입을 불러 삼도 도순변사에 명하고 친히 큰 칼을 하

사하였습니다.

"나라의 흥망이 그대에게 달렸으니 왜적을 쳐 나라의 근심을 덜게 하라."

어명을 받은 신입은 충청도 문경새재로 갔습니다. 문경새재는 한양으로 들어가는 길목으로 산새가 험해 천혜의 요새였습니다. 험준한 산세를 뒤로 하고 길이 매우 좁고 가파르기 때문에 조총을 가진 왜군이라 할지라도 활로써 능히 물리칠 수 있었던 것입니다.

"장군께서는 어떠한 일이 있더라도 이 새재에서 왜적과 싸워야만 승리할 수 있소이다. 왜적으로부터 나라와 백성을 구할 수 있는 기회이오니 새재를 굳게 지켜 주시오."

지나가던 한 승려가 신입에게 당부하고는 사라졌습니다.

그런데 그 날 밤 신입 장군의 꿈속에서는 지난 날 새재에서 불에 타 죽은 여인이 나타났습니다.

"장군께서는 이 곳 산세가 험한 것만을 믿고 계시니 이번 싸움은 승산이 없습니다. 이 곳보다는 충주 달천가의 탄금대에 배수진을 치십시오. 그리하면 군마들이 자유롭게 달릴 수 있을 것이고 병사들은 도망을 치고 싶어도 갈 곳이 없으니 결사적으로 싸워 왜적을 무찌를 것입니다."

과거에도 진주에서 몇 차례 여인의 혼령이 나타나 묘책을 일러준 적이 있었거니와, 그 때마다 여인의 말대로 해서 승리했던 신입으로서는 이번에도 솔깃하지 않을 수 없었습니다.

이튿날 신입은 부장 김여물과 순변사 이일 등이 새재를 지킬 것을 눈물로 간청했으나 끝내 새재를 버리고 충주 탄금대로 물러나 진을 쳤습니다.

그 때 왜군들은 상주를 점령하고 당교, 유곡을 거쳐 올라오고 있었습니다. 왜장이 새재 입구에 이르러 보니 과연 듣던 대로 천혜의 요새인지라 겁을 먹고 전진을 멈춘 후 정탐꾼을 보냈습니다. 그러나 웬일인지 조선군은 그림자도 보이지 않는다는 것이었습니다. 아닌 게 아니라 새들이 숲 속을 한가롭게 날아다니고 까마귀떼만 성곽에 앉아 있었습니다.

"하하, 어리석은 조선 장수 같으니! 이런 천혜의 요새를 버리다니."

손쉽게 새재를 넘은 왜군들은 대오를 정비하여 탄금대의 조선군을 향해 파죽지세로 몰아쳐 왔습니다.

탄금대에서 배수의 진을 치고 있던 조선군은 한 순간에 혼란의 늪에 빠졌습니다. 방어벽도 없는 평지에서 빗발처럼 날아오는 총탄 세례에 말과 사람이 뒤엉켜 우왕좌왕하다 죽어갔습니다. 천하의 용장 신입도 밀려드는 왜군 앞에서 속수무책이었습니다.

그러나 신입은 사로잡혀 적군의 포로가 되는 치욕은 피하고 싶었습니다. 이에 신입은 그의 애마에 채찍을 가해 탄금대 벼랑 아래 푸른 강물로 뛰어들어 자결하였습니다.

결국 한 여인의 한이 수천의 군사를 죽게 하고 천하의 용장 신입을 역사의 죄인으로 만든 것입니다.

이등박문을 사살한
안중근

　세계 열강이 한반도에 밀려들던 1879년 9월 2일, 안중근은 황해도 해주에서 안태훈의 아들로 태어났습니다.
　태어날 때부터 허리쯤에 검은 점들이 북두칠성처럼 박혀 있었다 하여 이름을 응칠이라 불렀습니다. 안중근은 어려서 글공부에 말타기와 활 쏘기, 총 쏘기에 뛰어난 소질을 보였습니다.
　을사조약이 강제로 맺어진 뒤, 민족 의식과 독립 정신이 투철했던 스물일곱의 안중근은 평안도 진남포로 이주했습니다. 그는 그 곳에서 인재를 양성하기 위해 '삼흥 학교'를 세웠습니다. 또 '돈의 학교'를 세우고 교육을 통해 구국 운동을 벌이기도 했습니다.
　"교육만으로 망해 가는 나라를 구하기는 어려운 일이다. 무력만이 일본과 대결하는 데 가장 좋은 방법이다."
　이렇게 생각한 안중근은 만주, 블라디보스톡을 넘나들며 독립군을 창설하여 항일 전선에 나섰습니다.
　그는 만주와 우리 나라의 국경에서 일본군과 숱한 전투를 벌였습니다. 그 전투 가운데는 일본 수비대를 전멸시켰던 적도 있었습니다. 이 때 뛰어난 지도력과 전략을 펼친 그는 일본군 포로에게 인도적인 측면에서 꾸짖었습니다.
　"너희들은 일본국의 백성인데 너희 임금의 뜻을 받들지 않느냐. 불충 막심하다."

이는 노일전쟁을 벌일 때 일본 임금이 대한의 독립을 보장한다고 말해 놓고서 한국을 침략하니 모두 이등박문의 야심에서 비롯된 것이라고 설득한 것이었습니다.

안중근은 포로들이 설득되면 다음과 같이 말하고 그들을 석방시켜 주었습니다.

"그럼 일본에 돌아가서 이등박문 같은 적을 소탕하라."

석방당한 왜병들이 총을 빼앗기고 돌아가면 군율에 따라 징역을 살게 된다고 애원하였습니다. 그러면 안중근은 무기를 반환해 주고, 잡혔다가 풀려났다는 말을 하지 말라고까지 일러주며 그들을 돌려보냈던 것이었습니다.

"일본 놈들이 우리를 잡으면 모두 죽여 버리는데, 왜 애써 잡은 놈들을 석방하느냐."

의병 장교들은 안중근의 행동에 불만을 터뜨렸습니다.

"야만적인 왜놈들이 폭행한다고 우리들도 폭행을 하면 우리가 그들과 다를 것이 무엇이겠는가. 우리가 찾으려는 것은 빼앗긴 국권이지 몇몇 졸개의 목숨은 아닌 것이다."

그의 그릇은 이렇게 컸으며 인격 또한 훌륭했던 것이었습니다.

1908년 일백여 명의 부하를 거느린 안중근은 한반도로 들어가 일본군을 무찌르기 위해 두만강을 건넜습니다. 하지만 강을 건넌 안중근의 부대는 일본군의 공격을 받고 뿔뿔이 흩어지고 말았습니다.

의병 운동에서 패배한 안중근은 노브키에프스키 지방으로 갔습니다. 그는 여전히 무력에 의한 투쟁만이 조국을 살리는 길이라고 믿었습니다. 그 곳에서 열한 명의 동지를 모은 그는 그들과 왼쪽 약지를 잘라 그 피로 태극기에 '대한 독립'이라 쓰고 목숨을 걸고 나라를 구하기로 맹세했습니다.

1909년 10월 안중근은 그 맹세를 실천하고자 이등박문을 사살했습

니다. 법정에서 재판을 받을 때도 그는 당당한 기개를 굽히지 않았습니다.

"한국이 독립하고 동양의 평화를 찾기 위해서는 먼저 민족의 큰 적인 이등박문을 없애야 한다고 나는 확신하였다. 또한 나라가 욕을 당하면 백성은 죽어야 당연한 것이라고 믿기에 이 일을 결심한 것이다. 이번의 거사는 내가 대한 의병 참모중장 자격으로 벌여 이등박문의 머리를 우리 의병에게 보이고자 함이었는데, 불행히 너희들의 포로가 되었다. 너희들은 나를 단순한 죄인으로 다룰 것이 아니라 국제법에 의한 포로로 대해 주기 바란다."

안중근의 애국 충정이 넘치는 열변이 법정 안에 울려 퍼지며 주위를 숙연하게 하였습니다.

최후의 공판 날, 재판장은 안중근에게 사형을 언도하며 다음과 같은 말을 덧붙였습니다.

"이 판결에 이의가 있으면 5일 이내에 공소(한 단계 더 높은 법원에 다시 재판해 줄 것을 요구함)하라."

"나는 이미 이 결과를 알고 있었다. 내 구차하게 명을 잇고 싶지 않아 공소를 포기한다."

안중근은 미소를 지으며 대답했습니다.

재판장은 안중근의 기상에 놀랐습니다.

이리하여 1910년 3월 26일, 안중근은 서른둘의 젊은 나이로 여순 감옥에서 순국하였습니다. 어떤 역경에서도 마지막까지 냉정하게 정의를 외친 그는 역사에 길이 빛날 것입니다.

인류를 위한 복음
예수 그리스도

　예수의 일생에는 신비한 부분이 많아서 우리가 납득하기에 어려운 점이 있습니다.
　동정녀 잉태라든지, 물을 포도주로 만든 기적, 한 마리 생선으로 오천 명을 먹인 일화, 물 위를 걸었던 일 등이 그 예입니다.
　그러나 그것 때문에 사람들이 예수를 거의 환상에 가까운 신비스런 존재로 알고 있는 것은 또 하나의 잘못입니다. 예수는 그런 신비한 기적을 보여주려고 했던 것이 아니라, 바로 그 기적같이 보이는 현상을 통해서 우리 인간이 이 현실 속에서 생명력을 사용하여 가장 올바르게 살아갈 수 있는 길을 외쳤던 것이기 때문입니다.
　기적은 하나의 방편에 지나지 않았습니다. 예수는 우리 인간이 인간의 욕심을 통해서가 아닌, 자연의 생명력을 터득해서 자연의 힘으로 우리의 인생을 살아갈 때, 가장 큰 번영과 풍요와 평안과 건강을 누릴 수 있다는 것을 전하려 했던 것입니다.
　예수는 성경의 기록처럼 말구유에서 태어나 평범한 아기로 자랐습니다. 그러나 그에게는 타고난 탐구력과 진리를 직접 간파하는 총명함이 있었습니다.
　예수는 어렸을 때부터 남다른 점이 있었습니다. 다른 아이들은 바깥에 나가 시간 가는 줄 모르고 재미있게 뛰어 놀았지만, 예수는 그저 그것을 물끄러미 쳐다보면서 인간과 세상에서 벌어지는 일들을 세심히 살폈습니다.

어느 날 그는 착하게 생긴 순한 양이 사나운 늑대에게 잡혀 먹히는 것을 보고 가슴이 몹시 아팠습니다. 그러나 그가 하늘을 쳐다보았을 때, 하늘은 아무 변화가 없었습니다. 양이 죽기 전이나 죽은 후나 푸른 하늘은 마냥 맑게 개어만 있었습니다. 예수는 순간 거기에서 무엇인가 중요한 것을 느낄 수 있었습니다.

예수는 그 하늘에 바로 우리 인간이 찾는 가장 큰 평안과 안식이 있을 것만 같았습니다. 그러나 그것이 도대체 무엇인지 정확히 알 수가 없었습니다. 그는 여러 사람들, 즉 현명한 학자나 사제들을 찾아가 물었습니다. 그러나 아무도 그것을 속 시원히 이야기해 주는 사람이 없었습니다.

예수가 열두 살 되던 해, 이미 그의 마을 예루살렘과 그 근처에는 예수의 궁금증을 풀어 줄 만한 사람이 없었습니다. 예수는 집을 떠나기로 마음 먹었습니다. '아무 일 없이 태평한 하늘'을 얻기 위해 그는 여러 곳을 찾아 여러 사람을 만났습니다. 그는 이집트를 거쳐 나중에는 인도에까지 이르렀습니다. 그 숱한 여정에서 예수는 그가 애타게 찾던 '하늘의 맑음'이 되었고, 그 평화를 이 땅에 심어야 할 소명과 사랑을 느꼈습니다.

그 때가 그의 나이 서른이었습니다. 예수는 그의 고향으로 돌아와 자연, 즉 하늘이 줄 수 있는 영원한 번영과 평화를 사람들에게 전하기 시작했습니다.

예수는 불필요한 욕망과 애착과 고통에 묶여 있는 인간적인 삶을 떠나 신의 능력 속으로 들어가서 평화를 찾을 수 있는 '하늘 나라'를 아주 힘차고 단호하며 간절하게 이야기했습니다.

많은 사람들이 그를 따랐습니다. 그러나 어떤 사람들은 그에 대해 반발하기도 하였습니다. 이미 물질과 권력의 기득권을 갖고 있었던 사람들은 대부분 그를 두려워했습니다. 갈수록 그의 가르침이 전파되었지만, 반대와 비난도 커져 갔습니다.

　예수는 그 반발과 비난이 그와 그의 제자들이 가진 '하늘의 능력' 곧 순수한 생명의 힘에 의해 사라지기를 바랐습니다. 예수로부터 자연의 생명력이 제자로 이어지기만 하면, 시간이 지남에 따라 하늘이 승리하는 것은 분명하기 때문이었습니다.

　그러나 예수가 십자가에 매달릴 때까지 그런 제자는 나타나지 않았습니다. 그리하여 예수는 스스로 십자가의 길을 선택하였습니다.

　이 후로 예수의 생명은 기독교라는 커다란 불씨로 영원히 계속되고 있습니다.

고려 왕조를 세운
왕건

　태봉의 궁예는 나주에서 전승을 거두고 돌아온 왕건을 위해 성대한 잔치를 베풀었습니다.
　"나의 여러 장수들 가운데서 왕건과 겨룰 만한 사람이 누구인가?"
　견훤의 후백제와 해상을 어지럽히는 도둑들을 멀찍이 쫓고 온 왕건이 궁예는 그저 믿음직스럽기만 하였습니다. 그러나 궁예는 이튿날 왕건을 급히 어전으로 불러들이고 성난 눈으로 뚫어지게 노려보았습니다.
　"왕 시중! 그대가 어젯밤에 여러 사람들을 모아놓고 반역을 모의한 것은 무슨 까닭이냐?"
　궁예가 때때로 터무니없는 반역죄를 꾸며 많은 신하를 죽여온 이상 성격자임을 아는 터라 왕건은 태연하게 웃으면서 대답하였습니다.
　"전하, 어찌 신이 그런 반역을 모의하겠습니까?"
　그러나 궁예는 노기를 풀지 않고 발을 동동 구르며 말하였습니다.
　"경은 나를 속이려 하는구나. 나는 남의 마음을 꿰뚫어보기 때문에 경이 반역한 것을 알고 있다."
　스스로를 미륵불이라 자칭해온 왕건은 두 눈을 슬그머니 감고 한동안 하늘을 우러러보고 서 있었습니다.
　이 때, 최응이란 자가 일부러 붓을 떨어뜨렸습니다. 최응은 진작부터 왕건의 됨됨이를 알고 있었고, 훗날 그가 왕이 되기를 고대하던 사람이었습니다.

　이 위기를 넘기지 못하면 왕건은 반역죄의 누명을 쓰고 꼼짝없이 목이 달아날 판이었습니다. 바닥의 떨어진 붓을 주우려고 뜰 아래로 내려간 최응은 왕건 곁으로 급히 다가가서 귓속말로 타일렀습니다.

　"장군, 어서 용서를 비십시오. 그렇지 않으면 위험합니다."

　머리 회전이 빠른 왕건이 그 말의 뜻을 모를 리 없었습니다. 왕건은 고개를 떨어뜨리고는 즉시 땅바닥에 무릎을 꿇었습니다.

　"전하, 신이 진실로 반역을 꾀했사오니, 그 죄 죽어 마땅하옵니다."

　왕건의 말에 궁예의 얼굴에서는 살기가 걷혔습니다.

　"왕 시중, 과연 경은 정직한 사람이다."

　별안간 궁예는 큰소리로 웃으며 왕건에게 금과 은으로 장식된 말안장을 상으로 내렸습니다.

　이 때 목숨을 구해준 최응은 뒷날 왕건의 일급 막료가 되었습니다. 어쨌든, 왕건은 그 동안 자신이 여러 사람들에게 쌓아 둔 덕 때문에 자신의 목숨을 구할 수 있었던 것입니다.

　시간이 갈수록 궁예의 횡포는 심각해졌습니다. 그러자 보다 못한 여러 장수들은 비밀스럽게 왕건의 집으로 모여 왕건을 새로운 국왕으로 추대하기로 합의하였습니다.

　그러나 왕건은 정색을 하며 거절하였습니다.

　"나는 충의를 다하려 하오. 왕이 비록 포악하더라도 어찌 감히 두 마음을 가질 수 있겠소."

　그러나 장수들은 물러서지 않았습니다. 그래도 왕건이 사양하자, 병풍 뒤에 숨어 있던 왕건의 처 유씨 부인이 갑옷을 들고 나오며 남편에게 말하였습니다.

　"의병을 일으켜 포악한 임금을 퇴진시키는 것은 마땅히 해야 할 일입니다."

　그러면서 부인은 손수 갑옷을 들어 왕건에게 입히고, 여러 장수들

은 그를 부축하여 군신의 예를 갖추었습니다. 이리하여 궁예는 왕건과 그를 떠받드는 장수들에 의해 제거되고 오백년 고려 왕조는 문을 열게 되었습니다.

왕건은 철원을 버리고 자신의 출생지이기도 한 송악으로 수도를 옮겼습니다. 궁예의 세력을 완전히 무너뜨린 왕건은 후백제의 견훤을 꺾고 후삼국을 통일시켰습니다.

왕건이 고려를 열 수 있었던 힘은 무엇보다 왕건이 다져놓은 인간적인 덕 때문이었습니다. 궁예를 쉽게 내몰 수 있었던 것은 따뜻한 인정을 지닌 왕건에게 많은 사람들이 끌린 때문으로 해석할 수 있습니다.

일본 문화 발전에 기여한
왕인 박사

왕인에 대한 기록은 우리 나라 역사 책에서는 찾아 볼 수 없고 일본의 역사 책인 〈고사기〉와 〈일본서기〉에서 찾아 볼 수 있습니다.

거기에는 왕인이 일본의 문화발전에 크게 기여한 인물로 기록되어 있습니다. 일본 문화의 시조라 불리우는 왕인은 현재까지 일본 역사 학자들에게 존경을 받고 있습니다.

왕인이 일본으로 건너간 시기는 백제가 고구려와 신라의 침략을 받아 위기에 처해 있을 때였습니다. 당시 고구려는 신라와 동맹을 맺어 백제를 자주 공격하고 있었습니다.

고구려 광개토왕은 백제의 근초고왕에게 패하여 목숨을 잃은 고국원왕의 손자였습니다.

"백성들이 잘 살게 되었으니, 이젠 할아버지의 원수를 갚을 수 있게 되었도다."

열아홉의 나이로 왕위에 오른 그는 어려서부터 할아버지의 복수를 꿈꾸며 자랐습니다. 그리고 고구려의 영토를 넓히기 위해서 백제를 침략하기로 계획하였습니다.

"먼저 백제를 쳐부수고 광활한 중국 대륙으로 진출하리라!"

광개토왕은 392년 7월에 막강한 군대를 거느리고 백제를 치러 갔습니다.

고구려에 대항했던 백제 아신왕은 속수무책 당하기만 하였습니다.

전쟁에서 패배한 백제는 고구려에게 10개의 성을 빼앗기고 말았습니다. 아신왕은 빼앗긴 성을 되찾기 위해 직접 군대를 이끌고 고구려를 공격하러 나섰습니다. 하지만 도중에 큰 눈을 만나 싸움 한번 벌이지 못한 채 돌아와야 했습니다.

백제는 군사를 움직이느라 너무 많은 힘을 소모했습니다. 이 때에 고구려와 우호관계에 있던 신라는 호시탐탐 백제를 위협했습니다. 아신왕은 커다란 위기감에 사로잡혔습니다.

"상감 마마, 우리 나라는 일본과 동맹을 맺어야 하옵니다. 그렇게만 된다면 고구려와 신라는 더 이상 우리 나라를 넘보지 않게 될 것이옵니다."

많은 신하들은 아신왕에게 이렇게 아뢰었습니다. 하지만 일본과 동맹을 맺는 일은 쉽지만은 않았습니다. 적극적인 우호관계를 맺으려면 백제의 태자를 일본에 보내야만 했기 때문이었습니다.

위기에 처한 백제는 나라를 구하기 위해 여러 모로 방법을 모색하였습니다. 마침내 백제 아신왕은 태자 전지를 일본 응신왕에게 보내기로 결정하였습니다.

402년 태자를 보낸 백제는 다시 옷 깁는 공녀와 아직기를 일본에 파견하였습니다. 아직기는 백제에서 보낸 밀사였는데 말 두 필과 거울을 가지고 가서 일본의 응신왕에게 주었습니다.

"오호, 아름답구료. 거울도 그렇지만, 이 말은 참으로 명마인 듯하오."

"그렇사옵니다. 백제에서도 왕족이나 권세있는 귀족들만이 탄다는 말입니다."

아직기의 이 말에 응신왕은 흡족한 표정으로 고개를 끄덕였습니다.

"한데 말이오, 내가 말을 타는 데 서툴러서……."

"염려 놓으십시오. 소인이 자세히 가르쳐 드리겠습니다."

기마병을 거느리지 못한 응신왕은 백제의 명마를 받아 정성스럽게 길렀습니다. 물론 아직기는 응신왕의 곁을 떠나지 않고 말을 기르고,

길들이고, 타는 법을 도왔습니다.
 칼과 거울을 가져간 이유는 응신왕의 환심을 사기 위해서였습니다. 백제로서는 무엇보다도 일본과 친선관계를 맺는 게 우선이었습니다. 칼은 제왕의 권위를 상징하는 것이고 거울은 제왕의 지혜를 상징하는 것이었습니다. 일본의 응신왕은 벌어진 입을 다물 줄 몰랐습니다.
 아직기는 학문에도 뛰어난 사람이었습니다. 당시 일본 사람 대부분은 글을 모르는 문맹 상태였습니다.
 "아직기여! 내 그대에게 친히 부탁하는 바이니 부디 태자의 스승이 되어 주오."
 응신왕은 아직기를 태자의 스승으로 삼았습니다.
 아직기는 일본 학자들에게 한학을 가르치기도 하였습니다. 일본 태자와 학자들의 학문이 날로 높아지자 응신왕은 아직기의 훌륭한 지도에 존경을 표했습니다.
 "나라를 다스리는 데 꼭 필요한 학문을 이렇게 가르쳐 주시니 정말 고맙소."
 "저의 학문은 보잘 것 없습니다. 백제에는 저보다 뛰어난 분들이 아주 많습니다."
 "아니 그게 정말이오? 그대보다 더 나은 박사가 있다니 믿기지 않소이다."
 "왕인이라는 분이 있사온데 학식이 뛰어날 뿐아니라 덕행도 훌륭한 분이옵니다."
 이 말을 들은 응신왕은 두 사람의 사신을 백제에 보내 왕인 박사를 정중하게 모셔오게 했습니다. 백제는 일본과 친교수립을 위해 기꺼이 왕인 박사를 파견하였습니다. 이렇게 맺어진 백제와 일본의 동맹관계는 백제가 망할 때까지 지속되었습니다. 당시 신라와 고구려 연합군에 맞서 백제와 일본의 연합군이 형성되었던 것입니다.
 405년 봄, 왕인 박사는 유교 경전인 논어와 천자문을 가지고 일본으

로 건너갔습니다. 문화와 기술발전에 관심이 많던 응신왕이 훌륭한 왕인 박사를 모셔간 것이었습니다.

응신왕은 아직기로부터 전해 듣던 왕인 박사를 만나자 무척 환대했습니다. 왕인 박사는 응신왕의 극진한 환영을 받으며 태자의 새로운 스승이 되었습니다.

'태자는 왕인에게서 학문을 두루 배워 통달하지 않음이 없었다.'

일본서기에 이와 같이 적혀 있습니다.

왕인은 태자에게 나라를 다스리는 법을 가르쳤습니다. 그리고 일본의 문화가 꽃피울 수 있도록 여러 분야에 영향을 주었습니다. 또한 일본의 신하들에게 신하의 도리를 가르쳐 주기도 했습니다.

왕인 박사는 시간이 나면 밖에 나가 백성들의 사는 모습을 유심히 살펴보았습니다.

"쯔쯧, 왜 이렇게 삶이 메말랐는가! 노동을 하면서 노래를 부르면 좀 좋지 않은가?"

왕인 박사는 일본인들이 노래 없이 사는 게 힘들어 보인다고 생각하여 노래를 가르쳐 주었습니다. 이렇게 하여 일본에서도 노래소리를 들을 수 있게 되었습니다. 또 왕인 박사는 백제에 도자기 만드는 기술자들을 보내 달라고 요청했습니다. 왕인을 통해 일본인들은 도자기 만드는 법을 배웠고 붓글씨까지 배웠습니다.

일본의 응신왕은 때때로 왕인에게 정치에 관한 조언을 구하기도 했습니다. 그러다 보니 일본 문화 곳곳에 왕인의 체취가 스며들지 않은 곳이 없었습니다. 왕인 박사에 의해 다져진 일본 문화는 아스카 문화의 토대가 되었습니다.

일본 사람들은 왕인 박사를 존경하고 백제를 선진 문화국으로 우러러 보았습니다. 왕인 박사는 일본 사람들을 가르치다 그 곳에서 생애를 마쳤습니다.

왕인 이후에도 백제의 문화는 일본으로 끊임없이 전수되었습니다.

대승불교의 시조
원효 대사

　원효 대사는 신라가 고구려와 백제의 동맹군에게 몹시 시달림을 받고 있을 무렵인 617년, 경상북도 경산 지방에서 태어났습니다. 아버지는 담달이라는 조그마한 벼슬자리에 있었습니다.
　원효의 속명은 서당이었으며 '원효'는 그의 법명입니다.
　원효는 청년시절 한때 전쟁터에 나가게 되었습니다. 피튀기는 전쟁은 그가 믿었던 친구들과 사랑하던 부하들을 앗아갔습니다.
　수많은 사람들의 죽음을 목격한 원효는 인생의 허망함에 눈을 뜨게 되었습니다.
　'사람은 결국 죽는다. 승리도, 왕관도, 명예도, 사랑도, 모두 죽음으로 끝난다. 죽음으로 끝나고 마는 삶이란 과연 무엇인가?'
　원효는 깊은 의문에 사로잡혔습니다.
　그는 영원한 진리를 일깨운다는 불교의 진리를 깨치기 위해 스물아홉 살 되는 때에 황룡사에서 승려가 되었습니다.
　승려가 된 뒤 4년 만에 그는 보다 깊은 불교의 진리를 깨치기 위하여 의상과 함께 당나라 유학의 길을 떠났습니다.
　어느 날 의상과 원효는 배가 와 닿기로 한 당항성에서 배를 기다리고 있었습니다. 그러다 그들은 심한 폭우와 어둠을 만나 몸을 피하였는데 그 곳이 바로 옛 무덤 속이었습니다.
　긴 여정에 지쳐 있던 그들은 그 사실도 모르고 곧 깊은 잠 속에 빠

져들었습니다. 잠을 자던 중 원효는 하도 목이 말라 일어나 물을 찾았습니다. 마침 바로 곁에 깨끗한 물이 담긴 바가지 하나가 보였습니다.

원효는 반가움에 단숨에 그 물을 들이켰습니다. 시원한 생명수의 맛이었습니다. 갈증도 가시고 몸도 가뿐해졌습니다.

다시 잠자리에 든 그는 실컷 자고 다음날 아침에 일어나 어제 밤에 마신 물바가지를 찾아 보았습니다.

그런데 이게 웬일입니까? 그 물바가지는 바로 사람의 두개골이었습니다. 앙상하게 뼈만 남은 해골더미 속에 두개골 한 개가 뒹굴어져 있는데, 아직도 그 두개골 속에는 구더기가 꿈틀거리는 썩은 물이 남아 있었습니다.

이것을 본 원효는 순간적으로 속이 뒤집혀 뱃속에 있던 것을 모두 토해 버렸습니다.

"저 더러운 물을 마시다니……."

원효는 속이 뒤틀리기 시작했습니다.

이 모습을 본 의상이 물었습니다.

"원효 스님! 왜 이러십니까? 어디 불편하십니까?"

그제야 원효는 정신을 차리고 어젯밤의 일과 오늘 아침의 일을 곰곰이 생각해 보았습니다.

"어젯밤에는 분명히 생명수와 같은 물맛이었는데, 오늘 아침에는 구토가 날 정도의 썩은 물이었다니……."

원효는 혼자서 중얼거리다가 무릎을 치며 큰 소리로 외쳤습니다.

"깨달았다! 깨달았다! 세상의 모든 것은 사람의 마음속에 달려 있다. 죽는 것도 사는 것도 좋은 것도 나쁜 것도……."

원효는 이 일로 크게 깨우치고 당나라에 들어가는 것을 포기하였습니다. 해골 물을 마시고 지옥과 천당은 바로 마음속에 있다는 불교의 진리를 깨우친 것입니다. 그의 이 큰 깨달음은 우리 나라의 불교를 중흥시키는데 큰 계기가 되었습니다.

당나라 유학을 포기한 원효는 의상과 헤어져 신라로 돌아왔습니다. 신라에서 원효는 불경 연구와 설법을 하며 지냈습니다.

깨달음을 얻은 원효의 행동은 거칠 것이 없었습니다. 아무 것도 그의 행동에 장애되는 것이 없었습니다. 그는 서라벌 거리를 지나며 '무애'라는 노래를 불렀습니다. 마음에 거리낌이 없으면 자유롭고 행복해진다는 뜻의 노래였습니다. 원효는 사람들에게 그 노래를 즐겨 부르게 하여 자신의 마음에 평화와 행복을 찾게 하였습니다.

행동 또한 거리낌이 없었습니다. 백성들 속에 파묻혀서 불교를 쉽게 이해하도록 행동으로 가르쳤고, 불경을 쉽게 풀어서 책으로 엮기도 하였습니다.

그 뒤 원효는 진평왕의 둘째 딸인 요석공주와 14일 간 결혼 생활도 하였습니다. 이 때 요석공주는 원효의 아이를 가졌고, 그 아들이 훗날 이두를 만든 유명한 학자 설총이었습니다.

그의 불교 사상은 승려가 산 속에 파묻혀 참선만 하는 것이 옳은 일이 아니며, 일반 사회에 뛰어들어 어리석은 백성을 깨우쳐 주고 이끌어 가는 것이 부처님의 참 뜻이라는 것이었습니다.

이러한 불교의 흐름을 대승불교라 하는데 원효는 우리 나라 대승불교의 시조라고 일컬어지고 있습니다.

또한 원효는 여러 파벌로 갈라져 있던 불교의 진리를 하나로 묶어 한국적인 불교를 이루어 놓은 으뜸가는 승려였습니다. 그리고 여러 학문에 능통하여 240여 권에 이르는 책을 지었는데, '법화경종요'를 비롯한 23권의 책이 전수되고 있습니다.

나라 위해 젊음을 바친
유관순

　유관순은 1903년 음력 3월 15일, 충청남도 천안군 목천면 지령리에서 유중권의 사 남매 중 둘째 딸로 태어났습니다.
　어려서부터 성격이 다른 여자 아이들에 비해 적극적이었던 유관순은 봉사 정신이 투철했습니다. 그리고 자기가 옳다고 생각하는 일에는 끝까지 의견을 굽히지 않고 관철시켰습니다. 또 집념이 강했던 그녀는 달리기에서 늘 일등을 양보하지 않았습니다.
　어느 날 유관순은 자기 부모가 낯선 일본인에게 수모를 당하는 것을 보게 되었습니다.
　이유인즉 관순의 아버지가 여러 사람과 힘을 합쳐 홍호 학교를 세우느라 장터의 고리 대금업자 고마다에게 원금 삼백 냥의 빚을 지고 있었는데, 정한 기일에 이자를 갚지 못하자 원금의 열 곱인 삼천 냥으로 빚이 늘어나 버린 것이었습니다.
　"왜 남의 돈을 빌려가서 갚지도 않고 이자도 안 주는 거야?"
　일본인 고리 대금업자 고마다는 날마다 찾아와서 갖은 욕설을 하며 행패를 부렸습니다. 땅문서와 집문서가 모두 고마다에게 잡혀 있었으나, 원금을 갚지 못한 유중권으로서는 어쩔 도리가 없었습니다.
　어느 해 겨울날, 가까스로 원금 삼백 냥을 마련한 아버지는 문서를 달라고 고마다를 찾아갔습니다. 그러나 유중권은 고마다와 일본 사람에 의해 우물에 처박히고 심하게 매질을 당하였습니다. 그 날 이후 유중권은 때때로 신열이 나고 앓아 눕는 일이 많았습니다.
 그 때부터 유관순은 일본인에 대한 복수심이 불탔고 반일 사상이 싹트게 되었습니다.
 가난한 집안에서 태어난 유관순은 여학교에 진학하고 싶어도 그 꿈을 이룰 수가 없었습니다. 그런데 유관순은 열네 살 되던 해 아버지와 절친하게 지내던 선교사에 의해 이화학당에 진학할 수 있었습니다.
 그 당시 일본의 식민지로 온갖 박해를 받아 오던 우리 나라는 고종 황제의 죽음을 맞이했습니다.
 1919년 3월, 고종 황제의 장례식을 앞두고 수많은 백성들이 서울로 몰려들었습니다. 민족 대표 33인은 그 시기를 놓치지 않고 독립 선언을 하기로 계획하였습니다. 3월 1일 정오, 탑골 공원에서 독립 선언서가 낭독되고 학생들을 선두로 한 만세 운동이 온 서울을 휩쓸었습니다.
 "대한 독립 만세!"
 "대한 독립 만세!"
 만세 소리를 들은 일본은 경찰과 헌병을 동원하여 시위대를 향해 무자비하게 총칼을 겨누었습니다.
 겨레의 피끓는 함성이 울려 퍼지자 유관순은 그냥 앉아 있을 수만 없었습니다. 시위 운동 특별 결사대를 조직한 유관순은 상급생들과 만세 대열에 참가하였습니다. 3월 5일 학생 시위 운동에도 참가하여 목이 터져라 만세를 외쳤습니다.
 "대한 독립 만세!"
 "대한 독립 만세!"
 조선 총독부에서는 학생들의 만세 운동을 막기 위해 임시 휴교령을 내렸습니다. 관순을 비롯한 이화 학당의 학생들은 모두 고향으로 내려가야 했습니다.
 고향 지령리에 돌아온 유관순은 3·1운동의 민족적 울분을 참을 수

가 없었습니다.

'고향에서 내가 할 일은 무엇인가? 일제의 탄압을 묵묵히 감수하고 있는 고향 사람들에게 항일 정신을 일깨우자!'

유관순은 마을 사람들에게 서울에서 일어났던 만세 운동 이야기를 자세하게 들려주었습니다.

그리하여 일제에 대해 적개심을 불태운 마을 사람들은 음력 3월 1일 아우내 장날 만세 운동을 전개하기로 하였습니다.

유관순과 마을 청년들은 천안뿐만 아니라 여러 고을을 다니며 독립 만세 운동을 벌이자고 했습니다.

마침내 거사 날이 되었습니다. 아우내 장터에는 아침부터 수천 명의 사람들이 하얗게 모여들었습니다. 관순과 마을 청년들이 비밀리에 만든 태극기를 군중들에게 나누어 주자, 조인원(조병옥 박사 아버지)이 선언서를 낭독하고 만세 선창을 하였습니다. 뒤따라 수천의 군중들은 손에 쥔 태극기를 휘날리며 만세를 불렀습니다.

"대한 독립 만세!"

"대한 독립 만세!"

만세 소리에 놀란 일본 헌병들은 시위 현장에 도착하자마자 군중을 향해 총을 쏘고 칼을 휘둘렀습니다. 수많은 사람들이 피를 흘리며 쓰러졌지만 누구 하나 물러서는 사람이 없었습니다.

일본 헌병은 무차별 사격을 가하기 시작했습니다. 독립을 위해 만세를 부른 수많은 사람들이 소리 없이 죽어갔습니다.

그 날 유관순은 아버지와 어머니를 잃고 일본 헌병에게 체포되었습니다. 재판을 받고 고문을 당하고 3년 형을 선고받은 유관순은 서대문 감옥으로 옮겨졌습니다. 감옥 안에서도 쉬지 않고 만세를 불렀던 유관순은 고문을 이기지 못하고 결국 1920년 10월 20일에 열일곱의 꽃다운 나이로 순국하고 말았습니다.

구한말 선구자적 개화 사상가
유길준

　1896년 10월 24일, 유길준은 서울 계동에서 아버지 유진수와 어머니 이씨의 둘째 아들로 태어났습니다. 길준의 집안은 원래 양반이기는 하였으나 큰 벼슬을 한 사람이 없어 가난하였습니다.
　길준은 어려서 아버지에게 한문을 배웠습니다.
　그의 어린 시절에는 나라 안팎의 사정이 어수선하여 그야말로 백성들의 살림살이는 말이 아니었습니다. 그 당시, 어린 고종 임금 대신 나라를 다스리고 있던 대원군은 쇄국 정책을 써서 외국인들이 나라 안에 한 발짝도 들어오지 못하게 했습니다.
　1866년 드디어 병인양요가 일어나고 말았습니다. 프랑스 군함이 강화도에 침입하여 천주교 신자의 탄압을 항의한 사건이었습니다.
　열한 살의 어린 나이로 길준은 부모를 따라 고향인 경기도 동부면 덕풍리로 피난을 갔습니다. 시골에서 몇 해를 보낸 길준은 서울로 올라와 외할아버지 이경직에게서 계속 한문을 익혔습니다.
　이 때 유길준은 뛰어난 재주를 보여 주위 사람들을 놀라게 했습니다.
　이 소문을 듣고 박규수라는 사람이 그를 불렀습니다. 평안도 관찰사를 지낸 적이 있는 그는 대동강을 거슬러 올라오는 서양 상선 '샤먼호'를 불살라 온 나라 안에 용맹을 떨친 사람이었습니다.
　박규수는 길준에게 학문과 나라의 일들을 물어보고는 그의 사람됨에 크게 감탄하였습니다.

"지금은 학식을 넓혀야 할 때네. 세계 정세를 알아야 한단 말일세."

1870년 유길준은 박규수에게서 김옥균, 박영효, 서광범, 김윤식 등 나라를 걱정하는 청년들과 실학사상을 배우는 한편, 〈해국도지〉와 같은 책을 통하여 해외문물을 익혔습니다.

길준의 나이 스무 살이 되던 해, 1876년 우리 나라는 일본과 '강화도 조약'이라는 통상조약을 맺게 되었습니다.

굳게 닫혔던 나라의 문이 열리자 다른 나라에서 새 문물이 밀려 들어왔습니다.

강화도 조약을 맺은 후, 두 차례에 걸쳐 일본에 친선 사절인 수신사를 보낸 우리 나라는 일본의 제도를 시찰하여 연구하도록 사람을 파견하였습니다. 이 때, 일본으로 파견된 시찰단을 '신사 유람단'이라고 했습니다.

스물여섯 살의 유길준은 1881년 신사 유람단의 일원으로 일본에 건너갔습니다. 우리 나라의 개화를 주장하는 길준의 뛰어난 재질을 알고 있던 어윤중의 수행원으로 따라가게 된 것이었습니다.

4개월 동안 도쿄와 오사카 등지를 돌아다니며 일본의 교육, 농업, 산업 등 많은 시설을 시찰하였습니다.

'우리 나라보다 훨씬 뒤떨어졌던 일본이 이렇게 앞서 있다니! 이만큼 발달하게 된 까닭이 어디에 있을까?'

유길준은 유정수, 윤치호 등과 함께 일본에 머물면서 새로운 학문을 익힐 것을 결심하고 어윤중에게 허락을 받았습니다.

이 때 일본의 문명 개화론자인 후쿠자와가 경영하는 게이오 의숙(지금의 게이오 대학)에서 1년 동안 머무르며 새로운 문화를 배웠습니다.

그리고 그는 동양 삼국인 한국, 일본, 중국 등의 단결을 목적으로 조직된 흥아회에도 참가하여 일본의 학자 및 정치가들과 교류하였습니다.

　1882년 임오군란이 일어나자, 민영익의 권유로 공부를 멈추고 수신사로 일본에 왔던 박영효를 따라 서울로 돌아왔습니다.
　우리 나라에 돌아온 유길준은 외국과의 무역 사무를 맡아보는 관청에서 주사직에 임명되어 일을 하였습니다. 한편 박영효가 계획한 〈한성순보〉를 펴내는 일을 맡기도 하였습니다.
　그러나 한낱 관리로 지내다가는 국민을 깨우치는 일을 할 수 없다고 생각한 유길준은 학식이 부족하여 능력이 없다는 핑계로 주사직을 그만두었습니다. 그리고 수개월 간 집에 들어앉아 글을 쓰기 시작하였습니다.
　하지만 그 글은 세상에 나오지 못한 채 사라지고 말았습니다.
　"어떤 사람이 훔쳐가 희망 없이 한탄만 하였다."
　어떤 사람이 그의 원고를 훔쳐간 것은 참으로 안타까운 일이었습니다. 국민을 깨우치려는 그의 포부에 찬물을 끼얹는 일이었습니다.
　그 원고가 책으로 나왔다면 우리 국민은 좀더 일찍 개화되지 않았을까요?
　1883년 미국과 수호 조약을 맺은 우리 나라는 미국 공사가 부임해 오자 그 답례로 친선 대사인 민영익을 보내기로 결정했습니다. 또, 그 당시 우리 나라에서는 유길준 만큼 외국 사정에 밝은 사람이 없었기 때문에 그를 수행원으로 뽑았습니다.
　미국에 도착한 보빙사(친선 대사) 일행은 루즈벨트 대통령과 미국인들의 정중한 대접을 받고 임무를 마쳤습니다.
　이듬해 가을 유길준은 담머(대학예비) 고등학교에 들어가 우리 나라 최초의 미국 유학생이 되었습니다.
　그러던 중 1884년 김옥균 등이 일으킨 갑신정변이 실패하였다는 소식을 듣자, 12월에 학업을 중단하고 유럽 각국을 돌아본 뒤 1885년 12월에 귀국하였습니다. 그러나 갑신정변의 주모자인 김옥균, 박영효

등과 친분관계가 있었다 하여 체포되었습니다.

　그러나 그는 한규설의 도움으로 죽음을 면하고 그의 집에서 1892년까지 갇혀 지내면서 서양에 유학하여 보고 들은 것을 집필하여 〈서유견문〉을 1895년에 출판했습니다.

　574페이지에 달하는 그 책을 1천 부 가량 만들어 전국 각지에 무료로 보냈습니다. 이 책은 국문과 한문을 섞어 씀으로 국민들 사이에 널리 읽혔습니다.

　1892년 갇혀 생활한 지 7년이 되던 해, 어떤 문서 하나를 번역하게 되었습니다. '페인'이라는 서양 사람이 우리 나라에 설치되는 전기에 관한 모든 이익을 독점하는 권리를 단돈 14만원으로 사겠다고 요청한 문서였습니다.

　이 때 유길준은 그 사람이 전기 사업을 독점하고자 한다는 것을 알고 고종 임금에게 상소를 올렸습니다.

　"저는 죄를 지어 갇혀 있는 몸입니다. 하지만 나라에 충성하는 것을 한시도 잊은 적이 없습니다. 지금 전기 사업의 이권을 한 외국 사람에게 주면 장차 우리 나라는 손해를 크게 볼 것입니다."

　이리하여 전기 사업의 이익을 독점하려는 음모를 외교적으로 꺾은 공로로 유길준은 감금에서 풀렸습니다.

　1894년 전국을 뒤흔든 동학혁명이 일어나고 이어 청일전쟁이 발발했습니다. 일본이 전쟁에서 승리하자 개화를 주장하는 사람들은 갑오개혁을 단행해 나라의 정치와 사회 제도를 고쳤습니다. 유길준은 이 개혁의 핵심 인물로 요직에 있으면서 음력의 폐지, 종두법 실시, 우편 제도, 단발령을 시행했습니다.

　1895년 고종 임금이 러시아 공관으로 피하는 '아관파천'이 일어나자 내각이 무너져 일본으로 망명했습니다.

　1907년 고종이 물러나고 순종이 왕위를 이어 받자 귀국하여 안창호 선생과 흥사단을 만들고 국민 경제회를 세웠으며, 계산 학교와 은로

학교를 설립하여 국민 교육에 힘썼습니다. 그 외에도 〈노동 야학 독본〉 및 여러 역사 책을 번역하여 국민 계몽에 이바지하였습니다.

1909년 우리 나라 최초의 한글 문법책인 〈대한문전〉을 저술하였고 1910년에는 훈일태극대수장을 받았습니다.

또한 일진회의 한일 합방론에 정면으로 반대하였으며, 나라가 주권을 잃은 후 일제가 수여한 남작 직위를 한마디로 거절하기도 하였습니다.

일제에 나라를 빼앗긴 지 4년 만인 1914년 그는 쉰아홉으로 험난한 역사의 소용돌이에서 한 많은 일생을 마쳤습니다.

동요에 바친 삶
윤극영

푸른 하늘 은하수 하얀 쪽배엔
계수나무 한 나무 토끼 한 마리
돛대도 아니 달고 삿대도 없이
가기도 잘도 간다 서쪽 나라로

일본이 우리 나라를 지배하던 시기, 우리 민족은 스스로를 돌볼 힘이 없었습니다. 무력을 앞세운 일본은 우리의 농토를 빼앗기도 하고, 민족의 지도자들을 감옥에 가두기도 했습니다. 심지어는 우리 글을 없애려고까지 하였습니다.

힘없는 우리 민족은 마치, 돛대도 아니 달고 삿대도 없이 바다 위를 항해하는 쪽배와도 같은 신세였습니다. 당시의 이런 참담한 나라 형편은 '반달'이란 동요에 잘 나타나 있습니다.

어린 극영은 노래 부르는 것을 좋아하였습니다. 때문에 다른 어떤 과목보다도 음악 시간을 특히 좋아했습니다.

"극영이는 악보만 보고 바로 노랠 부르는구나. 이거 잘하면 우리 반에서 뛰어난 음악가가 한 사람 나올 것 같은데."

음악 선생님은 극영의 음악에 대한 재주를 칭찬하며 장차 음악가가 되라고 권유하셨습니다. 때때로 음악 선생님은 극영이에게 아이들을 가르칠 기회를 주곤 했습니다.

나이가 들수록 극영은 더욱 음악을 공부하고 싶어졌습니다. 그래서 하루는 아버지에게 자신의 장래를 말씀드렸습니다.

"아버님, 저는 오래 전부터 음악가가 되고 싶었습니다. 음악이 아닌 다른 어떤 것도 제게 만족을 주지 못합니다."

"아니, 극영아! 그게 무슨 소리냐? 네가 물론 노랠 잘 하는지 알지만, 그깟 음악을 해서 장부가 무엇에 쓴다고! 누누이 말했지만 넌 법관이 되어야 한다."

"하지만 아버님……."

"아무 소리 마라. 음악이야 취미로라도 할 수 있는 것 아니냐? 너와 같은 젊은이는 나라일에도 관심을 가져야 한다. 법관이 된다면 너도 나라에 보탬이 될 것이다."

아버님의 말씀에 극영은 망설일 수밖에 없었습니다. 결국 극영은 법관이 되어 나라 일에 힘을 기울이는 것도 훌륭한 일이란 생각에 경성 법학 전문 학교에 들어갔습니다.

그러나 딱딱한 법조문을 읽느라면 마음은 어느 새 음악의 나라에 가 있었습니다. 수업시간에도 좀체 집중할 수가 없었습니다. 극영 또한 자신의 음악에 대한 열정이 이렇게까지 강한 줄 미처 몰랐던 것입니다.

결국 극영은 다시 음악의 길을 가기로 마음을 바꾸었습니다.

"소를 물가까지 끌고 갈 수 있지만, 억지로 물을 먹일 수는 없다는 말이 맞구나. 네 뜻이 정 그렇다면, 음악을 하거라."

아버지도 더 이상 극영의 뜻을 막을 수가 없었습니다.

이리하여 극영은 음악을 공부하기 위해 동경 유학에 오르게 되었습니다. 그 곳에서 극영은 바이올린을 공부하게 되었습니다.

동경에 온 지도 어느덧 2년이 지난 1922년 가을이었습니다. 처음에 낯설기만 하던 동경 생활도 이젠 익숙해져 별다른 불편함이 없었습니다. 단지 이따금 부모님이 보고 싶어 안타까울 따름이었습니다.

이 무렵에 극영은 동경의 하숙집에서 소파 방정환을 만나게 되었습니다. 방정환은 3·1운동 때 민족 대표 한 사람이었을 뿐만 아니라, 〈신여성〉과 〈어린이〉란 잡지도 펴내고 있었습니다.
 윤극영이 피아노를 치는 저녁 무렵이면 어김없이 방정환이 찾아오곤 하였습니다. 둘은 오래된 친구처럼 마음 깊은 곳에 있는 얘기들을 털어놓곤 하였습니다.
 "나라 형편이 갈수록 어려워지니 큰일이네. 이제 우리말까지 빼앗으려고 한다는구만."
 윤극영은 나라를 걱정하는 마음에서 넋두리를 했습니다.
 "허허, 이 사람아! 그렇게 푸념만 늘어놓는다고 해결되는 일이 있나? 생각을 모으다 보면 우리도 나라를 위해 뭔가 할 수 있을 것이네."
 "나도 무슨 일이든 해보고 싶네. 하지만 내 힘으로 무슨 일을 할 수 있을지 궁금하네."
 "내 생각에는 극영이 자네야말로 지금 조국이 가장 필요로 하는 사람이 아닐까 하네."
 "아니, 그게 무슨 소린가?"
 "자네는 음악에 재능이 있네. 아다시피 음악은 사람의 마음을 사로잡는 마력이 있네. 음악에 나라의 사정을 담아 널리 불리우게 하는 것도 애국의 한 방법이라고 생각하네."
 소파의 말에 윤극영은 처음에는 고개만 끄덕이더니, 잠시 후에는 대단히 흡족한 표정을 지었습니다. 소파 또한 기쁨에 넘치는 표정이 되었습니다. 그러면서 윤극영은 이제껏 작곡한 곡을 머쓱한 표정으로 소파에게 건넸습니다.
 "이건 동요 아닌가? 잘 됐네. 나라의 미래는 자라나는 새싹들의 것이라지 않나. 어린이들에게 아름다운 노래를 가르치는 것도 훌륭한 일이라고 생각하네."

"고맙네! 내 힘닿는 데까지 해보겠네."
두 사람은 서로 손을 맞잡고 눈물을 글썽였습니다.
이 후 곧바로 그들은 사람들을 모아 색동회라는 조직을 만들었습니다. 색동회의 사람들로는 방정환과 윤극영을 비롯한 조재호, 손진태, 진장섭, 정순철, 고한승 등이 있습니다. 색동회 사람들은 여러 가지 강연활동을 하며 어린이 문화 운동에 힘썼습니다.
이 때부터 윤극영의 동요 작곡은 본격적으로 불이 붙기 시작했습니다. 색동회 사람들이 창의적으로 일하기 위해서는 동요가 필요했던 것입니다. '설날'이란 동요도 이때 만들어졌습니다.

>>>
까치까치 설날은 어저께고요
우리 우리 설날은 오늘이래요.
곱고 고운 댕기도 내가 드리고
새로 사온 신발도 내가 신어요
>>>

또한 윤극영은 직접 아이들을 모아 노래를 가르치기도 했습니다. 그리하여 몇 명의 사람들과 '달리아회'라는 모임을 만들어 어린이들에게 동요를 가르쳤습니다.
이렇게 '달리아회' 활동을 열심히 하는 동안 윤극영은 〈반달〉, 〈할미꽃〉, 〈따오기〉, 〈고드름〉 등의 주옥같은 동요들을 작곡하였습니다.
그러던 어느날 윤극영은 자신이 지금껏 작곡한 노래가 몇몇 아이들 사이에서만 불려진다는 것을 깨달았습니다.
'나라 안의 모든 어린이들이 같이 불렀으면 얼마나 좋을까?'
그 당시 일제는 학교에서 우리 나라 노래를 부르지 못하도록 하고 있었습니다. 우리 노래가 불려지면 민족의 얼이 살아난다는 이유에서였습니다.
그러나 윤극영은 어떻게든 모든 아이들에게 자신의 노래를 알리고

싶었습니다. 결심이 서자 그는 곧 등사기계를 하나 구해 자신의 곡들을 복사하였습니다. 그리고는 그것을 서울의 모든 초등학교 선생님들에게 보냈습니다.

"아니, 이건 우리말 노래가 아닌가? 어떻게 한다지?"

"김 선생님! 아이들에게 우리 노래를 가르칠 수 있다면 얼마나 보람된 일이겠습니까? 전 오래 전부터 이런 기회가 오길 기다렸답니다."

"이 선생 말이 백 번 옳소! 아이들에게 우리 노래를 가르쳐 봅시다."

선생님들은 우리 동요를 아이들에게 가르치기 시작했습니다. 삽시간에 윤극영의 노래들은 서울의 어린아이들 사이로 퍼졌습니다. 이렇게 되자 일본의 총독부에서도 손을 쓸 수가 없었습니다. 노래는 이미 퍼져 있었기 때문입니다. 우습게도, 나중에는 〈반달〉이란 노래의 곡조를 흥얼거리는 일본인들도 생겨났습니다.

이후에도 윤극영은 많은 동요들을 작곡하였습니다. 〈흐르는 시내〉, 〈나란히〉, 〈봄이 와요〉 등의 노래들은 지금도 아이들이 많이 부르는 노래입니다. 1926년 윤극영은 사랑하는 여인 인경과 간도를 향해 떠나게 되었습니다. 간도에서도 극영은 동요 작곡을 멈추지 않았습니다.

고기를 잡으러 바다로 갈까나
고기를 잡으러 강으로 갈까나
이 병에 가득히 넣어가지고요
라라라라 라라라라 온다야

쏴쏴쏴 쉬쉬쉬 고기를 몰아서
어여쁜 이 병에 가득히 차면은
선생님한테로 가지고 온다야
라라라라 라라라라 안녕

〈우산 셋이 나란히〉와 〈제비 남매〉, 〈고기잡이〉와 〈모래성〉 등이 간도에서 활동할 당시 만들어진 동요들입니다.

1945년 8월 15일 우리나라는 드디어 광복의 기쁨을 누리게 되었습니다. 윤극영은 너무나 기쁜 나머지 목이 메었습니다. 그러나 뜻하지 않던 불행이 윤극영에게 찾아 왔습니다. 한국인이며 일본어를 가르쳤다는 죄목으로 공산당에 체포되었던 것입니다. 원래 몸이 약했던 윤극영은 감옥생활을 견디지 못하고 병이 나고 말았습니다.

갖은 고생을 겪고서야 마침내 1947년 가을에 윤극영은 서울에 도착할 수 있었습니다.

"윤 선생님이 서울로 돌아오셨다는군!"

누구보다 색동회 사람들이 윤극영을 반겨 주었습니다.

"고맙소. 고향에 돌아오니 참으로 감개가 무량하군요. 내 그 동안의 부진에서 벗어나 열심히 동요를 작곡하겠소."

다시 서울로 돌아온 윤극영은 부지런히 동요를 작곡하였습니다.

〈기찻길 옆〉, 〈동대문 놀이〉 등은 이때 지어진 것입니다. 또한 그 무렵에 윤극영은 〈어린이날〉 노래에 가사를 짓기도 했습니다.

날아라 새들아 푸른 하늘을
달려라 냇물아 푸른 벌판을
오월은 푸르구나 우리들은 자란다
오늘은 어린이날 우리들 세상

한평생 동요 작곡과 어린이 문화 보급에 힘쓴 윤극영은 1979년 85세의 나이로 세상을 떠났습니다. 윤극영과 함께 어린이 문화 보급에 힘써온 색동회 사람들과 그의 친구들은 깊은 슬픔에 잠겼습니다.

그러나 그의 주옥같은 노래들은 어린이들의 가슴에 살아 영원토록 불리어질 것입니다.

하늘과 바람과 별을 노래한 저항시인
윤동주

대학 생활을 하는 동안에 윤동주는 시 쓰는 일에 몰두했습니다. 윤동주가 4학년이 되던 해에 나라 안은 전보다 더욱 어려워졌습니다.
 몇 년 전에 학교에서 조선어 시간을 없앤 일본 침략자들은 이젠 이름까지도 일본식으로 바꾸게 했습니다. 또한 조금이라도 일본에 반항하거나 민족 의식을 주장하는 사람은 닥치는 대로 잡아갔습니다.
 윤동주는 자신의 시가 민족에게 독립 의지를 심어주길 희망하며 시를 지었습니다. 졸업할 무렵에는 노트 한 권을 모두 시로 채울 수 있었지요. 첫 페이지에는 〈서시〉가 적혀 있었습니다.
 윤동주는 시작 노트를 교수님에게 보여 주었습니다.
 "훌륭하구만! 시집으로 엮어도 손색이 없겠는걸. 하지만, 이 노트에는 일본 경찰의 검열을 통과할 수 없는 시들이 있네. 또한 자칫하면 윤군이 붙잡혀 갈지도 모를 작품이 있네."
 교수님의 말에도 윤동주는 전혀 실망하지 않고, 단지 일제의 갖은 탄압에 울분을 금치 않을 수 없었습니다.
 연희 전문 대학을 마친 동주는 일본으로 건너가 도시샤 대학 영문과에 입학하였습니다. 그 시절 일본 경찰은 식민 정치에 조금이라도 저항하는 조선의 젊은이들을 마구 잡아들였습니다. 윤동주도 어느 날 콧수염을 기른 일본 형사들에 의해 끌려가 모진 고문을 당하였습니다. 재판에서 그에게 구형된 형량은 2년이었습니다. 윤동주는 독립 운동을 한 사상범이라는 이유로 작은 감방에서 혼자 갇혀 지냈습니다. 감옥은 비좁았고, 허름한 벽에서는 악취가 풍겨났습니다.

　윤동주는 자신의 처지와 암담한 민족의 현실에 통분을 금할 수 없었습니다. 당시 윤동주에게 있어서 유일한 위안은 차가운 벽에 손가락으로 시를 써 보곤 하는 것이었습니다. 그러나 그의 손가락이 지나간 벽에는 아무런 자취도 남지 않았습니다.

　마음이 약해지려 할 때에는 자신의 〈서시〉를 읊어보곤 하였습니다.

　　　죽는 날까지 하늘을 우러러
　　　한 점 부끄러움이 없기를
　　　잎새에 이는 바람에도
　　　나는 괴로워했다.
　　　별을 노래하는 마음으로
　　　모든 죽어 가는 것을 사랑해야지.
　　　그리고 나한테 주어진 길을
　　　걸어가야겠다.

　　　오늘밤에도 별이 바람에 스치운다.

　그러나 일본 경찰들의 고문은 그칠 날이 없었습니다. 그들은 사상범들에게 이상한 주사를 놓곤 했습니다. 윤동주도 이 주사를 맞았는데, 시간이 흐르자 몸이 몰라보게 쇠약해졌습니다. 결국 윤동주는 조국의 광복을 코앞에 둔 1945년 2월에 세상을 뜨고 말았습니다.

　아직 한 권의 시집도 가져보지 못한 그는 스물아홉이란 젊은 나이로 안타깝게 세상을 뜨고 만 것입니다. 그러나 그가 죽고 나서 그의 시들은 많은 사람들에 의해 애송되고 있습니다.

홍코우 공원에서 폭탄을 던진

윤봉길

　1931년 만주사변을 일으킨 일제는 만주를 수중에 넣었습니다. 1932년 1월에는 상해를 공격하여 중국을 곤경에 빠뜨렸습니다.
　위기에 처한 중국인들은 일제의 침략에 대항하여 치열한 항일 운동을 벌였습니다. 이러한 상황에서 김구를 비롯한 애국단원들은 더욱 적극적인 독립 활동을 계획했습니다.
　애국단은 조선 총독을 암살하기 위해 이덕주와 유진석을 국내로 들여보냈습니다. 만주에 주둔하고 있던 일본 관동군 사령관을 암살하기 위해 유상근과 최흥식을 만주로 보내기도 했습니다.
　이 시기에 상해 홍국에서 채소 장사를 하고 있던 윤봉길이 김구를 찾아왔습니다. 윤봉길과 김구는 예전부터 알고 지내던 사이였습니다.
　"주석님, 더 이상 기회만 기다리고 있을 수는 없습니다. 나라를 위해 할 일을 저에게도 맡겨 주십시오."
　"고맙소, 윤 동지. 그렇지 않아도 독립을 이루기 위해 일할 수 있는 그대와 같은 젊은이를 찾고 있었소. 조금만 더 기다리시오."
　며칠 뒤 김구는 중대한 정보를 하나 입수하였습니다. 4월 29일, 일본 천황의 생일을 맞이한 일본군들이 성대한 기념식을 올린다는 것이었습니다.
　'이 기념식에 일본군 고관들이 많이 참석하리라! 이들을 죽여 간악한 일제의 코를 꺾어 놓자!'

101

애국단원들은 이 거사에 실패가 없도록 만반의 준비를 했습니다. 성능이 뛰어난 폭탄을 마련했고 기념식이 열리는 곳에 미리 가서 폭탄을 던지기에 좋은 자리를 알아두기도 했습니다.

드디어 4월 29일 아침, 윤봉길은 김구와 함께 아침 식사를 했습니다. 식사를 마칠 때까지 두 사람은 아무 말이 없었습니다. 자리에서 일어선 윤봉길과 김구는 서로 손을 잡고 놓을 줄 몰랐습니다.

"주석님, 꼭 이번 일을 이루어내고 말겠습니다."

"윤 동지, 성공을 빕니다."

자동차에 올라탄 윤봉길은 홍코우 공원으로 떠났습니다.

홍코우 공원에 마련된 기념식장 단상에는 일본군 최고 사령관 시라카와 대장을 비롯하여 수많은 일본 고관들이 앉아 있었습니다.

경비병들의 삼엄한 감시를 피해 식장에 도착한 윤봉길은 미리 점찍어 두었던 곳에 자리를 잡았습니다. 식이 거행되는 동안 윤봉길은 물통과 도시락처럼 만들어진 폭탄을 살며시 만져 보았습니다.

식순은 어느덧 묵념 시간이 되었습니다. 음악이 울리고 모든 사람들이 고개를 숙였습니다. 이 순간을 기다려왔다는 듯이 윤봉길은 단상을 향해 달려갔습니다. 그리고 물통을 단상에 내던졌습니다. 물통은 일본 고관들을 향해 날아갔습니다.

이윽고, 꽝! 하는 폭발음이 천지를 뒤흔들었습니다. 단상에서 고개를 숙이고 있던 일본 고관들은 하늘로 튕겨져 올라갔습니다.

"대한 독립 만세!"

윤봉길은 피맺힌 독립 만세를 외쳤습니다. 이 폭탄 투척으로 시라카와가 죽었고 그 외에도 수많은 일본 고관들이 다리를 잃는 등 중상을 입었습니다. 현장에서 체포된 윤봉길 의사는 일본 오사카로 끌려갔습니다. 그리고 얼마 뒤에는 사형선고를 받아 처형되고 말았습니다. 독립을 위해 자신의 몸을 바친 윤봉길은 조국 동포들에게 희망의 빛을 비춰 주었습니다.

살수대첩의 영웅
을지문덕

　김부식이 지은 〈삼국사기〉에 '을지문덕 장군은 타고난 성품과 바탕이 침착하며 슬기로운 계략이 풍부하다'고 적혀 있습니다. 그리고 문장에도 매우 뛰어났다고 합니다. 무예를 잘 하는 사람이 글 또한 잘하기란 쉽지 않습니다. 그런데 을지문덕 장군은 이 둘을 고루 갖추었습니다.
　그 당시, 중국 대륙의 수나라는 고구려의 영토를 빼앗기 위해 끊임없이 염탐꾼을 보내고 있었습니다. 또, 남쪽의 신라도 호시탐탐 고구려의 땅을 넘보고 있었습니다.
　영양왕 23년인 612년, 드디어 전쟁 준비를 끝낸 수나라 양제는 군사를 일으켜 고구려에 쳐들어왔습니다.
　고구려를 향해 출발하던 날, 양제는 천 명도 넘는 장수들을 한자리에 모아두고 공격 명령을 내렸습니다.
　"고구려는 보잘 것 없는 나라이면서도 감히 우리 나라의 국경을 침범하고 있다. 이제 짐이 고구려를 벌주고자 하니, 모든 군사들은 나를 따르라! 나는 평양성을 점령하고 영양왕을 산 채로 잡을 것이다."
　양제는 미친 사람처럼 날뛰면서 큰 소리로 진격명령을 내렸습니다.
　당시 수나라 백성들은 양제에 대한 원망의 노래를 지어 불렀습니다. 노래의 내용은 '요동에 가서 헛되이 죽지 말라!'는 것이었습니다. 왜냐하면 양제가 전쟁을 일으키려고 백성들을 너무 힘들게 했기 때문입니다. 그래서 백성들은 말할 것도 없고, 장수들 중에서도 양제를 은근히 비웃는 사람들이 많았습니다.

　고구려의 국력을 아는 사람들은 수나라는 패배를 면치 못할 것이라고 생각했습니다. 군사들이 떠나던 날, 길가에서는 백성들의 통곡 소리가 그치지 않았습니다.

　수나라 군사들은 해일처럼 고구려를 향해 몰려갔습니다. 육군만 해도 1백 13만 3천 8백 명에 달하였으며, 황해를 건너올 3백 척의 배에는 해군이 7만 명이나 타고 있었습니다. 얼마나 대규모의 공격이었던지, 모든 병사가 출발하는 데에만도 9백 60일이 걸렸고, 병사들이 늘어선 길이만도 1천리에 이르렀다고 합니다. 이 거대한 침략군들은 고구려를 향하여 한발한발 무섭게 다가왔습니다.

　이 소식을 들은 을지문덕은 영양왕에게 수나라 군대가 많지만 두려워할 것이 없다고 했습니다.

　"인도라는 나라에 코끼리란 동물이 있다고 합니다. 동물 중에서 으뜸으로 힘이 센 이놈은 사람보다 다섯 배쯤 큰 놈입니다. 어떤 짐승에게도 결코 싸움에서 지지 않으나, 이놈이 가장 무서워하는 적이 있는데, 사나운 호랑이나 간교한 여우가 아니라 생쥐랍니다."

　을지문덕 장군이 하는 말을 들은 영양왕은 슬며시 얼굴에 미소를 띠었습니다. 그 뜻을 짐작했기 때문입니다.

　"코끼리는 발톱이 없으면 죽고 마는데, 생쥐떼들은 코끼리를 보면 놈의 발톱을 모두 갉아 먹어버린다는 겁니다. 그래서 생쥐만 보면 코끼리는 질겁을 하고 달아나 버린다고 합니다."

　영양왕은 위풍당당한 수나라 양제를 코끼리에 비유하고 고구려가 지혜로운 생쥐가 되어야 한다는 을지문덕의 말에 고개를 끄덕거렸습니다.

　"폐하, 수나라 병사들은 오랜 여행 끝에 극도로 지치고 사기가 떨어져 있을 것입니다. 그러니 적을 나라 깊숙이 끌어들여서 지치게 한 다

음에 치는 것이 좋을 듯합니다."

서기 612년 2월, 양제가 직접 거느린 육군은 요하의 강변에 도착하였습니다. 적이 쳐들어올 경로를 예측한 을지문덕은 요하 강가, 압록 강가, 살수 강가에 군사를 배치해 두었습니다.

수나라 군사들은 강 위에 다리를 놓고 벌떼처럼 강 이편으로 건너오기 시작하였습니다. 그러나 어쩐 일인지 강 이편에 진을 치고 있던 고구려군은 화살 하나 쏘지 않고 조용히 지켜만 보고 있었습니다.

이에 사기가 오른 적군들은 한꺼번에 밀려들었습니다. 적들이 가까이 왔을 때, 고구려군은 일제히 강가로 달려나와 화살 세례를 퍼붓었습니다. 마음 놓고 건너오던 수나라의 군사들은 화살과 창에 맞아 물 속으로 곤두박질쳤습니다.

하지만 수나라군은 얼마 뒤 다시 다리를 놓고 건너오기 시작했습니다. 적군의 수가 너무 많아, 일단 고구려군은 요동성으로 퇴각하였습니다. 고구려군은 성문을 굳게 지키면서 싸움을 질질 끌기 시작했습니다. 4월에서 6월까지 싸움은 계속 되었습니다. 그러나 성은 좀처럼 함락되지 않았습니다. 희생자가 날이 갈수록 늘어만 가고, 식량도 떨어지자 수나라에서는 조바심이 일었습니다.

이때 수나라 해군은 대동강 어귀에서 고구려 해군이 거짓 도망을 치자, 기고만장해져서 평양성에 쉽게 닿았습니다. 여기서도 고구려군이 또 도망을 치자 승리한 줄 알았습니다. 그래서 이집저집에 들어가 술과 고기를 훔쳐 먹었습니다. 그날 밤 그들이 정신 없이 음식을 먹고 잠들었을 때, 고구려의 군사들은 수나라 해군을 기습 공격 하였습니다. 무기를 내버려둔 채 잠들어 있던 수나라 해군은 모두 고구려 군사들의 칼에 쓰러지고 말았습니다.

해군이 패배했다는 소식을 들은 양제는 더욱 화가 났습니다. 그래서 양제는 요동성을 포위할 군사들만 남기고 별동 부대 30만 5천 명을 우중문과 우문술에게 주어 평양으로 진격하라고 명령하였습니다.

"두 장군은 들어라! 별동 부대를 이끌고 요동성을 돌아 평양성으로 직접 쳐들어가라. 빨리 평양성을 빼앗도록 하라!"

우중문과 우문술이 거느린 별동 부대는, 압록강에 오는 도중 여러 번 고구려군의 기습을 받아 군사 수가 많이 줄고 사기가 떨어졌습니다. 압록 강가에는 이미 고구려군이 진을 치고 있었습니다. 이 때, 을지문덕 장군은 적의 형편을 알고 싶었습니다. 한참 동안 골똘히 계략을 생각한 끝에 장군은 용감한 결단을 내렸습니다.

'적을 이기려면 먼저 적을 알아야 한다. 내가 적의 진지를 가야겠다. 내 눈으로 직접 적의 동태를 봐야겠다. 항복하는 것처럼 꾸미고 임금님의 사신처럼 행세를 하자.'

을지문덕 장군은 홀로 흰 깃발을 단 배를 타고 적의 진지로 들어갔습니다. 적진에 들어간 을지문덕 장군은 한 눈에 적의 동태를 알 수 있었습니다. 피로에 지친 군사들은 거지나 다를 바가 없었습니다. 그리고 식량이 바닥났는지 배를 움켜쥔 군사들은 아무 데나 웅크리고 앉아 있었습니다.

"너희 대장에게 고구려 을지문덕 장군이 항복하러 왔다고 아뢰어라."

문을 지키고 있던 군사는 너무 놀라 진지 안으로 뛰어 들어갔습니다. 양제로부터 을지문덕 장군을 생포하라고 명령을 받은 우중문은 당황하여 밖으로 나왔습니다.

"항복하신다구요?"

을지문덕 장군은 대답을 하지 않고 웃기만 하였습니다.

"그럼 안으로 들어 가시지요."

"아닙니다. 아직 마쳐야 할 일이 남아 있어서 다시 돌아가 봐야겠습니다."

이렇게 말한 을지문덕 장군은 배를 타고 압록강을 건넜습니다. 너무 순식간에 일어난 일이라 수나라 군사들이 을지문덕 장군을 잡을

사이도 없었습니다. 뒤늦게 속은 것을 안 우중문은 군사를 시켜 을지문덕 장군을 잡아오게 하였지만 이미 때를 놓치고 말았습니다. 적의 모든 것을 안 을지문덕 장군은 유유히 고구려군의 진지로 돌아왔습니다.

수나라군의 사정을 알고 온 을지문덕 장군은 모든 군사들을 모이게 하였습니다.

"내일부터 우리는 수나라 군사들과 싸움을 하는 체하다가 후퇴한다. 계속 싸우는 체하면서 평양성까지 후퇴한다. 그리고 압록강에서 평양성까지의 모든 백성들을 평양성으로 피난시킨다. 그리고 그들의 양식도 모두 가져간다."

을지문덕 장군은 빈틈 없는 작전을 세우고 군사들에게 지시하였습니다.

이튿날 수나라군은 새까맣게 압록강을 건너며 고구려군을 공격하였습니다. 고구려군은 이에 맞서 싸우는 체하다가 후퇴하였습니다. 을지문덕 장군의 계략을 모르는 우중문은 신이 났습니다.

"고구려군은 보잘 것 없구나. 어서 가서 평양성을 빼앗고 을지문덕과 영양왕을 사로잡아라!"

평양성까지 진격하면서 우중문은 점차 진격 속도를 빨리하였습니다. 싸움이 붙었다 하면 고구려군은 후퇴하기 바빴기 때문이었습니다. 우쭐해진 우중문은 병사들을 쉬게 하지도 않고 평양성까지 왔습니다. 하지만 군사들은 지쳐 길가에 쓰러지고, 지금쯤 평양성에 있어야 할 수나라 해군이 없자, 우중문은 이런 사실들이 이상하게 느껴졌습니다.

이 날 저녁, 을지문덕 장군은 우중문에게 편지를 보냈습니다. 그 내용은 다음과 같았습니다.

'귀신과 같은 작전은 천문을 깨우쳤고 신묘한 전술은 지리를 통달했도다. 싸움마다 이겨서 그 공로가 높았으니 족한 줄 알았거든 싸움

을 그만두길 바라노라.'
 을지문덕 장군의 편지를 읽은 우중문의 얼굴 빛은 흑빛이 되고 말았습니다. 이 글은 확실히 우중문을 비웃는 말이었습니다. 우중문이 고구려군의 태도를 돌이켜보니 너무 깊숙이 고구려 영토로 들어와 버린 것을 알았습니다.
 그리고 우중문은 싸움이 불리함을 느끼고 군사들에게 후퇴 명령을 내렸습니다. 30만 대군은 어이없이 후퇴 작전에 들어갔습니다.
 적군이 철수한다는 보고를 들은 을지문덕 장군은 다음 작전을 세웠습니다. 고구려군은 후퇴하는 수나라 군사를 공격하여 매번 승리를 거두었습니다. 수나라군은 며칠씩 굶은 데다 도망치느라 발바닥이 부르터서 전혀 싸울 의사가 없는 것처럼 보였습니다.
 천신만고 끝에 수나라 군대는 살수에 이르렀습니다. 그리고 수나라 군대가 강을 건너기 좋게 강물까지 바닥나 있었습니다. 평소 강물의 양으로 본다면 반드시 배를 타고 강을 건너야 했습니다. 고구려 군사들이 강의 상류를 막아 버렸기 때문이었습니다. 도망치기 급급한 수나라 군사들은 그런 사실을 알 수가 없었던 것입니다. 그래서 수나라 군사들은 살수의 물이 말라 건널 수 있게 된 것을 보고 좋아했습니다. 수나라 군사들이 강바닥을 가로질러 강 중간 지점에 이르렀을 때였습니다.
 "강물이 내려온다!"
 수나라 군사들이 내지르는 고함소리와 함께 천지를 뒤흔드는 소리가 났습니다. 상류에서 거대한 해일처럼 강물이 밀려 내려오고 있었습니다.
 황급히 건너려던 수나라 군사들로 건너편 강둑은 시커멓게 뒤덮여 있었습니다. 그러나 수나라 군사들이 건너오기만을 기다리고 있던 고구려 군사들은 적을 공격하기 시작하였습니다. 수나라 군사들은 강물로 뛰어들 수도 그렇다고 겁을 먹어 싸울 수도 없었습니다. 그냥 그 자리에서 비명을 지르며 낙엽처럼 쓰러졌습니다. 여전히 강물에는 수나라 군사들이 살려 달라고 소리치며 강물에 잠겨 죽어가고 있었습니다. 이 광경은 지옥의 한 장면을 연상시키는 듯했습니다.

살수대전은 사흘 간 계속되었습니다. 뒤따라오는 수나라 군사들은 앞에서 어떤 일이 벌어지고 있는지 알 수가 없었습니다. 그들도 고구려군의 날카로운 창과 칼 앞에서 죽어갈 수밖에 없었습니다.

살수를 건너 무사히 목숨을 건진 수나라 군사의 수는 겨우 10만 여 명 정도였습니다. 이로 인해 살수의 붉은 핏물은 한 달 동안이나 계속되었다고 합니다. 그리고 이 엄청난 시체를 땅에 묻기 위해 고구려 백성 수만 명이 필요했다고 합니다.

그 후 거듭된 패배로 양제에 대한 백성들의 원성이 날로 높아가더니 수나라는 이연에게 망하게 되었습니다. 이연이 바로 당나라 초대 임금 고조입니다.

살수대첩에서 빛나는 승리를 거둔 을지문덕 장군은 깃발을 휘날리며 서울로 돌아왔습니다.

그러나 이 위대한 살수대첩의 영웅, 을지문덕 장군이 언제 세상을 떠났는지는 알 길이 없습니다. 난세에 나라를 구하고 훌쩍 사라져 버리고 만 것입니다. 다만 그의 유적만이 청천강가, 평양성, 평원군에 남아 후세 사람들에게 기억되고 있을 뿐입니다

고구려의 명재상
을파소

고구려 제 9대 고국천왕은 왕후 우씨의 친척인 좌가려라는 재상 때문에 정치를 바로 펴지 못하였습니다.

좌가려는 왕후를 믿은 나머지 국가의 일을 제멋대로 했습니다. 어짐과 선함이라는 말과 거리가 멀었던 그는 국가의 충신을 비방하고 모함하였습니다. 권력을 이용하여 나라를 그르치는 일을 수없이 저질렀습니다.

그의 아들 또한 못된 위인이라 사람을 무시하고 향락만 일삼았습니다. 예쁜 여인을 보면 희롱하고 비옥한 토지를 빼앗는 등의 악행을 저지르고 다녔습니다. 백성들은 이에 분개하여 마침내는 이러한 사실을 국왕에게 하소연하였습니다.

"좌가려 부자가 아무리 왕후의 친척이라 하나 더 이상 두고 볼 수 없도다."

크게 노한 국왕이 좌가려 부자를 죽이려고 하자 그들 부자는 금은보화를 챙겨 들고 처자식과 하인들을 데리고 밤새 도망쳤습니다.

고향 제나부라는 곳에 돌아온 좌가려는 군사를 모아 훈련을 시켰습니다. 웬만큼 실력을 갖춘 그는 국왕과 겨뤄보고 싶어 국내성을 공격하였습니다.

3일 동안의 싸움에서 반란군은 크게 패해 그들 모두 처형당하였습니다.

난을 평정한 국왕은 매우 후회하였습니다.

"내가 어리석어 왕후의 친척을 재상 자리에 앉히고 말았소. 온갖 횡포를 부린 그들이 왕실까지 위협했으니 모두 내 잘못이오. 여러 대신들은 현명한 재상을 추천하여 조정의 기틀을 다시 세우도록 하시오."

이 때 여러 대신들은 모두 연류라는 사람을 천거하였습니다. 그들은 연류가 아주 적합한 사람이라고 여겼습니다.

하지만 연류는 벼슬을 극구 사양하며 을파소를 천거하였습니다.

"고구려에는 성품이 강직하고 학식이 높은 을파소와 견줄 만한 사람이 없습니다. 국왕께서 나라의 기틀을 바로 잡으시려면 그를 재상으로 삼는 것이 좋을 것입니다."

고국천왕도 일찍이 을파소의 높은 덕망과 학식을 알고 있었지만 시골에 숨어 사는 사람이라 무언가 석연치 않았습니다. 그리하여 그를 우선 대신으로 등용하여 능력을 파악한 다음에 재상으로 삼으려고 마음먹었습니다.

하지만 왕의 부름을 받은 을파소는 벼슬을 맡지 않으려고 하였습니다. 을파소가 관직을 맡지 않는 것을 이상히 여긴 국왕은 몸소 을파소를 만나러 갔습니다.

을파소는 확실히 기백이 있는 사람이었습니다.

국왕은 속으로 아주 흐뭇하여 그를 도읍으로 오게 하여 그의 능력으로 강대한 고구려를 건설하려고 마음먹었습니다.

"난 그대의 조상이 옛날 훌륭한 재상이었던 것을 생각해서 그대를 등용하려고 하는 것인데 무엇 때문에 관직을 마다하는 것이오?"

"저는 선조들과 달리 그저 평범한 백성에 불과합니다. 재능이 없고 지식이 얕아 중대한 임무를 맡을 수가 없습니다."

고국천왕은 을파소가 대신의 자리를 탐탁지 않게 여긴다는 것을 알았습니다. 낮은 관직으로는 큰 일을 하여 원대한 이상을 실현할 수 없고 자신의 재능도 충분히 발휘할 수 없다고 생각하는 것을 눈치챈 것이었습니다. 을파소가 원대한 포부가 있고 재주가 있다는 것을 느낀 국왕은 생각을 바꿔 을파소를 재상으로 봉하고 조정의 대사를 장악하도록 하였습니다.

　을파소는 국왕이 자신을 재상으로 임명하자 비로소 국왕이 진심으로 자신을 등용했다는 것을 알았습니다. 그는 국왕의 뜻을 받아들이고 국왕과 함께 성으로 돌아갔습니다.

　을파소가 재상이 되자, 대신들은 국왕의 처사에 불만을 품었습니다. 그들은 재상의 자리에 맞지 않는 을파소가 권력마저 욕심을 낸다면서 자기들에게 해가 될까 봐 그에게 접근하는 것을 꺼렸습니다.

　이런 정황을 눈치챈 국왕은 대신들을 나무랐습니다.

　"덕망이 높고 재주가 있는 을파소는 재상의 자질을 충분히 갖춘 사람이오. 그러니 대신들은 모두 그의 지시를 따라 한마음 한뜻으로 뭉쳐 나라 일에 임해야 하오. 그렇지 않는다면 누구든지 국법에 따라 목을 치겠소."

　국왕의 엄명이 내려진 후에도 을파소는 계속 몇몇 대신들이 여전히 불만을 품고 있다는 것을 알았습니다. 서로의 관계를 두텁게 하기 위해 을파소는 문무백관들을 자기 집으로 초청하였습니다.

　"실로 군자라면 관직을 맡지 않고 은둔 생활을 하는 것이 도리겠습니다. 하지만 국왕의 부름을 받고서는 의당 조정 일을 돌봐야 합니다. 그러니 여러분 개인 감정이 있더라도 불만을 버리십시오. 그리하여 여러분과 저는 국왕을 도와 고구려가 다시 일어서도록 힘을 모아야겠습니다."

　을파소의 진심 어린 말을 듣고 난 문무백관들은 모두 부끄러워했으며 그 후 그가 재상이 된 데 대하여 불만을 느끼지 않게 되었습니다.

　재상이 되어 문무백관들과 한마음이 된 을파소는 아주 엄격히 국가의 조례에 따라 나라 일을 돌봤습니다. 국왕의 뜻에 따라 일을 집행하고 옳은 일과 그른 일을 분명히 구분하여 조리 있게 정치를 폈습니다.

신하를 사랑한
태종 이방원

　이성계의 위화도회군 이후 민심이 아직 수습되지 않았을 무렵입니다. 새로운 정치 체계를 갖추는 데 의욕적이었던 태종은 대담하고 종합적인 개혁을 시도하였습니다. 고려 시대의 정치 기관을 새롭게 고치고 간소화시켰을 뿐만 아니라, 새로이 화폐를 발행하는 등 일대 혁신을 일으켰습니다. 태종 이방원의 개혁의 선봉에 섰던 사람은 좌의정 하륜이었습니다.
　그러나 민심은 원래 갑작스러운 변화를 좋아하지 않는 법이었습니다. 또한 예로부터 민심은 천심이라고, 민심을 거역하면 천재지변이 일어난다고 하였습니다.
　아니나다를까 개혁이 진행중인 태종 5년에 극심한 가뭄이 일어났습니다. 굶주리던 백성들은 거리 곳곳에 방을 내다 붙였습니다.
　그 내용은 하륜이 정권을 잡아 옛 것을 자기 마음대로 고쳤기 때문에 가뭄이 일어났으니 하륜을 정승자리에서 물러나게 해야 한다는 것이었습니다.
　또한 사간원(나라의 일에 대해 임금에게 상소를 올리던 기관)에서도 신하들 모두가 합의를 하여 태종에게 상소를 올렸습니다.
　"예로부터 재앙을 당하면 삼 정승이 자리에서 물러났는데, 지금의 하륜은 상감 마마의 사랑만을 탐하여 물러나지 아니하고 새로운 제도를 자꾸 만들어 선왕의 제도를 문란하게 하고 있사옵니다."

그러나 태종은 끝내 하륜을 옹호하면서 개혁작업을 중단하지 않았습니다.

"정승으로 하륜 같은 사람은 드물다. 대신은 나라의 좋은 일과 흉한 일을 더불어 하는 것인데 가뭄이 혹심하다 하여 어찌 그를 탓하겠느냐. 내가 옛 글을 본즉 재앙이 오는 것은 재상의 허물이 아니다. 그러므로 이번에 전국이 오래 가문 것도 그 죄가 나에게 있는 것이지 재상에게 있는 것은 아니다."

그러던 어느 날 하륜은 가뭄에 대한 책임을 지고 자리에서 물러나겠다며 태종에게 사직서를 올렸습니다.

"어찌 한낱 뜬소리에 마음이 흔들리는가. 만약 가뭄이 하늘의 뜻이라면 그 대가를 치러야 할 사람은 그대가 아니라 나여야 마땅하지 않는가!"

태종의 말에 하륜은 마음속 깊은 곳에서 임금에 대한 존경이 일지 않을 수 없었습니다.

하륜이 죽은 후인 태종 17년 5월에 서리가 내려 곡식이 크게 상하는 이변이 일어났습니다.

이 때 태종은 다음과 같이 말하였습니다.

"하륜이 재상으로 있을 때 사람들은 가뭄이 그의 탓이라고들 했는데, 지금 진산이 죽고 대신을 여러 번 바꾸었는데도 이와 같은 재변이 생기니, 이것은 재상의 허물이 아니고 다 나의 덕이 없는 까닭이다."

이렇듯 태종은 하늘이 내린 경고를 자신이 받고 신하를 끝까지 두둔할 줄 아는 임금이었습니다.

일본 천황에게 폭탄을 던진
이봉창

1926년 12월 14일 김구는 상해 임시정부의 국무령에 취임하였습니다. 그 당시 임시정부는 재정이 어려워 세 들어 있는 건물의 임대료도 내지 못했고, 청소부의 월급조차 줄 수 없는 지경이었습니다. 게다가 김구를 죽이려는 일본의 앞잡이들이 많아 그는 여기저기 숨어 다녀야 했습니다.

하루 두 끼의 밥도 먹기 어려운 형편에서도 김구는 기어코 독립을 이루고야 말겠다는 생각으로 '애국단'을 조직했습니다.

애국단은 일본의 요인 암살과 군사 시설을 부수는 일 등을 꾀하는 독립단체였습니다. 애국단을 조직한 김구는 일본 고관들을 암살하려 계획했으나, 필요한 자금을 구할 수가 없었습니다.

그러던 어느 날, 서른 살 가량의 젊은이가 은밀하게 김구를 찾아왔습니다.

"저는 이봉창이라고 합니다. 주석님과 함께 나라를 위해서 보람 있는 일을 하고 싶어 찾아왔습니다. 저 같은 노동자도 독립 운동에 참여할 수 있을까요?"

이 낯선 사나이를 유심히 관찰한 김구는 한참 만에 입을 열었습니다.

"지금은 할 일이 별로 없소. 하지만 다음에 일이 있으면 그대에게 먼저 그 일을 맡기겠소."

"고맙습니다. 저에게 나라를 위해 몸바칠 기회를 꼭 주십시오."

그러나 김구 주석은 조선말보다 일본말을 더 잘하는 이봉창을 쉽게 믿을 수가 없었습니다. 이봉창과 함께 1년 정도 생활하면서 그의 사람됨을 살펴보았습니다.

그러던 어느 날, 이봉창은 김구에게 자기가 일본 천황을 죽이겠다고 말했습니다. 자신의 결연한 의지를 말한 이봉창은 김구의 눈을 하염없이 바라보았습니다. 김구 역시 이봉창의 눈을 지그시 들여다보았습니다. 이윽고 김구는 이봉창의 손을 힘껏 잡았습니다.

며칠 뒤, 독립 운동 자금이 마련되어 거사에 쓰일 폭탄이 준비되었습니다.

김구는 이봉창을 불러 말했습니다.

"동지, 동지에게 일본 천황을 암살하는 임무를 맡기겠소."

"주석님, 정말 감사합니다. 동지들의 기대에 어긋남이 없도록 하겠습니다."

이봉창은 태극기 앞에서 맹세했습니다.

"나는 조국의 독립과 자유를 되찾기 위하여 애국단의 일원으로 적국의 우두머리를 죽일 것을 맹세하나이다, 이봉창."

맹세를 끝낸 이봉창은 김구의 손을 굳게 잡았습니다. 영원히 만날 수 없다는 사실에 두 사람은 눈물을 흘렸습니다.

며칠 뒤, 이봉창은 상해를 떠나 일본으로 건너갔습니다.

1932년 1월 8일, 만주국 황제 부의가 일본 천황을 방문했습니다. 이 날, 이봉창은 궁성의 사쿠라다몽을 지나는 천황의 마차를 향해 폭탄을 던졌습니다.

"꽝!"

폭탄을 던진 이봉창은 연이어 만세를 불렀습니다.

"대한 독립 만세! 대한 독립 만세!"

천지를 뒤흔든 폭음과 난데없는 만세 소리에 천황의 행렬이 지나가

던 사쿠라다몽은 순식간에 아수라장으로 변했습니다. 그러나 불행하게도 마차 안에 타고 있었던 일본 천황 히로히토는 상처 하나 입지 않았습니다.

이봉창의 암살계획은 실패하고 말았던 것이었습니다.

그 자리에서 일본 경찰에 붙잡힌 이봉창은 그 해 사형 선고를 받고 처형되고 말았습니다. 서른하나의 젊은 나이로 세상을 마감한 이봉창 의사는 나라의 독립을 되찾기 위해 한민족의 염원을 세계 만방에 알렸던 것이었습니다.

민족을 위해 바친 삶
남강 이승훈

 "내가 죽어서 나라를 위해 할 수 있는 일이 하나 남았다. 그것이 마지막이 될 것이다. 내 시체를 땅 속에 묻지 말라. 학생들이 연구할 수 있도록 표본으로 만들어 오산학교에 영구히 보존하라."
 이 말은 민족을 사랑하고 조국의 독립을 한시도 잊어 본 적이 없는 남강 이승훈 선생의 유언입니다.
 그는 3·1운동 당시 민족대표 33인 중의 한 사람으로 기독교계의 대표였습니다.
 이승훈은 1864년 3월 25일 평안북도 정주읍에서 태어났습니다. 그런데, 이승훈을 낳은 지 여덟 달 만에 불행하게도 그의 어머니는 세상을 떠났습니다. 그리하여 이승훈은 어머니의 정도 느끼지 못한 채 할머니의 품에서 자랐습니다.
 어린 시절 집안은 매우 가난하였습니다. 책과 종이를 친구들에게 빌려서 공부를 해야 할 정도였습니다. 이승훈은 글방 월사금도 제때 내지 못했습니다. 하지만 글방 훈장과 글동무들은 행실이 착하고 영리한 그를 매우 좋아했습니다.
 이승훈이 겨우 열 살 되던 해에 할머니가 돌아가셨습니다. 뒤이어 두 달도 채 못 되어 아버지마저 여읜 승훈은 의지할 곳 하나 없는 고아가 되고 말았습니다.
 "네가 참 딱하게 됐구나. 그렇지만 용기를 잃지 말아야 한다. 부지런하고 정직하게 살면 언젠가는 보답이 돌아오는 게 세상의 이치란다."

사람들은 이렇게 승훈을 위로해 주었지만, 누구 하나 따스한 손길을 베풀어 주진 못했습니다.

겨우 열 살에 고아가 된 승훈은 놋그릇 공장에서 일을 하게 되었습니다. 큰 놋그릇 공장을 가지고 있는 임일권이란 이가 승훈을 자기 공장의 심부름꾼으로 써 주었던 것입니다. 승훈은 공장에서 잔심부름을 하며 틈틈이 글 공부도 하였습니다.

'놀고 먹는 양반보다 열심히 땀 흘리며 사는 공장 사람들이 훨씬 귀하다.'

승훈은 부지런히 일하며 정직하게 살아야겠다고 마음 먹었습니다. 어려서 불행을 겪은 승훈이었지만 조금도 비굴하지 않는 자립 정신이 강한 소년이기도 했습니다. 심부름꾼에 지나지 않았지만 남에게 굽실거리지 않는 늠름함이 있었던 것입니다.

열다섯 살 때에 결혼을 한 승훈은 그릇 파는 장사를 시작하였습니다. 그리고 스물네 살 때에는 놋그릇 공장과 상점을 차리기에 이르렀습니다.

그러나 1894년 청일전쟁으로 가게가 불타고 말았습니다. 이승훈은 이에 좌절하지 않고 다시 일어섰습니다. 남에게 신뢰감을 주는 그의 정직한 성품 덕에 사업은 날로 번창해 갔습니다.

사업이 잘 된다고 승훈의 마음이 편한 건 아니었습니다. 이 시절 우리 나라는 일제에 의해 수난을 당하고 있었습니다. 1905년 을사 조약이 체결되자 민영환은 스스로 목숨을 끊었습니다. 나라 방방곡곡에서는 의병이 일어나 일본군과 싸웠습니다. 그리고 나라의 임금인 고종 황제가 왕위에서 물러나기까지 했습니다.

"나라가 없으면 민족도 나도 있을 수 없다! 먼저 나라를 지켜야 한다. 그러기 위해 백성 한 사람 한 사람이 새로운 교육을 받고 강한 사람이 되어야 한다. 그래야만 나라가 다시 설 수 있을 것이다."
 이승훈은 위태로운 나라를 구하는 길이 교육의 힘에 있다고 생각했습니다.
 이승훈은 먼저 서당을 고쳐 강명 의숙을 세웠습니다. 도산 안창호와 협력하여 오산 학교를 세우는 데 자기의 전 재산을 아낌없이 바치기도 했습니다.
 이승훈이 세운 학교에서 많은 독립 운동가들이 나왔습니다. 당연히 일제는 이승훈을 눈에 가시처럼 여겨 호시탐탐 체포할 기회만 노렸습니다.
 1910년, 드디어 강제로 한일합방을 이룬 일본은 무고한 독립 지사들을 잡아들이기 시작했습니다.
 이승훈은 '105인 사건'과 '3·1운동' 등 두 번의 독립 활동으로 9년 간이나 죄 없이 옥살이를 하기도 하였습니다.
 105인 사건으로 감옥에서 이루 말할 수 없이 고생을 한 이승훈은 독립 운동을 향한 의지를 새롭게 하였습니다.
 "감옥은 참 이상한 곳이오. 어떤 사람은 썩어 나오고, 어떤 이는 강철같이 더 단단해져 나오거든. 감옥에 갇힌 수많은 애국 지사들을 남겨 두고 나올 때가 오히려 더 괴로웠소. 발걸음이 떨어지질 않습디다."
 10년 형을 선고 받고 4년 2개월 만에 나오면서 이승훈이 한 말입니다.
 이 후 이승훈은 세례를 받은 뒤 신학을 공부하여 목사가 되었습니다. 1919년 2월, 비밀리에 3·1운동의 분위기가 무르익어 갔습니다. 이승훈은 서울과 평양을 오가며 많은 사람들에게 참여하도록 용기를 북돋아 주었습니다.
 "이번 일에 우리 민족의 생사가 달려있습니다. 민족이 사는 길에 우리 모두 동참해야 합니다."

2월 28일 밤, 3·1운동을 계획한 민족 대표들은 독립 선언을 인사동 태화관에서 하기로 결정하였습니다.

3월 1일 오후 두 시경, 민족대표들은 독립 선언을 하고 만세 삼창을 했습니다. 그러나 일본 경찰들은 기다리기나 했다는 듯 이들을 모조리 체포했습니다.

이승훈은 3년 간 감옥에 있으면서 동지들을 위해 궂은 일을 도맡아 했습니다. 매일 성경을 읽으면서 나라의 장래를 위해 간절히 기도하였습니다.

이승훈은 1922년 7월에야 옥살이에서 풀려났습니다. 고향으로 돌아간 그는 오산 학교를 위해 온 심혈을 기울였습니다.

1930년 5월 오산 학교에서는 이승훈의 동상이 세워졌습니다.

"난 지금까지 아무 것도 한 일이 없소. 다만 하나님이 이끌어 주셨을 뿐이오."

이승훈은 자기의 뜻을 기리는 자리에서 겸손하게 말하였습니다.

며칠 뒤 이승훈은 갑자기 협심증으로 그토록 원하던 조국 광복을 못 본 채 세상을 떠나고 말았습니다.

1930년 5월, 그의 나이 예순일곱이었습니다.

1962년 나라에서는 그의 공을 기리어 건국훈장 대한민국장을 추서 (죽은 뒤 공훈에 따라 훈장을 줌)했습니다.

나라 빼앗긴 울분을 글로 토로한
장지연

　1905년 11월 17일, 일본 침략자들은 나라를 팔아먹으려는 우리 나라 대신들을 구슬려 강제로 '을사조약' 을 맺고 말았습니다.
　이것은 말할 나위도 없이 일본이 우리의 주권을 모조리 빼앗는 조약이었습니다.
　다음 날 11월 18일, '을사조약' 5개조가 온 나라에 알려지게 되었습니다. 백성들은 땅을 치며 통곡하였습니다.
　"이제 우리 나라는 망했다. 억울하고 원통하다!"
　"아, 그 못난 대신들은 무엇을 하고 있었기에 하룻밤 사이에 나라를 송두리째 넘겨주었단 말인가!"
　그즈음에 장지연은 일본의 침략 행위를 통렬히 비난하고 있었습니다. 그러한 그였기에 을사보호 조약이 체결되었다는 소식을 듣고는 발을 구르며 소리쳤습니다.
　"에잇, 이 못난 놈들! 나라를 팔아먹다니, 더러운 매국노들! 간악하고 얄미운 일본이 드디어 침략의 본성을 드러내고야 말았구나!"
　너무도 억울한 나머지 그 날부터 장지연은 술이 없으면 잠을 이루지 못할 지경이었습니다. 취하지 않고서는 나라를 빼앗긴 슬픔을 다스릴 수 없었습니다.
　그러다 장지연은 마침내 황성신문에 자신의 울분을 토하였습니다. 1905년 11월 20일, 황성 신문에 '시일야 방성 대곡(나라를 빼앗긴 그 날에 목놓아 크게 우노라)'이라는 제목의 유명한 논설을 실은 것입니다.

그 날 아침, 그는 이 글이 실린 황성 신문 일만여 부를 전국에 뿌렸습니다. 장지연의 글은 일본인의 간담을 서늘하게 하였을 뿐만 아니라, 우리 나라 애국 지사들의 애국 정신을 한층 드높여 주었습니다.

그 아침에 서울 장안은 벌집을 쑤셔놓은 듯 요란하였습니다. 일본 경찰들은 신문을 더 이상 찍어내지 말라고 협박하였습니다. 그리고 이 글을 쓴 장지연은 편집 기자 몇 사람과 함께 경시청에 끌려갔습니다. 그러나 경시청에서 장지연은 태연하게 한마디 내뱉었습니다.

"이제 억울함이 조금이라도 풀렸으니 잡혀 왔어도 기쁘다."

이 말에 일본 경찰들이 도리어 아연해졌습니다.

한편 어느 날 친일파의 한 고위 관리가 장지연을 구슬렸습니다.

"내가 자네를 이번에 성주 군수로 밀어주겠으니 처자를 생각해서라도 내 마음을 거절하지 말게나."

이 말에 장지연은 그 자리에서 호통을 쳤습니다.

"나는 나라 사랑하는 마음에서 글을 계속 써야겠소. 또 백성들의 어두운 눈에 빛을 주는 게 내 의무라고 생각하오. 그러니 군수 자리일랑 돼지한테나 주시구료."

그 말에 관리는 입이 딱 벌어지고 말았습니다.

'시일야 방성대곡'이란 유명한 글을 써서 세상을 뒤집어 놓은 장지연은 이후에도 항일 정신을 고취하는 글을 많이 발표하여 일본 경찰들의 집중적인 감시를 받았습니다.

그 후, 1910년 한일합방이 되자 장지연은 나라 잃은 설움을 달랠 길이 없어 술에 많이 의지하였습니다. 그러다 1921년 10월에 쉰여덟의 나이로 세상을 뜨고 말았습니다.

녹두장군
전봉준

　전봉준은 전라도 고부군 궁동면에 사는 전창혁이라는 가난한 평민의 집에서 태어났습니다. 어린 시절 전봉준의 이름은 명숙이었습니다. 성질이 깐깐하고, 마음이 곧고 슬기로운 명숙은 몸집이 아주 작았습니다. 그래서 언제인가부터 명숙은 녹두라는 별명으로 불리어졌습니다.
　그 당시의 사회는 썩을 대로 썩어 있었습니다. 고을의 원님들은 죄 없는 백성들을 잡아다가 없는 죄를 만들어 옭아 씌우면서 노략질을 하였고, 관리들은 자기의 직책을 미끼로 해서 뇌물을 받아 먹으며 자기 배만 채우고 있었습니다.
　전봉준의 마을에서도 사정은 마찬가지였습니다. 어느 날 아버지 전창혁은 전봉준의 손을 잡고서는 입을 열었습니다.
　"내일 군수 조병갑을 만나러 간다. 며칠 전에 동네 유지들이 모여서 상의를 했다. 언제까지나 우리의 피를 빨리며 살아갈 순 없는 노릇이지 않느냐? 그래서 조병갑이를 만나 세금을 감해 주든지 아니면 죽여 달라고 항의하러 가기로 다짐했다."
　"하오나, 아버님. 그건 너무 위험한 일입니다."
　"물론 목숨을 걸고 나서는 일이다. 하지만, 여러 사람들을 살리는 길이라면 내 목숨은 하나도 아깝지 않다."
　아버지의 굳은 뜻을 알아 듣고 전봉준은 그만 입을 다물고 말았습

니다.

　다음 날 전창혁과 마을 유지 몇은 조병갑을 만나러 고부군청으로 나섰습니다. 이 때, 근방의 고을 사람들은 등소(여러 사람들이 모여 관청에 억울함을 고하는 것)하러 가는 사람들만 믿을 수 없다 하여 손에 무시무시한 연장을 들고 구름처럼 따라 나섰습니다.

　조병갑은 전창혁을 비롯한 대표자들을 보고는 대뜸 큰소리부터 쳤습니다. 그러나 전창혁은 이에 굴하지 않고 세금을 감해 달라는 뜻을 밝혔습니다.

　"허허! 이런 고얀! 나라에서 필요한 만큼 어련히 알아서 걷고 있거늘, 어찌 너희들이 세금에 대해서 이러쿵저러쿵 따지느냐!"

　그러나 전창혁은 다시 부당한 세금을 감해달라고 호소하였습니다. 이에 조병갑은 전창혁과 그 외 대표자들을 옥에 가두고 고문을 가하였습니다.

　형틀에 매여 곤장을 맞고 있던 전창혁은 하고 싶은 말들을 모두 털어 놓았습니다.

　"여보시오! 내 목숨은 하나도 아깝지 않소. 그러나 수많은 농민들을 굶주리게는 하지 마시오. 백성이나 당신네나 다 똑같은 사람이오. 관리들이 어찌 이렇게 몹쓸 정치를 할 수 있단 말이오."

　"에이, 천하의 발칙한 것 같으니! 자기의 잘못을 깨닫고 빌 때까지 매를 멈추지 말아라!"

　나졸들의 곤장질에는 갈수록 힘이 실렸습니다.

　"여보 사또! 불쌍한 백성을 돌보시오!"

　전창혁은 이 말 한마디를 남기고 매에 못 이겨 그만 숨을 거두었습니다.

　전창혁을 비롯한 대표자들이 그만 옥에 갇히고 곤장에 목숨을 잃었다는 소식에 농민들의 분노는 하늘까지 닿았습니다. 그런데 이상하게 전봉준은 매일 술집에만 드나들었습니다. 아버지의 원수를 갚을 생각은 조금도 하지 않고 있는 것이었습니다.
"여보게, 봉준이! 자네는 아버지의 원수를 갚을 생각은 하지 않고 술만 마시니 어찌된 일인가?"
마을 사람들은 하나같이 전봉준을 이렇게 꾸짖었습니다.
"기왕 아버님은 돌아가신 분이니까 하는 수 없고 산 사람은 살아가야 할 게 아니오?"
그러자 사람들은 누구나 전봉준을 천하의 불효 자식이라고 침을 뱉었습니다.
그러나 전봉준은 세상 사람들이 말하는 불효자식이 아니었습니다. 아버지의 시체를 산에 묻으며 전봉준은 울부짖으며 다짐했습니다.
"옳지 못한 뿌리를 뽑는 의로운 사람이 되리라. 그리고 죄 없이 착취당하는 농민들에게 자유를 주리라. 아버님! 저의 이 큰 뜻을 꼭 이루게 해주십시오."
전봉준은 농민들의 힘을 한 곳에 모을 방법을 생각했습니다. 그러다 동학에 입도하기로 마음 먹었습니다.
"동학은 하나의 종교이니 사람들이 굳게 단결할 수 있을 것이다. 또한 동학은 백성들을 위한 종교이니 뜻을 펴기에 더없이 좋은 곳이다."
동학에 입도한 전봉준은 곧 주위 사람들로부터 두터운 신뢰를 얻었습니다. 모두들 그를 의롭고 약한 사람을 위해 싸워 줄 수 있는 사람, 믿음직한 사람으로 여기기 시작했습니다.
한편 전봉준의 고향, 고부에서는 아직껏 조병갑이 횡포를 부리고 있었습니다. 점잖은 수단으로 아무리 해도 조병갑의 나쁜 버릇을 고칠 수 없었습니다. 또 세금을 감해 달라고 애원해 보았자 아무 소용이 없었습니다.
전봉준은 1894년 1월 10일, 동학교도들과 학대에 견디지 못한 농민들을 이끌고 군청을 습격하였습니다. 갑자기 들이닥친 군중들로 관졸들은 혼이 빠져 뿔뿔이 줄행랑을 놓았습니다. 질겁을 한 조병갑은 변장을 하고 전주까지 도망쳤습니다.
 노한 군중들은 무기 창고를 때려 부수고 무기를 꺼내 들었습니다. 그리고 나서 창고를 헐고 그 속에서 곡식을 꺼내어 가난한 사람들에게 나눠 주었습니다.
 새로 부임한 고부 군수는 이번 사건을 조사한 후 모든 것을 잘 처리해 준다며 전봉준에게 군중을 해산하고 돌아가라고 일렀습니다.
 이에 전봉준은 그 약속을 받아들이고 무리를 해산시켰습니다. 그러나 안핵사(어떤 사건을 처리하는 임시 벼슬)로 온 이용태는 민란을 조사한답시고 도리어 행패를 일삼고 돌아다녔습니다. 그는 8백 명이 넘는 관졸들을 이끌고 다니면서 백성들을 위협하고 닥치는 대로 재물을 빼앗았습니다.
 한편, 고부에서 몸을 피해 산골에 숨어있던 전봉준은 눈앞에 벌어진 장면들을 보고 치를 떨었습니다.
 "나쁜 놈들! 내 어떠한 일이 있더래도 관리들의 나쁜 버릇을 뿌리 뽑고 말리라."
 그리하여 전봉준은 전국의 동학 접주(동학을 이끄는 고을의 우두머리)들에게 통문을 만들어 보냈습니다. 내용은 다시 한 번 용감히 들고 일어나 횡포한 정치와 썩어빠진 관속들을 물리치자는 내용이었습니다.
 통문을 받은 동학 접주들은 동학군을 이끌고 대열을 갖추었습니다. 군중의 수는 8천에 이르렀습니다. 전라도를 비롯한 대부분의 고을에서 전봉준의 뜻을 따라 나라를 구하고 백성을 잘 살게 하자고 일어났습니다. 이리하여 농민들의 반항은 한없이 번져갔습니다.
 동학군이 진격해 들어가는 곳마다 백성들은 동학군을 반기며 기쁨에 넘친 환성을 올렸습니다. 곧 동학군들은 호남 일대를 점령하였습니다. 이 소식에 조정에서는 소스라치게 놀랐습니다. 나라에서는 동학군의 분노를 가라앉히고자 몇몇 관리들을 파면시키고 해산을 권고했습니다. 하지만 그 동안 쌓인 분노는 쉽사리 사그라들지 않았습니다. 그러자 조정에서는 무력으로 동학군을 진압하고자 토벌대를 파견하였습니다.

관군과의 황토현 싸움에서 동학군은 큰 승리를 거두었습니다. 사기가 높아진 동학군들은 진주성마저 점령하였습니다.

그러자 토벌대는 온갖 장비와 전략을 새로이 하고 동학군과 대적하였습니다. 이 때부터 동학군은 다소 불리한 위치에 놓이게 되었습니다.

토벌대 총사령관인 홍계훈은 동학군을 타일러 해산하면 절대로 잡아들이지 않을 것이니, 이쯤 해서 물러서라고 권고했습니다. 또한 그 동안의 요구사항을 전폭적으로 들어주겠다는 말도 덧붙였습니다. 그러나 동학군은 홍계훈의 꾐을 무시하고 관군과의 싸움을 계속했습니다. 그러나 화력이 좋은 장비를 갖춘 관군에게 동학군은 번번이 패하였습니다. 이렇게 되자 전봉준은 더 이상의 싸움은 무의미하다고 판단하였습니다.

이리하여 동학군은 진주성에 입성한 지 12일 만에 성문을 열어젖히고 뿔뿔이 흩어지고 말았습니다. 제각기 집으로 돌아가는 동학군의 가슴 속에는 새로운 희망이 부풀었습니다. 이제는 살기 좋은 세상이 곧 오리라는 생각이 그거였습니다.

그러나 나아지는 것은 아무 것도 없었습니다. 홍계훈의 약속은 단지 거짓된 말에 불과했습니다. 전봉준은 피가 거꾸로 도는 것 같았지만, 당장 어찌할 도리가 없었습니다. 좀더 두고 보는 수밖에 없었습니다.

그런데 이 무렵 나라 안의 사정은 그야말로 난장판이었습니다. 청나라와 일본이 우리 나라를 제멋대로 약탈하였던 것입니다. 또 일본 군대가 대궐을 침범했다는 소식도 들려왔습니다. 급기야는 우리 나라를 무대삼아 청나라와 일본이 전쟁을 벌이기도 하였습니다. 이 전쟁이 청·일 전쟁인데, 그것은 일본의 승리로 끝이 났습니다. 이 때부터

일본은 기고만장하여 서슴지 않고 조선을 약탈하였습니다.
 전봉준은 이러한 나라 꼴을 보고 땅을 치고 통곡하고 싶은 심정이었습니다.
 "이제 썩어빠진 관리들 따위를 도려내는 건 문제가 아니다. 우리의 적은 일본이다. 일본을 이 땅에서 몰아내지 않는다면 나라의 운명이 위태롭다!"
 이렇게 하여 전봉준은 다시 전주에서 들고 일어났습니다. 이 때, 함께 봉기한 동학군은 자그마치 10만 명에 이르렀습니다. 동학군의 위세는 대단하였습니다. 순식간에 동학군은 전국의 여러 고을을 점령하였습니다. 관군은 거의 힘을 쓰지 못하였습니다.
 그러나 문제는 일본군이었습니다. 일본군들은 신식 무기와 치밀한 계획으로 동학군의 토벌에 나섰습니다. 오랜 싸움 끝에 동학군은 패배를 거듭하고 일본군에 의해 순천까지 밀렸습니다. 마침내 1895년 1월 9일, 일본군들은 동학군을 완전히 소탕하고 말았습니다.
 전봉준은 정읍으로 몸을 피하였다가 몇몇 동학 접주들과 함께 일본군을 무찌를 계획을 꾸미고 있었습니다. 한데, 이 때 현상금에 눈이 어두운 동포의 손에 붙들려 서울로 끌려 가게 되었습니다.
 서울의 거리는 잡혀 온 동학군의 우두머리를 보려고 온통 사람들의 물결을 이루었습니다. 전봉준은 다리에 부상을 입고 들것에 실려 이리저리 끌려 다녔습니다.
 전봉준은 옥에 갇히어 모진 고문을 받다 사형 선고를 받았습니다. 형장에 끌려 온 전봉준의 얼굴에서는 두려움이라고는 찾아 볼 수 없었습니다. 그리하여 녹두장군 전봉준은 마흔둘의 파란 많은 일생에 막을 내렸습니다.
 썩어빠진 관리들을 몰아내고 일본 세력을 쳐 부수고 나라와 백성을 구하기 위해 들고 일어선 전봉준은 진정 의로운 인물이었습니다.

정조의 사랑
다산 정약용

  다산 정약용은 스물여덟에 문과에 합격하여 벼슬길에 올랐습니다. 학문을 사랑하던 정조는 여러 신하를 시험했습니다.
  이 때 다산은 이퇴계와 이율곡 철학의 장단점을 각각 평가했는데 이것이 정조의 눈에 들었습니다. 그리하여 정조는 재기 발랄한 다산을 측근에 두고 어려운 일이 있을 때마다 자문을 구했습니다.
  정조는 원통하게 죽은 아버지 사도세자의 능에 성묘하기 위해 일 년에 몇 번씩 수원에 들렀습니다. 이 때 임금의 행차를 위해 한강에 배다리가 놓여졌는데, 이 일은 정약용이 맡았습니다.
  또한 정조는 아버지를 기리기 위해 수원성을 쌓는 일도 약용에게 맡겼습니다. 다산은 일꾼들이 무거운 돌을 힘겹게 지고 올리는 것을 보고 기구의 발명에 골몰하였습니다. 그러다 물체를 들어올리는 기중기를 발명하게 되었습니다. 또 기하학적 방법으로 성의 거리, 높이 따위를 측량하여 가장 튼튼하고 단단한 성을 쌓기에 골몰하였습니다. 그러다 그는 마침내 활차(도르래)와 고륜(바퀴 달린 달구지) 등을 발명하여 수원성 축조에 활용하였습니다.
  정조는 성을 둘러보고 감탄해마지 않았습니다.
  "다산, 그대는 기중기를 사용하여 돈 4만냥을 절약하였구나."
  그 때부터 다산에 대한 정조의 신임은 높아만 갔습니다. 다산을 암행어사로도 보내고 규장각 학사 등을 맡기면서 늘 관심을 쏟았습니

다. 당시 전해지는 말로는 정조가 차기 영의정 후보로 장년층의 이가환, 청년층의 다산을 꼽고 있었다고 합니다.

1791년, 다산이 정조를 만난 지 9년째 접어들던 해였습니다. 금산의 천주교도인 윤지충이 부모의 제사를 지내지 않는 사실이 탄로되어 서학에 대한 탄압이 일어났습니다. 평소 다산을 싫어하던 무리들은 이 기회를 놓치지 않고 서학을 받들던 이가환과 정약용을 걸고 넘어졌습니다.

벼슬길에 발을 들여놓고 처음으로 맞는 시련이었지만, 그는 서학에 대한 자신의 솔직한 입장을 밝혔습니다.

"그렇소. 나는 서학에 관련된 책을 많이 보았소. 한 나라의 신하로서 그리고 공부하는 학자로서 서양의 문물을 알고 싶었기 때문이오. 그러나 내가 서학을 믿는 것은 아니오."

그렇게 해서 다산은 무사했고 그를 몰아내려던 이기양이란 자가 오히려 귀양을 가게 되었습니다.

1794년 청의 신부 주문모가 잠입하여 포교활동을 벌이자 목만중은 또다시 다산 일파를 걸고 넘어졌습니다. 이 때 정조는 목만중 일파를 완전히 꺾어 놓을 수 없음을 알고 다산에게 한직을 주어 내보냈습니다.

정조는 서학 교도가 많은 어떤 고을의 찰방 자리를 그에게 주고는 서학교도들을 잘 교화하고 나라의 법을 어기지 말고 제사를 잘 받들라고 권고했습니다. 그러나 정조는 몇 달 만에 정약용을 자신의 곁으로 다시 부르고 벼슬을 주었습니다.

정조는 이 무렵, 백성의 수탈을 일삼는 관리의 부정을 막으려 무척 고심하였습니다. 그리하여 백성의 고통을 막기 위해 그 방책을 수령들로부터 올리게 하는 등 노심초사하였습니다. 이 때 그는 가장 신임하던 다산을 곡산 부사로 내보냈습니다.

곡산은 민란이 자주 일어나던 고을이었습니다. 그는 부임하자 조세와 부역을 공평히 하고 옥사를 너그럽게 다스렸습니다. 실로 명목 민관으로 이름을 떨친 것입니다.

어느 여름 날 밤, 다산 정약용은 달을 마주하고 앉았을 적에 사립문 두드리는 소리가 났습니다. 이어 정조 임금이 보낸 심부름꾼이 열 권의 책을 내밀었습니다.

"다섯 권은 집안에 보관하시고, 다섯 권은 제목을 붙여 올리라는 어명이오."

당시 정조는 정약용의 재능을 사랑하여 그를 크게 신임하였습니다. 다산은 임금의 선물을 받고 감격하여 눈물을 흘렸습니다. 그러나 그 후 보름이 지나 정조의 승하 소식이 들렸습니다. 결국 열 권의 책은 정조의 마지막 선물이 되었습니다. 이 소문에 정약용은 통곡하지 않을 수 없었습니다. 정조의 총애를 얻어 흔들리는 왕국을 바로잡아 보려던 꿈이 좌절되었기 때문입니다.

여러 기구를 발명하여 수원성을 쌓았고, 후에 역사의 명저 〈목민심서〉를 지은 정약용의 뒤에는 정조의 사랑이 있었습니다.

청렴한 관리를 주장한
정인홍

　흔히 정인홍 하면 많은 사람들은 역적이라고 알고 있습니다. 그러나 이러한 견해는 정인홍의 극히 작은 일면만을 두고 판단하는 말입니다. 사실 정인홍은 누구보다도 썩은 선비와 관리를 비난했고, 백성들의 생활에 관심이 많았습니다.

　정인홍에 관한 야담을 하나 소개하겠습니다.

　남명 조식은 지리산 밑에 살면서 많은 제자를 기르고 있었습니다. 제자인 정인홍은 어느 날 스승의 서재 벽장을 열어 보았습니다. 그런데 큼지막한 구렁이 한 마리가 똬리를 틀고 있었습니다. 소름이 돋은 정인홍은 이 구렁이를 패대기쳐서 죽였습니다. 얼마 후 남명 선생이 이 사실을 알게 되었습니다.

　"허허, 자네가 큰 실수를 했구만! 이 구렁이는 나를 보호해 주는 영물이었는데……."

　이 후 정인홍이 어떠한 일에 실수를 하면 사람들은 그의 뒤에서 이렇게 수군댔습니다.

　"쯧쯧, 그러길래 왜 남의 생명을 지켜주는 영물을 함부로 죽이나!"

　사람들은 이처럼 정인홍의 성급함을 흉보았습니다.

　그러나 사람들이 얘기하는 것처럼 정인홍이 엉뚱한 짓만 한 것은 아니었습니다.

　1592년 임진왜란이 일어날 무렵 그는 사십의 중년이었습니다. 정인

홍은 왜구들에 의해 나라가 짓밟히는 모습을 앉아서 구경만 할 수 없었습니다. 그래서 그는 의병을 일으킬 것을 결심했습니다.
"먼저 관군을 모으고, 다음에는 부자들의 노비를 동원하리라. 다음으로 민가에서 양식을 거둔다면 능히 의병대를 조직할 수 있을 것이다."
부지런히 몸을 움직인 결과 정인홍은 의병대를 조직하여 낙동강으로 올라오는 왜적들과 맞설 수 있었습니다. 그는 곽재우가 거느린 의병들과 연합하여 낙동강 일대에 연합전선을 형성하였습니다. 이 때 정인홍은 대단히 효과적으로 왜적의 진로를 차단하였는데, 모든 의병들의 총지휘자는 사실상 그였습니다.
그러나 정인홍은 의병을 모으고 양곡을 거두어 들이는 과정에서 부자들과 마찰을 일으켰습니다.
"아니, 왜 내가 아까운 양곡을 당신에게 주어야 하며 우리 집 일꾼들을 떠나 보내야 한단 말이오?"
정인홍은 인색한 부자들에게 거듭 사정했지만, 번번이 거절당하였습니다. 결국 정인홍은 강압적인 방법으로 양곡과 노비를 마련해 냈습니다.
한편 정인홍이 의병을 일으킨 이듬해 조정에서는 그에게 의병장이란 직함을 주었습니다. 그 때 그는 의병장의 직함을 사양하며 조정에 글을 올렸습니다.
'의병을 일으킬 처음에는 군사들을 먹일 길이 없어 향곡(시골)의 곡식을 권고하여 내기도 하고 부호(재산이 넉넉한 세력가)의 곡식을 수색하여 가져가기도 했습니다. 그리하여 의병을 일으키기는 하였지만, 부호들과 벼슬아치들의 태도에 대해 동분하시 않을 수 없었습니다.'
그 글에서 정인홍은 왜적이 침입한 것은 모두 자신의 이익에만 집착하는 벼슬아치들의 그릇된 태도라고 신랄하게 비난하였습니다. 무엇보다 정인홍이 의병장 직함을 사양한 것은 비록 대의명분을 위해서였지만 강압적인 방법을 동원해 부호들과 다퉜던 자신의 작은 실수 때문이었습니다. 또한 그는 왜란중에 자행되곤 하던 관리들의 온갖 부정을 지적하였습니다.

'백성들은 전란으로 극도의 빈곤 상태에 빠져 있습니다. 무엇보다도 백성들의 고통을 해결하는 것이 전란을 이기는 첫걸음입니다. 또한 왜적들이 잠시나마 물러난 상태이니 군대에 동원된 백성들을 집으로 돌려보내 농사일에 종사하도록 하십시오.'

그 글에서 정인홍은 백성들에 대한 자신의 태도도 드러내 보이고 있습니다.

아직까지 많은 사람들은 정인홍을 폭군 광해군과 함께 폭력 정치를 일삼다가 인조반정에 의해 죽임을 당한 인물로만 기억하고 있습니다. 그러나 그는 누구보다 부패한 관리를 싫어했고 백성을 사랑했으며 스스로에게 정직했던 인물이었습니다.

임금을 꺾은 낮은 벼슬아치의 고집
조헌

　중봉 조헌은 김포읍에서 소박한 농사꾼의 아들로 태어났습니다. 가난한 탓에 조헌은 이렇다 할 스승을 두지 못하였습니다. 그러다 열두 살 때에 김황이란 사람에게서 비로소 깊은 학문을 배우게 되었습니다.

　비가 오나 눈이 오나 조헌은 험한 고개를 넘어다니며 스승을 찾아다녔습니다. 집에 돌아와서는 그 날 배운 것을 잊지 않고 밤을 새면서 그 뜻을 깨우쳐야만 직성이 풀릴 정도로 부지런히 학문을 닦았습니다.

　조헌은 스물세 살 때 가장 말단직이긴 하지만 벼슬 길에 올랐습니다. 벼슬자리에 있는 동안 그는 검소하고 공사 구분이 명확하기로 소문이 자자했습니다. 그러다 보니 주위 사람들은 모두 그를 존경해 마지 않았습니다.

　선조 5년 조헌은 지방에서 중앙 관리로 상급되었습니다. 이 때 조헌은 향실에 쓰는 향을 봉하는 일을 맡게 되었습니다.

　'나라의 기본 시책은 유학을 숭상하는 것인데, 날더러 어찌하여 부처를 모시라고 한단 말인가!'

　이런 생각에서 조헌은 선조 임금에게 자신의 생각을 차분히 상소하였습니다. 다른 여러 신하들도 조헌의 생각에 동감하고 있었지만, 용기가 없어 감히 나서질 못하고 있었던 것입니다.

"고얀지고! 보잘 것 없는 벼슬아치가 뭘 안다고 까부는지!"
조헌은 당장에 괘씸 죄에 걸려 벼슬자리에서 쫓겨나고 말았습니다.
초야 속에 묻히게 된 그는 토정 이지함과 어울려 산천 초목을 노닐며 시를 읊고 달을 벗삼아 술을 마셨습니다. 비록 관직에서 쫓겨난 몸이었지만, 이 시절이 다혈질의 조헌으로서는 일생을 통해 가장 행복한 시절이었습니다.
풍류를 즐기던 조헌은 서른 살이 되어 다시 벼슬길에 나서게 되었습니다. 그러나 그는 또다시 향을 다루는 직책을 맡게 되었습니다. 이를 못마땅히 여긴 조헌은 예전처럼 선조 임금에게 상소문을 올렸습니다.
"그놈 고집이 이만저만이 아니구나! 생각 같아서는 단칼에 목을 베어 놓고 싶다마는……."
선조 임금은 하찮은 벼슬아치가 다시 국가의 시책을 운운하자, 화가 머리끝까지 올라 길길이 날뛰었습니다. 이번에도 그를 벼슬길에서 쫓을 참이었습니다. 그러나 주변 사람들의 간곡한 만류로 선조가 고집을 꺾고 말았습니다. 이 일로 조헌의 강직한 성품은 만천하에 알려지게 되었습니다.
한편 선조 19년, 조헌이 공주에서 벼슬을 하고 있을 때의 일이었습니다. 이미 일본의 움직임이 심상치 않다는 냄새를 맡은 조헌은 정치를 바로잡고 국방을 튼튼히 해야 한다며 유명한 '만언소'를 엮어 임금에게 올렸습니다. '만언소'란 글자 그대로 일만 자에 달하는 상소였으며, 조헌의 상소는 전후 열두 차례에 걸쳐 올려졌습니다.
이듬해에도 다시 만언소를 포함해 다섯 차례의 상소를 올렸으나 받아들여지지 않자, 조헌은 벼슬자리를 팽개치고 시골에 묻혀 버렸습니다. 그러나 조헌은 하늘의 움직임이 심상치 않다는 생각에 다시 왜군의 침입에 대비해야 한다는 내용으로 상소를 올렸습니다. 그러나 다시 조정에서는 그의 상소를 거들떠보지도 않았습니다.

다혈질에 격정적 성격이었던 조헌은 다시 새로운 소를 지어 직접 오백 리 한양 길을 걸어 올라가 대궐에 상소를 올렸습니다. 그러나 선조는 화만 내며 고래고래 악을 써대며 상소를 팽개쳐 버렸습니다.

그렇다고 해서 조헌이 상소를 그만 둘 사람이 아니었습니다. 일단 시골로 내려가 다음 해에는 옆구리에 도끼를 끼고 대궐로 올라갔습니다.

"전하, 시국을 바로 잡으셔야 합니다."

도끼를 들고 간 것은 자신의 상소가 받아들여지지 않는다면 스스로의 목을 치겠다는 비장한 각오 때문이었습니다. 그러나 아첨배들에게 둘러싸인 선조는 조헌이 시끄럽고 귀찮은 인간이라며 단박에 귀양보내 버렸습니다.

상소 때문에 괘씸 죄에 걸려 귀양을 떠나게 된 조헌은 고집을 꺾지 않고 귀양 도중에도 줄기차게 상소를 올렸습니다. 그러다 보니 조정의 모든 신하들이 그의 강직한 성품을 모르는 이가 없을 정도였습니다.

이러한 매섭고 강렬한 고집이 있었기에 훗날 조헌은 임진왜란에서 훌륭한 전승을 올릴 수 있었던 것입니다.

한글 연구에 바친 삶
주시경

    주시경은 1876년 황해도 봉산군 쌍산면에서 가난한 선비의 아들로 태어났습니다. 극심한 가난 때문에 어머니와 누나가 산에 나가 캐온 산나물과 도라지로 죽을 쑤어서 끼니를 연명하기가 일쑤였습니다.
    그러나 주시경은 어려운 환경에도 굴하지 않고 글 공부에 정진하였습니다. 열두 살 때는 부모 곁을 떠나게 되었습니다. 가문의 대를 이어야 할 큰댁에 아들이 없었기 때문입니다. 되돌아보면 가난밖에 기억나는 게 없던 시절이었지만, 자신도 모르게 눈시울이 뜨거워졌습니다.
    그는 1893년에 새로운 학문에 눈을 떴습니다. 배재 학당의 교사인 박세양, 정인덕 등에게 수학과 지리, 역사 등을 배우게 된 것입니다. 주시경은 이 인연으로 배재 학당에 입학했는데, 그 무렵 미국에 가 있던 서재필이 돌아와 배재 학당에서 학생들을 가르치게 되었습니다. 주시경은 서재필의 영향을 많이 받았습니다.
    그는 서재필의 인정을 받아 학생 때인 1897년에는 독립협회 조직에 참여했습니다. 주시경은 순 한글로 발간되던 독립신문사에서 일하면서, 한글 보급이 민족의 문화 발전에 얼마나 크게 이바지하는가를 절실히 깨닫게 되었습니다.
    1900년 스물다섯의 나이에 배재 학당을 졸업한 주시경은 국문 연구가이자 교육자로서의 면모를 뚜렷이 갖추었습니다. 그는 장안의 학교

를 찾아다니며 거의 애원하다시피 하여 한글을 가르쳤습니다. 또 밤에는 야학을 열었고, 일요일이나 방학 때에는 강습소에서 한글을 가르치려고 애썼습니다. 사람들은 날마다 책 보따리를 들고 여기저기 뛰어다니는 주시경을 가리켜 '주 보따리' 라고 불렀습니다.

"한글은 배달 겨레의 얼이 깃든 과학적인 글자이다. 나는 모든 국민에게 우리 글인 한글을 보급하고 활용하게 하는 것이 가장 큰 꿈이다."

이렇듯 주시경은 밤낮을 가리지 않고 한글에 관한 새로운 지식을 보급하였습니다.

1905년, 그는 국어 연구와 사전 편찬 사업에 관한 건의서를 정부에 올렸습니다. 그리하여 1907년, 대한제국 학부 안에 '국문 연구소' 가 설치되면서 어윤적, 이능화 등과 함께 전문 연구 위원이 되었습니다.

그는 저술에도 큰 힘을 기울여 1908년에는 〈국어문전음학〉을, 1910년에는 〈국어문법〉을, 1914년에는 〈말의 소리〉를 지었습니다. 그리고 1910년에 최남선이 '광문회' 를 세우자, 그 곳에서 발간되는 국어 관계 서적의 교정을 맡았습니다. 거기서 그는 국어 사전을 펴낼 준비를 해 나갔습니다. 이 작업은 비록 완성을 보지는 못했으나, 조선에서 처음으로 국어 사전을 편찬하려던 시도였습니다.

오로지 한글 연구와 보급에만 매달렸던 주시경은 늘 가난 속에서 살았습니다. 무명옷에 짚신을 신고, 끼니를 거른 적도 한두 번이 아니었습니다. 서울 남대문 상동 교회 옆에 있던 그의 숙소는 워낙 좁고 낮아서 햇볕조차 들지 않았습니다. 그러나 이러한 지독한 가난 속에서 그는 꿈을 잃지 않고 차근차근 이루어 나갔습니다.

한글 연구와 보급을 위한 주시경의 헌신적인 노력은 나라를 사랑하는 마음에서 나온 것입니다. 그는 한글 연구를 통해 민족 정신을 일깨우려고 했던 것입니다.

주시경은 한글에 대한 사랑 못지 않게 나라 사랑하는 마음이 투철

하였습니다. 주시경은 배재 학당의 영향으로 기독교 신자가 되었습니다.

그러나 1906년 최익현(서양 문물을 배척한 개화기 시대의 유생) 추도회에서 돌아오는 길에 무력 침략보다 정신 침략이 더 무섭다는 것을 깨닫고, 그 날로 대종교로 개종하고 말았습니다.

대종교는 나철이 단군을 숭배하고 일본을 배척하려고 세운 종교였습니다.

1914년, 독립 운동을 하던 동지들이 붙잡혀 가자 주시경도 해외로 망명할 준비를 서둘렀습니다. 그러나 해외로 출국하기 얼마 전에 그는 갑자기 병을 얻어 서른아홉의 젊은 나이로 세상을 떠나고 말았습니다.

한글 연구라는 외길만을 걸은 그의 생애는 짧았지만, 가난 속에서도 좌절하지 않고 온 힘을 다해 이룬 한글 문법 체계는 지금까지도 가장 독창적인 것으로 평가되고 있습니다.

천연두 예방에 앞장선
지석영

　지석영은 1855년, 중인 집안의 둘째 아들로 태어났습니다. 그가 태어난 서울 낙원동은 중인들이 많이 모여 살던 곳이었습니다.
　젊은 시절, 나라에서는 1876년에 항구를 개방하여 다른 나라와 자유로운 무역을 하기 시작했습니다. 누구보다 새로운 문물에 관심이 높던 중인들은 서양 책들을 들여와 새로운 지식을 익혀나갔습니다.
　이런 와중에서 젊은 지석영도 자연스럽게 서양 책들을 접하게 되었습니다. 당시 한의사 박영선의 문하에서 의학을 공부하던 지석영은 주로 서양 의학 책들을 탐독했습니다.
　그러다가 영국의 의사 제너가 우두를 이용하여 천연두를 예방하는 종두법으로 사람들의 목숨을 구한다는 사실을 알게 되었습니다.
　의학이 발달하지 못한 그 무렵에는 천연두가 굉장히 무서운 전염병이었습니다. 해마다 끊이지 않고 천연두가 유행하여 곳곳에서 수많은 어린이가 생명을 잃었습니다. 그러나 뚜렷한 특효약이 없던 터라 나라에서도 속수무책이었습니다. 나라에서 하는 일이라곤 겨우 다른 사람으로부터 환자들을 강제로 분리시키거나, 환자들이 사용한 물건을 불태우는 정도였습니다.
　지석영의 조카 딸도 이러한 천연두로 사망하였습니다. 사정이 이러하자 지석영은 하루 속히 서양의 종두법을 도입하여 천연두를 예방해야겠다는 생각이 간절했습니다.

이러한 결심에서 지석영은 일본에 건너가 우두종법(천연두 예방법)을 배웠고, 돌아올 때는 〈종두귀감〉이란 책을 가지고 왔습니다.

하지만 그에게 서양의학과 종두법을 가르쳐 줄 사람이 없었습니다. 한동안 난감해하던 지석영은 부산에 가면 서양의학을 배운 일본인 의사가 있다는 소문을 들었습니다. 지석영은 지체없이 부산에 내려가 일본인 의사를 찾아갔습니다.

일본말을 못하던 지석영은 글로서 자신의 뜻을 간절히 피력하였습니다. 이에 원장 마쓰마에와 군의관 도쓰카는 지석영의 열의에 감복하였습니다.

"좋소이다. 우리가 선생에게 종두법을 가르쳐 주리다. 한데, 부탁드릴 말씀이 있소. 부산에는 일본인 체류민들이 많은데, 많은 사람들이 한국말을 못하오. 해서 이번에 체류민 대표자들이 조일 사전을 만들고 있는데, 선생이 좀 가르쳐 주었으면 하오."

이 부탁에 지석영은 흔쾌히 승낙하였습니다. 그리하여 그는 일본인 의사들로부터 종두법을 익혔고, 일본 체류민들을 위해 조일 사전의 한국어 오자를 바로잡아 주었습니다.

지석영의 2개월 간의 부산 생활은 평생에 걸쳐 그의 학문에 큰 영향을 끼쳤습니다. 그는 여기서 서양 종두법을 배우고 서양의학의 우수성을 확인하였으며, 또한 이 때 조일 사전의 한국어 부문 교정을 보다가 국문법에 깊은 관심을 갖게 되었습니다.

지석영은 서울로 다시 되돌아오던 도중 충청도 충주군 덕산면의 처가에 들렀습니다. 그는 여기서 우선 장인을 설득해 두 살 난 어린 처남에게 종두를 실시하여 성공하였습니다. 지석영은 이에 자신을 얻어 그 마을의 어린이 사십여 명에게 다시 접종을 실시하여 성공을 거두었습니다. 이것이 우리 나라 처음으로 실시된 우두의 접종이었습니다.

지석영은 1880년 1월에 상경하여 서울에서 우선 개화를 받아들이는 집안의 어린이들에게 우두 접종을 실시하였습니다. 그 때부터 지석영은 서울 시민들에게 천연두 예방 주사를 맞을 것을 권하였습니다. 우두 접종 사업을 대대적으로 벌이고자 종두장을 차리기도 하였습니다.

그러나 많은 사람들은 지석영의 우두 접종을 불신하고 잘못된 인습에 따라 무당을 불러 푸닥거리를 하였습니다. 이에 지석영은 천연두는 우두를 접종해야만 예방할 수 있는 전염병이며 푸닥거리는 치료에 도움이 되지 않는다고 사람들을 계몽하였습니다.

이에 대해 수구파(옛 것을 지키려는 사람들)들과 무당들은 지석영의 종두법을 깎아 내리려 했습니다. 그러다 1882년 임오군란이 일어났을 때, 수구파와 무당들은 지석영의 종두장을 불태워 버리기도 했습니다.

그러나 지석영은 이러한 어려움에 굴하지 않고 꾸준히 종두법 계몽에 앞장섰고, 전주와 공주에 우두국을 세워 천연두 예방에 혼신의 힘을 기울였습니다.

이러한 그의 노력은 점차 빛을 보았고 많은 사람들이 천연두로부터 자신을 지켜 낼 수 있게 되었습니다. 일생 동안 우두 보급에 힘을 쏟은 지석영은 1936년 여든 하나의 나이로 세상을 떠났습니다.

동학을 창시한
최제우

동학은, 조선 25대 임금 철종 때 최제우가 인내천('사람이 곧 하늘이다' 라는 뜻)을 교리로 삼아 세운 종교입니다.

당시의 백성들은 양반들의 부패하고 썩은 정치로 배고픔과 괴로움에 시달리고 있었습니다. 더구나 천주교(서학)를 비롯한 서양 종교와 서양 문물이 밀려들어 세상이 시끄러웠습니다.

이러한 시절 동학은 서양의 세력들과 맞서 우리의 고유한 전통을 지키고자 노력하였습니다. 동학은 우리 고유의 샤머니즘과 유교, 불교, 도교의 사상을 합하였고 특히 단군신화의 환웅을 섬기는 종교였습니다.

동학의 창시자 수운 최제우는 1824년 경상북도 경주 가정리에서 아버지 근암 최옥의 서자로 태어났습니다. 최옥은 늦도록 아들이 없어 애를 태우다가 과부가 된 여인을 첩으로 삼아 늘그막에야 최제우를 보았습니다.

어릴 적 최제우의 이름은 복술이었는데, 총명하고 잘생겨 주위 사람들로부터 사랑을 받았습니다.

아버지가 돌아가시고 나서 최제우는 3년 동안 전국을 돌아다녔는데, 이때 그는 가난하게 사는 사람들의 괴로움을 여실히 깨닫게 되었습니다. 자신의 두 눈으로 가난한 사람들의 비참한 모습을 보았고, 두 귀로 그들의 불만을 들었습니다.

여기저기 떠돌며 견문을 넓힌 최제우는 다시 고향으로 돌아왔습니다. 그러던 어느날 최제우의 넓은 식견을 들은 금강산 유점사의 중 하나가 그의 집으로 찾아왔습니다.

그 중은 책을 한 권 최제우에게 내밀며 말했습니다.

"이 책은 어떤 탑 주위에서 얻었는데 그 내용을 아무도 풀 수 없었습니다. 들리는 소문에 의하면 선생께서 매우 박식하시다기에 이렇게 뜻을 묻고자 찾아왔습니다."

최제우는 책을 펴들고 면밀하게 고찰하였습니다. 그리하여 3일이 되던 날 마침내 그 책을 완벽하게 해독하였습니다. 그 책은 유교와 불교에 관한 기도문이 적힌 책이었습니다.

이 때 최제우는 배움이란 게 얼마나 중요한지 새삼 깨닫게 되었습니다. 그렇게 하여 최제우는 어리석고 힘없는 사람들을 구제해야겠다는 큰 결심을 하게 되었습니다.

최제우는 성장하면서 타고난 총기가 더욱 빛을 발하였습니다. 그는 또 남다른 신통함을 지니고 있었는데, 앞으로 일어날 일을 미리 내다볼 수 있었습니다.

어느 날, 최제우는 일곱 사람들에게 헐값으로 팔았던 논 때문에 곤경에 처하게 되었습니다. 논을 산 일곱 사람이 몰려와 빚독촉을 했는데 그 중 한 할머니가 우연히 최제우가 밀쳐 낸 손에 맞아 기절하여 죽고 말았습니다. 일이 이렇게 되자 이번에는 할머니의 식구들이 우르르 몰려와 살려 내라고 아우성을 쳤습니다.

"아니, 이 사람이 사기를 치더니 이젠 사람까지 죽여!"

그러나 최제우는 침착하기만 했습니다. 잠시 후 최제우는 닭털 꼬리 하나를 할머니 목구멍에 넣었습니다. 그러자 놀라운 일이 벌어졌습니다. 이제껏 죽은 줄 알았던 할머니가 피를 토하며 살아났습니다.

그로부터 1년 후, 최제우는 세상과 인연을 끊고 예전에 아버지가 글을 가르치던 용담정에 살았습니다. 그런데 하루는 이상한 일이 벌어

졌습니다. 큰 조카의 생일 잔치에 갔는데 갑자기 몸이 으슬으슬 추워 도저히 앉아 있을 수가 없었습니다. 그래서 집으로 돌아오고 말았습니다.

그러나 오한은 더욱 심해져 결국 몸을 제대로 쓸 수가 없을 지경이 되었습니다. 그 때 문득 하늘에서 거룩한 음성이 들려 왔습니다.

"이제부터 너에게 사람들의 병을 고치고 세상을 다스릴 수 있는 능력을 내려 주겠다."

최제우는 이것을 하늘의 뜻이라고 생각했습니다. 이 때부터 최제우는 동학에 몰두하게 되었습니다.

최제우는 고향 경주에서 사람들에게 동학을 가르치다가 날이 차가워지자 전라도로 갔습니다. 전라도 남원 은적암이라는 곳에 머물면서 최제우는 학문을 권장하는 내용을 담은 〈권학문〉을 지었습니다. 그는 그 책을 사람들에게 돌리며 읽게 하였습니다. 그러다 3월이 되자 다시 경주로 돌아왔습니다.

경주에 돌아와 보니 기쁜 일이 벌어지고 있었습니다. 경주 고을엔 어느 새 동학이 빠르게 퍼져 있어 어디를 가나 주문 외우는 소리가 요란했습니다.

당시에 1861년에는 임술민란이라는 농민들의 봉기가 있었는데, 이 일이 있는 후 굶주리던 농민들은 관청의 눈을 피해 동학당으로 몰려들곤 했습니다.

최제우는 가난한 사람들을 끌어 안고 더 힘껏 교육에 열을 올렸습니다. 시간이 갈수록 동학당을 찾는 사람들은 많아졌습니다. 그 중에는 훗날 동학을 이 땅에 정착시킨 최시형이란 믿음직한 젊은이도 있었습니다.

그런데 윤선달이라는 사람이 경주 부의 영장과 짜고 동학교도들을 잡아들여 돈을 빼앗으려고 먼저 최제우를 잡아들였습니다. 이에 분노한 동학교도 700여 명이 한꺼번에 관가로 몰려들자 부의 영장은 겁을 먹고 최제우를 풀어주었습니다. 하지만 이 일을 계기로 동학민들은 좀더 안전한 거처를 찾아 활동 지역을 홍해 쪽으로 옮기고 동학 조직을 더욱 굳건히 하였습니다.

동학의 세력이 점차 확대되자 나라에서는 백성들의 마음을 어지럽힌다는 이유로 1863년에 최제우에 대한 체포령을 내렸습니다. 최제우는 단박에 붙들리고 말았습니다. 그가 잡혀 가는 도중에 동학교도 수천 명이 그를 구하려고 문경새재에 숨어 있었습니다. 그러나 그 때 철종 임금이 승하하는 바람에, 최제우는 한양 대신 대구로 끌려가게 되었습니다. 당시에는 임금이 승하하면 한양에서는 죄인을 문책하지 않는 풍습이 있었습니다.

대구에서 최제우는 뼈가 으스러질 만큼 모진 고문을 당하였습니다. 최시형을 비롯한 여러 명의 제자들이 몰려와 아무리 도망가라고 권하여도 그는 듣지 않았습니다.

"내 걱정은 말고 멀리 피신하여 동학을 전파하라."

그리하여 마침내 최제우는 세상을 어지럽혔다는 이유로 1864년, 대구 달성 공원에서 처형되고 말았습니다.

최제우의 동학 사상은 백성들을 일깨우는 데 중요한 역할을 하였습니다. 그리하여 훗날 동학 농민 전쟁이 일어나는 데에 결정적인 역할을 하였습니다.

서양의 종교와 세력이 밀려들 무렵 최제우는 우리의 고유한 사상을 지키고 백성들을 구제하려다 숨진 위대한 순교자였습니다.

검소함을 실천한 학자
최현배

　외솔 최현배는 1894년 10월 19일에 경남 울산군 하상면 동리에서 최병수의 맏아들로 태어났습니다. 어려서부터 외솔은 총명하고 명석하여 동네 어른들의 칭찬을 한 몸에 받았습니다.
　고등학교 시절, 학교의 운영권이 일본인의 손에 넘어가고 교과서가 일본인들을 위한 내용으로 바뀌자 외솔은 크게 낙담하였습니다. 거기다 동급생과 친구들도 일본인들의 눈치를 살피기에만 바빴기 때문에 마음을 터놓고 얘기할 친구마저도 없었습니다. 그러다 보니 외솔의 슬픔과 절망은 너무도 컸습니다.
　그러다 우연한 계기로 주시경 선생으로부터 조선어 강습을 받게 되었습니다. 시간이 갈수록 외솔은 주시경 선생의 가르침에 매료되었습니다.
　"지금 일본인들은 우리의 말과 얼까지도 빼앗으려 한다. 앞으로 나는 한글을 연구하는 학자가 되어, 우리의 말과 글을 지키겠다. 내 힘이 비록 미약하지만, 우리 겨레의 미래에 작은 빛이라도 보탤 수 있다면 무엇을 더 바랄 것인가?"
　그 때부터 외솔은 주시경 선생의 사랑을 받으며, 정신을 가다듬고 한글 연구에 더욱 박차를 가하였습니다. 그리하여 훗날 한글학회를 이끄는 위대한 국어 학자가 되었습니다.
　외솔은 말과 행동에 한 치의 차이를 두지 않던 삶의 본보기를 보인

실천가였습니다.

가정에서 외솔은 비싼 명주나 모시옷을 거절하고 항상 소박한 무명옷을 즐겨 입었습니다. 거기다 외제품을 쓰는 것을 보면 가만히 놓아두질 못하였습니다. 자제들이 어쩌다 외제 물건을 사다 드리면 곧바로 불호령이 떨어지곤 하였습니다.

먹거리에 대해서도 마찬가지였습니다. 구수한 된장국을 좋아했던 외솔은 중국집이나 일본 요리를 싫어하였습니다.

한편, 연세대학의 부총장 보직을 받았을 때의 일입니다.

"선생님, 이 자동차는 선생님을 모시게 된 것을 기념하는 의미로 학교 이사회에서 선생님께 드리는 선물입니다. 받아 주십시오!"

"아니 사람들이 정신이 있는 거요, 없는 거요? 기름 한 방울 나지 않는 나라에서 자동차를 타고 다닌다면 그것이 한갓 허영이 아니고 뭐겠소. 학교측 성의는 고맙지만 사양하리다."

이렇게 선생은 한마디로 거절하였습니다.

또 연세대학교의 부산 분교에서 학술 강연이 끝난 뒤의 일입니다. 제자들은 외솔을 택시에 태워 그의 숙소까지 모시고자 하였습니다.

"아니네. 조금 걸으면 전차역이 나오는데, 무엇하러 비싼 택시를 부르나! 나 이만 감세. 들어들 가게."

외솔이 한참 활동할 때 그를 존경하는 주위의 사람들은 외솔을 좋은 곳으로 모시고자 하였습니다. 그러나 그 때마다 외솔은 그것을 낭비라며 한사코 평범한 곳을 고집하였습니다. 한편 연회 석상에서 외솔은 콜라를 보고는 갑자기 안색이 달라졌습니다.

"사람들 하고는…… 좋은 우리 음료가 얼마나 많은데 왜 굳이 외국산 콜라를 마시는지, 원."

그러면서 연회가 끝날 때까지 콜라를 한 모금도 마시지 않았습니다.

이처럼 외솔은 검소한 생활과 국산품 애용으로 말과 행동을 일치시

키는 한편, 주변 사람들의 모범이 되었습니다. 그러나 단 한가지 흠이라면 모자는 외제품을 사용하였다는 것입니다. 머리가 유난히 큰 외솔의 머리에 맞는 국산 모자가 없었기 때문이었다는데, 조금은 우습기도 하지요?

외솔은 광복 직후 문교부 편수국장으로 재직할 때에도 매일 도시락을 가지고 다녔습니다. 또한 근무중에 자리를 뜨는 일이 좀체 없어, 아래 사람들로서는 여간 껄끄러운 게 아니었다는 얘기가 있습니다. 그리고 원고지 한 장, 봉투 한 장도 관청 물건을 개인의 목적으로 사용하지 않는 엄격한 공사 구분을 보여주었습니다.

최현배 선생의 별호가 외솔인 이유는 이러한 엄격한 소신에서부터 비롯되었습니다. 외솔이라는 칭호는 수양 대군이 단종을 내쫓고 정권을 잡으려 할 때 굳센 칼날과 같은 절개를 읊은 사육신의 한 사람인 성삼문의 시조에서도 그 뜻을 새길 수 있습니다.

> 이 몸이 죽어 가서 무엇이 될꼬 하니
> 봉래산 제일봉에 낙락장송 되었다가
> 백설이 만건곤할 제 독야청청하리라.

위의 시조처럼 외솔 최현배 선생은 자신의 안일과 영화에 연연해하지 않고, 한평생 겨레 사랑하는 마음으로 낙락장송처럼 살다 가셨습니다.

민족 시인
만해 한용운

　1910년 8월에는 한일합방으로 나라가 망했습니다. 설악산에서 승려의 신분으로 있었던 한용운은 뒤늦게 그 사실을 알았습니다. 백담사에 같이 지내던 많은 승려들도 그 사실을 접했습니다.
　저녁 식사 때 90여 명의 중들은 첫 숟가락을 떠서 막 입에 넣으려고 했습니다.
　"이 중놈들아, 나라를 빼앗겼는데 밥이 주둥이로 들어간단 말이냐! 이 밥벌레들아!"
　식사 시간에 한용운은 난데없이 욕설을 퍼부었습니다. 그리고는 밥그릇이며 국 그릇을 방바닥에 내팽개쳐 수라장을 만들어 버렸습니다.
　밖으로 뛰쳐 나온 한용운은 분을 참지 못하고 마을로 내려가 거푸 술을 마셔댔습니다.
　1919년 3월 1일 독립 선언을 한 민족 대표들은 만세 삼창을 부른 뒤 일본 경찰에 체포되었습니다.
　이 운동을 일으킨 많은 민족 대표들은 감옥에 갇히게 되자 용기를 잃고 비겁해졌습니다. 재판 과정에서는 민족 대표라는 자격을 망각한 채 노골적으로 일본에 아첨하는 말을 했습니다.
　"조선은 원래 야만국인데 일본이 10년 간 다스린 덕에 문화가 발달되었다."
　"나는 일본에 있을 때 군자금으로 1만 원을 바친 일이 있다. 그 때

일본이 망하면 동양도 망한다고 생각했기 때문이다."
3·1운동 한 것을 후회하며 눈물을 흘리며 우는 자도 있었고 벌벌 떠는 자도 나타났습니다.
그들의 비겁한 모습을 본 한용운은 감방 안에서 오물통을 집어던지며 형무소가 떠나갈 듯이 큰소리로 욕을 퍼부었습니다.
"이 비겁한 작자들아! 울기는 왜 울고 뉘우치기는 왜 뉘우쳐? 이 따위 짓을 하려거든 당장 취소해 버려! 만세를 불러 놓고 살 작정이었어? 이 겁쟁이들아!"
그들과 달리 판사의 심문에 한용운은 당당하게 답변했습니다.
"이번 일로 벌을 받을 줄 알았는가?"
"나는 내 나라를 위한 일이라 벌을 받을 이유가 없다고 본다."
"다음에도 독립 운동을 할 생각인가?"
"당연하다. 언제나 내 마음은 변치 않을 것이다. 죽더라도 정신만은 영원히 살아서 독립 운동을 펼칠 것이다."
이렇듯 그 당시 나라 잃은 설움을 욕으로 내뱉은 많은 일화를 남긴 사람이 바로 만해 한용운이었습니다.
한용운은 1879년 음력 7월 12일, 충청남도 홍성군 오관리 한응준의 둘째 아들로 태어났습니다.
어려서부터 남달리 기억력과 이해력이 뛰어나 어른들을 놀라게 했습니다. 마을 사람들은 그를 신동이라 말했고 그의 집을 신동집이라 부르기도 하였습니다.
그의 어린 시절은 대원군의 정치와 외세의 침략 등으로 나라 안팎이 어수선한 시기였습니다.
이런 배경이 그를 독립 운동가의 길을 걷게 했다고 볼 수 있습니다. 네 살 때 임오군란이 일어났으며, 여섯 살 때부터 서당에서 한학을 익혔습니다. 열 살 때까지 뛰어난 기억력과 암기력을 통해 사서 오경까지 마쳤습니다.

나라의 위태로운 상황을 감지한 그는 과거에 급제하길 바라는 아버지의 뜻을 거절했습니다.

1892년 열네 살 때 그는 아버지가 정해 준 천안 전씨, 전정숙과 결혼했습니다. 그 뒤 동학 교도가 되어 동학 혁명에 가담하였다가 실패로 끝나자, 부모와 형과 아내에게 아무 말도 하지 않고 집을 떠나 버렸습니다.

설악산 오세암에 들어가 처음에는 머슴 노릇을 하다가 승려가 되었습니다. 중국의 선각자 양계초의 문집 같은 책을 읽으면서 세계에 대한 깊은 관심을 가지게 되었습니다.

1910년 나라가 일본의 식민지가 되자, 울분을 참지 못한 나머지 한용운은 중국으로 건너가 독립군들을 격려하고 블라디보스토크 등 시베리아와 만주 일대를 돌아다녔습니다.

1913년 귀국하여 불교 학원에서 교편을 잡았습니다. 이후 종합잡지 〈유심〉을 발간하기도 하고 〈불교 대전〉과 〈조선 불교 유신론〉 등을 썼습니다. 그리고 나라를 빼앗긴 심경을 나타내는 '님의 침묵' 이라는 저항시를 쓰기도 했습니다.

한용운은 처음부터 끝까지 변함없는 지조를 지키면서 독립 운동을 펼쳤습니다.

1930년대 후반, 독립 선언서를 쓴 최남선은 변절하여 일본에 협력했습니다. 자기의 장서를 총독부에 기증하고 만주 건국 대학 교수로 부임한 것이었습니다.

이 사실을 안 한용운은 친구들을 요리집에 초대해 놓고 최남선의 장례식을 치렀습니다.

그런데 최남선과의 관계는 거기에서 끝나지 않았습니다.

어느 날 서울 시내 길거리에서 한용운은 최남선과 마주쳤습니다. 한용운은 최남선을 보자 침을 퉤퉤 뱉으며 외면하고 지나쳤습니다. 최남선은 그를 따라와서 불렀습니다.

"여보게, 만해 오랜 만일세."

"당신 누구시오?"

한용운은 냉랭하게 대꾸했습니다.

"나 육당 최남선일세."

"육당이라니? 그 사람 죽은 지 오랜데, 장사까지 지냈는걸!"

한용운은 이렇게 외면하고 사라져 버렸습니다.

친일로 돌아선 변절자들은 한용운의 주변에 얼씬도 하지 못했습니다. 한용운의 꾸지람 한마디는 그들에게 비수와 같았던 것입니다.

만해 한용운은 일본이 망할 것이라는 확신 속에 살았지만, 그렇게 원하던 조국의 독립을 불과 한 해 앞둔 1944년 6월 29일, 아내와 딸이 지켜보는 가운데 유언 한 마디 남기지 못하고 서울 성북동 자택인 심우장에서 입적하였습니다.

민족혼을 담은 음악가
홍난파

홍난파는 1897년 4월 10일 경기도 화성군 남양면 활초리에서 홍준과 이씨 부인의 차남으로 태어났습니다.

홍난파의 집안 식구들은 모두가 음악적 재능을 가지고 있었습니다. 아버지 홍준은 거문고와 양금 등의 악기에 능했고, 그의 형 또한 조선악부 현금과를 졸업하였습니다.

이와 같이 홍난파는 태어나면서부터 부유한 가정환경과 개화된 집안 분위기 속에서 자랐습니다. 무엇보다 가족의 음악적인 분위기는 홍난파가 훗날 위대한 작곡가가 되는 데 많은 영향을 주었습니다.

홍난파가 본격적으로 음악을 시작하게 된 것은 열세 살 때의 일입니다. 그는 그 동안 모은 돈과 아버지에게 받은 돈을 합하여 바이올린과 호만 교과서를 구입하였습니다.

1913년에는 조선 정악전 연습소 서양학부에 입학하여 김인식 선생으로부터 바이올린을 배웠습니다.

"음악은 정말 신비해. 아직 잘은 모르겠지만, 어쩐지 죽는 날까지 내가 가야 할 길인 것 같아."

이 때부터 홍난파는 자나깨나 음악 공부에 몰두하였습니다. 시간이 갈수록 그는 음악에 대한 심오함과 깊은 지식에 눈떠 갔습니다.

그리하여 몇 달 후 호만 교과서 1권을 완벽하게 소화한 홍난파는 세브란스 의학 전문대학 학생들의 크리스마스 축하 무대에서 독주를 하게 되었습니다.

 홍난파가 현을 켜기 시작하자, 청중들은 일제히 숨을 죽였습니다. 그가 연주한 '갤럽'이란 곡이 끝나자, 자리를 가득 메운 학생들의 입에서는 환호성이 터져 나왔습니다.

 이 때부터 홍난파는 여러 교회나 연주회에 초대를 많이 받았습니다. 그 때마다 청중들은 열화와 같은 박수를 보냈습니다. 천부적인 그의 음악적 재능이 열정적인 그의 노력에 의해 빛을 보기 시작한 것입니다.

 많은 예술가들이 그렇듯 홍난파도 대단히 자유분방하고 예술가로서의 자부심이 강하였습니다. 젊은 시절 한때, 그는 음악뿐만 아니라 미술과 문학에도 상당한 관심을 기울였습니다.

 "모든 예술은 다 통하는 것 아니겠어? 까짓, 음악만이 아니라 미술과 문학도 함께 섭렵한다면 좋지 않겠는가."

 그리하여 그는 세 가지 예술을 주제로 한 순수 예술잡지인 〈삼광〉을 창간하여 난파 자신이 편집인 겸 발행인이 되었습니다. 원래 홍난파는 음악뿐만 아니라 문학에도 뛰어난 재능을 타고 났습니다. 거기다 그는 음악만이 아니라 다른 예술까지 겸비할 때 진정한 우주적인 깊이를 얻을 수 있다고 믿어왔습니다. 그리하여 그는 〈삼광〉에 자신의 시, 수필 등을 실었습니다.

 이 후 홍난파는 소설 분야에도 손을 뻗쳤습니다. 그러던 1924년 설날이었습니다. 여러 예술인들이 새해 인사를 나누는 자리에서 시인 변영로는 홍난파에게 뼈아픈 충고를 했습니다.

 "너는 도대체 음악이나 할 것이지 주제넘게 소설이 다 무어냐? 그래, 우주 탄생 이래 두 가지 예술에 대성한 천재가 누구란 말이냐?"

 변영로는 홍난파의 음악적 재능을 사랑했기 때문에 그렇게 말한 것이었습니다. 홍난파는 변영로의 그 말을 듣고 크게 깨달아, 그 뒤부터는 문필 활동을 중단한 채 오로지 음악 활동에만 전념하였습니다. 그

날 집에 돌아온 홍난파는 자신의 창작집 〈분화구상〉의 원고를 불살라 버렸습니다.

3·1운동을 체험한 홍난파는 자신의 음악이 민족의 넋을 담기를 꿈꾸었습니다. 그리하여 일제의 압박으로 실의에 빠져 있는 우리 민족에게 희망과 용기를 주길 기원했습니다.

이러한 소망이 밑바탕에 있었기에 홍난파는 〈봉선화〉라는 민족의 영원한 가곡을 작곡할 수 있었던 것입니다. 〈봉선화〉는 나라 잃은 겨레의 설움과 한을 애절하게 나타낸 곡으로, 겨레의 소생을 간절히 바라는 염원이 담겨 있습니다.

봉선화는 애절하고 따라 부르기 쉬운 멜로디 덕분에 금방 모든 사람들의 입에서 입으로 번져 나갔습니다. 그러자 일제는 〈봉선화〉가 조선의 민족혼을 일깨울 수 있다는 이유로 금지곡으로 정했습니다. 더군다나 그 노래를 부르는 사람을 불경한 사상을 지녔다는 이유로 감옥에 투옥시키기까지 했습니다.

그 후로도 홍난파는 〈봉선화〉를 비롯해 〈봄처녀〉, 〈고향생각〉, 〈옛 동산에 올라〉, 〈성불사의 밤〉, 〈금강에 살으리랏다〉 등 민족의 주옥 같은 가곡을 수없이 남겼습니다.

홍난파는 일제 시대 우리 겨레에게 꿈과 희망을 심어주는 노래를 작곡했고, 우리 나라 근대 음악사에 큰 발자취를 남긴 선구적인 음악가였습니다.

무장 항쟁의 선봉에 서서
홍범도

　홍범도는 1868년 가난한 농부의 아들로 태어나 일찍이 부모를 여의고 부잣집에서 하인 노릇을 해야 했습니다.
　그는 6척이 넘는 건장한 체구에다 수염으로 덮여 있는 넓적한 얼굴로 남들에게 두려움을 주는 풍모였습니다. 하지만 행동은 매우 공손하고 동료들을 친절히 도와주는 사람이었습니다. 또한 한번 작정한 일은 반드시 이루며, 부정한 일은 절대 하지 않는 강직한 의지의 소유자였습니다.
　1893년 그는 새로운 생활 터전을 찾아 풍산군으로 이사하여 농사와 사냥을 하며 생계를 꾸려나갔습니다.
　그 무렵 산포수라 일컫던 사냥꾼들은 화승총을 가지고 사냥을 하였습니다. 홍범도는 날쌔고 솜씨 좋은 사냥꾼으로서 총을 다루는 기술과 탄환 제조에도 능숙하였습니다. 그래서 동료들에게 총 수리법과 탄환 제조법, 사냥법 등을 친절하게 가르쳐 주며 항상 동료들의 생활을 도와주었습니다.
　홍범도는 이러한 비상한 재주 덕에 동료들에 의해 포연(사냥감을 관청에 바치는 일) 부대장으로 뽑혔고, 얼마 후 다시 포연 대장으로 추천되었습니다.
　사실 그 자리는 관리들과 짜고 부정한 이익을 챙길 수 있어서 모두들 탐내는 자리였습니다. 하지만 홍범도는 관리들에게 아부하지 않고 항상 사냥꾼들의 이익을 위하여 공정하게 일을 처리하였습니다. 그러자 동료 산포수들은 홍범도에게 절대적인 지지와 존경을 보냈습니다.

그즈음 일제는 우리 나라를 반식민지로 만들고 정치에 사사건건 간섭하였습니다. 그러자 전국에서는 애국자들이 항일 의병 운동을 일으키기 시작하였습니다.

이 격렬한 독립 운동의 물결은 홍범도가 살고 있던 산골에까지 영향을 미쳤습니다. 관리 중에서는 관직을 팽개치고 항일 운동에 참가하는 사람이 있는가 하면, 일제의 앞잡이 노릇을 하는 비굴한 사람도 있었습니다.

남달리 정의감이 강하고 애국심에 불탔던 홍범도는 동료 포수들과 함께 조국 수호를 위해 발벗고 나섰습니다.

게다가 일제는 백성들의 무장력을 강제로 약화시키려고 '총포 및 화약류 취급령'이라는 것을 공포하여 포수들의 총을 모조리 압수하려 했습니다. 사냥으로 근근이 생계를 꾸리고 있는 포수들에게 화승총을 내놓으라는 것은 곧 '굶어 죽어라' 라는 말과 다름이 없었습니다.

'앉아서 죽음을 기다리느니 일제와 맞서 싸워 조국의 독립을 지키리라'

포수들은 이렇게 결심하고 삼수, 갑산을 중심으로 일제히 들고 일어나 의병 부대를 조직하였습니다. 그들의 선두에는 홍범도가 있었습니다.

이렇게 궐기한 홍범도의 산포수 부대는 후치령에서 일본군과 첫 전투를 벌였습니다. 산포수들의 총기를 회수하기 위하여 파견된 일본군은 홍범도 부대의 공격을 받고 전멸하였습니다.

예기치 못한 패배에 당황한 일본군 북청 수비대는 미야베 중대를 보내어 산포수 부대를 공격하게 하였습니다. 홍범도는 적군의 우수한 화력과 정면 충돌하는 것은 무모한 짓이라고 생각하였습니다. 그래서 일부러 퇴각하는 척하며, 요소요소에 부대를 매복시켜 두었다가 기습

공격을 하여 일본 부대에 커다란 손실을 입혔습니다.

　거듭된 패전에 격분한 일본군은 함흥 수비대에서 기병 부대를 보충받아 대부대를 편성하고, 홍범도 부대 토벌에 나서기 위해 교통의 요로인 중평장으로 향하였습니다.

　홍범도는 일본군 대부대를 교묘히 유인하여 삼수의 산성에 몰아넣었습니다. 그리하여 4백 명의 산포수 부대는 삼수성에서 일본군 부대와 격렬한 전투를 벌였습니다.

　산포수 부대는 천연 요새라 할 수 있는 유리한 지세를 이용하여 총격을 가하였습니다. 이에 일본군은 우세한 화력을 믿고 총알을 난사하였습니다. 하지만 일본군은 별다른 전과를 거두지 못하고 탄환이 떨어지는 바람에 어둠을 틈타 후퇴해야 하는 비참한 패전의 기록을 남겼습니다.

　싸움에서 거듭 패한 일본군들은 이번에는 강경책 대신에 유인책을 쓰기로 하였습니다. 사냥이 생업인 산포수들의 가정은 일본군 토벌대에 포위되어 굶주림에 떨어야 했습니다. 그러면서 일본군들은 산포수 부대의 가족에게 돈과 식량을 주면서 남편들이 의병 부대를 이탈하여 귀순하면 생명을 보장하고 생활 안정도 보장하겠노라고 꾀었습니다.

　오랫동안 굶주림에 신음하던 의병 가족들은 동요하기 시작했습니다. 식구들에게 연락을 받은 의병 가운데에는 탈락자들이 생겨났습니다. 일제 침략자를 격멸할 때까지 목숨 걸고 끝까지 싸우기로 맹세한 산포수 의병 부대였지만, 가족을 아사 상태에 몰아 넣은 일제의 비열한 유인책에 결속력이 무너지기 시작하였습니다.

　영하 30도를 넘는 극한 속에서 식량도 없이 산 속을 배회하는 의병들의 고통도 이제 점점 한계에 도달하였습니다. 그 때 홍범도의 둘도 없는 동지였던 차도선이 적의 공작에 넘어가 신의를 저버리는 바람에 의병 부대는 커다란 타격을 입었습니다.

　그러나 홍범도는 끝내 일본의 회유에 굴하지 않고 더 많은 산포수들을 모아 해안 지방까지 활동 범위를 넓혔습니다.

1909년 일제군의 압박이 갈수록 심화되자 홍범도는 국내에서 의병 항쟁을 계속하는 것이 불가능하다고 판단하였습니다. 그리하여 홍범도는 부하들을 이끌고 국경을 넘어 간도 지방으로 옮겼습니다. 이 후 조국의 독립을 위한 홍범도의 투쟁은 간도와 만주 지방에서 계속 이어졌습니다.

우리에게 잘 알려진 '청산리 전투'는 홍범도와 김좌진 장군의 작품입니다. 당시 홍범도는 제 1연대장이었고, 김좌진은 제 2연대장이었습니다. 이 전투에서 전사한 일본군은 800여 명에 달했는데, 독립군의 전사자는 60명, 부상자는 90여 명에 지나지 않았습니다.

일생을 조국의 독립을 위해 무장 투쟁의 선봉에 섰던 홍범도는 1943년 일흔여섯의 나이로 머나먼 러시아 땅에서 생을 마감하였습니다.

인재를 중시한
흥선대원군

　민비는 집권하면서 일본과 국교를 긴밀히 하였습니다. 덕분에 대원군의 강경한 쇄국정책은 무너지고 유림의 불만은 높아만 갔습니다. 권좌에서 물러나 있던 대원군은 이를 이용하여 왕을 폐위시키고 왕비를 몰아내려 했는데, 실패하고 말았습니다. 그러자 대원군과 민비 사이의 반목과 암투는 날이 갈수록 치열해졌습니다.
　그래서 자연히 대원군을 노리는 자객의 침입이 많았는데, 그런 이유로 대원군이 기거하는 운현궁 곳곳에는 밤에도 등을 환히 밝히고 서너 명의 무인들이 경계를 섰습니다.
　그러던 어느 날이었습니다. 침실 윗방에서 쉬고 있던 무인 한 명이 발자국 소리를 듣고 밖의 동정을 살폈습니다. 그 때 3척 가량되는 검을 든 장정의 모습이 희미한 달빛 속에 나타났습니다. 이에 무인은 문을 박차고 날쌔게 칼을 빼어 들었습니다.
　무인은 순식간에 침입자가 들고 있던 칼을 내리치고 단호히 추궁하기 시작했습니다.
　"어서 말하지 못할까! 너는 이 밤중에 무슨 일로 이 곳에 왔으며, 누가 너를 이 곳으로 보냈느냐?"
　그러자 침입자는 대수롭지 않게 말했습니다.
　"흥, 한양 사람들은 약아빠졌다더니 이렇게 미련한 줄 알았다면 대낮에 찾아올 걸 그랬군. 일 없이 한밤중에 무엇 하러 검을 들고 운현

궁에 들어왔겠소? 또 들여보낸 사람이 있더라도 내 입으로 말할 것 같소? 죽이든지 살리든지 마음대로 하시오! 난 더 이상 할 말이 없소."
 어느 새 사람들이 몰려나왔고, 소란스러움에 대원군도 나와 그 광경을 지켜보고 있었습니다.
 "원, 저런 놈이 내 슬하에 있었다니……. 쯔쯧."
 대원군은 혀를 끌끌 차며 침입자를 생포한 무인에게 명령을 내렸습니다.
 "더 이상 물을 것도 없으니 즉시 풀어 주어라."
 그러자 무인들은 볼멘 목소리로 말하였습니다.
 "배후를 가려야 합니다."
 "저 자를 즉시 처형해야 합니다. 돌려보낸다면 또다시 침입할 것이 분명한데 돌려 보내다니오?"
 대원군은 한참 후에 나직한 목소리로 말했습니다.
 "배후도 침입한 목적도 모두 빤한 것 아니냐? 돌려보내라."
 대원군은 암살에 실패한 자객이 민비 측에 의해서 죽음을 당할 게 틀림없는데 굳이 자신의 손으로 훌륭한 검객을 없애고 싶지 않았습니다.
 "무릇 백성이 왕을 섬길 줄 알듯이 왕도 인재를 섬길 줄 알아야 한다."
 대원군이 인재를 중히 여겼다는 것은 다른 일화에도 잘 드러납니다.
 하루는 대원군이 난초 그리기에 정신을 쏟고 있는데 시골 선비가 그를 찾아왔습니다. 선비를 들라 이르고 막상 선비가 들어왔지만 대원군은 여전히 난초 그리기에만 몰두하였습니다.
 시골 선비는 대원군에게 큰절을 올렸습니다. 그래도 대원군의 시선은 붓끝에서 떠나질 않았습니다. 이에 당황한 선비는 어찌할 줄 몰라 하다 다시 큰절을 올렸습니다.

그러자 대원군은 들고 있던 붓을 집어던지면서 큰소리로 야단을 쳤습니다.
"네 이놈, 내가 누구인 줄 알고 이 행패냐? 죽은 사람도 아니고 산 사람에게 두 번씩이나 절을 하다니!"
시골 선비는 잠시 당황하다 곧 침착하게 대꾸하였습니다.
"고정하소서. 제가 처음에 올린 절은 와서 뵈었기에 올린 절이었으며, 지금 올린 절은 이만 물러가겠다는 절이었습니다."
"오라, 그랬구먼. 잠시 앉게나!"
대원군은 뻔뻔스러울 정도로 당당한 선비의 답변이 마음에 쏙 들어 단박에 그에게 벼슬을 내려 주었습니다.
이처럼 대원군은 무엇보다 인재를 중시하였습니다.

가난한 사람들을 위한 삶
마더 테라사

사람들은 마더 테레사를 자비의 선교회 창설자이며, 79년 노벨 평화상 수상자로 알고 있습니다.

그녀는 그렇게 불리우기에 충분했습니다. 그녀는 45년 동안 캘커타와 그 외의 여러 지역에서 가난한 사람, 병든 사람, 죽어가는 사람들을 위해서 헌신적으로 봉사했습니다.

테레사 수녀는 부유한 상인의 막내딸로 태어났습니다. 그런데 1918년 아버지가 정치상의 적들에 의해 독살당했습니다. 그녀의 어머니는 가족을 부양하기 위해 재봉사가 되었습니다. 어머니는 아버지가 돌아가신 후에도 그 동안 해 오던 자선사업을 계속했습니다. 또한 어머니는 환자들, 노인들 그리고 의탁할 곳 없는 이들을 방문할 때면 어린 테레사를 데리고 다녔습니다.

"좋은 일은 마치 바다에 돌을 던져 넣듯이 드러나지 않게 하렴."

이러한 어머니의 말씀과 어린 시절 힘 없는 사람들을 돌보았던 일들은 테레사의 맘 속에 깊이 자리하였습니다.

1931년 테레사는 수녀로서 첫 서원을 하였습니다. 그 때 그녀는 캘커타의 앨탈리에 있는 수녀원 학교로 파견되어 학생들을 가르쳤습니다. 훗날 그녀는 그 지역의 수녀원 학교 교장이 되었습니다.

테레사 수녀는 자신의 일을 무척 마음에 들어했지만, 수도원 담장 밖 빈민들의 비참한 생활을 엿보고는 점차 마음이 혼란스러워졌습니다. 그녀는 수도원 밖으로 뛰쳐나가 가난한 사람들을 돕고 싶었지만, 수도원의 규칙 때문에 나갈 수가 없었습니다.

1946년에는 힌두교도와 이슬람교도 사이에 나흘 간의 대대적인 폭력사태가 벌어졌습니다. 끔찍하고 비참한 거리를 걸으며 힘 없는 사람을 돕고 싶은 마음이 더욱 간절해졌습니다.

그 일이 있고 얼마 후 테레사는 수녀원이란 가난한 사람들이 언제든 찾아올 수 있고, 도울 수 있는 곳이라고 확신하였습니다.

수녀가 된 후, 그녀는 가끔 혼자서 모티지힐 거리로 나섰습니다. 그녀는 야외 학교를 열기로 마음 먹고, 첫 날은 다섯 명의 아이들을 모아 그녀 주변에 둘러 앉히고 땅바닥에 막대기로 글을 써서 가르쳤습니다. 곧이어 나무 밑에서 가르치는 그녀의 학교에 40명의 아이들이 모여들었습니다. 그녀는 이들에게 공중위생, 보건법과 더불어 국어와 기본 산수를 가르쳤습니다.

테레사 수녀는 가르치는 시간 외에는 병자들을 돌보고 죽어가는 이를 위로했으며, 매일 질병과 굶주림으로 고통받으면서 깊은 절망에 빠져 있는 극빈자를 도울 수 있는 일이라면 무엇이라도 했습니다.

마더 테레사는 그녀가 행한 일로 여러 차례 상을 받았습니다. 그녀는 교황 요한 바오로 2세의 평화상의 첫 수상자였으며, 방글라데시에서 행한 일로 인도의 네루상을 수상하였습니다. 또한 미국의 대통령이 주는 자유의 메달과 종교 부문의 템플턴상, 그리고 노벨 평화상 등을 수상하기도 했지요.

인도 수상 간디는 테레사에 대해 이렇게 말하였습니다.

"그녀를 만나면 완전한 겸손과 부드러운 힘, 그리고 강한 사랑을 느끼게 된다."

테레사와 그녀의 추종자들이 행한 일은 고통 속에서 사는 사람들에게 큰 위로가 되었으며, 그들이 삶을 지탱해 나가는 데 필요한 사랑을 제공하였습니다.

청해진의 왕자
장보고

오늘은 드디어 모험길에 오르는 날입니다. 소년들은 가까운 바다를 한 바퀴 돌고 오겠다고 거짓말을 해서 배를 빌렸습니다. 배를 타고 당나라로 건너갈 생각이었지만, 사실대로 말했다간 부모에게 붙들려 주저앉을 게 틀림없기 때문입니다. 소년들의 꿈은 당나라에 가서 크게 성공하는 것이었습니다.

배는 쉬지 않고 달렸습니다. 배에서 저녁을 드는 소년들의 모습은 한결같이 즐거워 보였습니다. 그러나 소년들은 밤새 거센 파도와 싸워야 했습니다.

"자, 이제부터 번갈아 가며 자기로 하자. 넷은 자고, 셋은 배를 지킨다."

대장으로 뽑힌 소년의 이름은 궁복이었습니다. 여느 소년과 다르게 그는 기골이 장대하고 눈빛이 매서웠습니다.

밤낮으로 파도와 싸우기를 며칠, 서쪽으로 나아가던 궁복의 배는 마침내 당나라 땅에 닿았습니다.

"야, 드디어 당나라다!"

소년들은 바다가 떠나갈 듯이 환성을 울리며 하늘에라도 날 듯이 기뻐하였습니다. 그러나 당나라 땅에 발을 딛자마자 새로운 걱정이 기다리고 있었습니다.

"무슨 일을 해서 먹고 살아간담."

나이가 어리고 맨몸으로 온 처지로서는 남의 집 고용살이밖에 할 것이 없었습니다. 이리하여 여러 소년들은 모두 당나라 사람 집에 흩어져서 일을 하게 되었습니다.

궁복은 우선 말을 배우기 위해 고생을 많이 하였습니다. 게다가 남의 집 종살이로서의 설움을 꾹 참고 일하기란 여간 어려운 일이 아니었습니다.

이러한 어려움 속에서도 궁복은 큰 뜻을 품고 무예 닦는 일을 하루도 게을리하지 않았습니다.

궁복의 무예는 날로 발전하여 동네 사람들을 놀라게 하였습니다. 남의 집 머슴살이를 하는 신라 소년의 뛰어난 솜씨에 당나라 사람들은 하나같이 혀를 내둘렀습니다.

세월이 흘러 그는 훌륭한 무장이 되었습니다. 그의 주위에는 아무도 그와 맞설 사람이 없었습니다.

그러던 어느 해, 당나라에서 무예 시험을 본다는 소문이 퍼졌습니다. 무예를 공부한 젊은이들은 누구나 이 시험에 붙기를 바랐습니다.

'나도 시험을 쳐 보리라. 시험관이 나를 신라 사람이라고 차별하지만 않는다면……'

궁복은 마침내 두근거리는 가슴을 안고 시험장에 나갔습니다.

시험장에 선 그의 모습은 참으로 늠름하였습니다. 딱 벌어진 어깨에 불을 쏘는 듯한 눈길, 모두가 젊은 장수의 풍채를 연상케 하였습니다.

창을 거머쥔 궁복은 있는 힘을 다해 재주를 발휘하였습니다.

시험관은 크게 놀랐습니다.

"아니, 저 무사는 누구요?"

"신라 땅에서 온 무사 장궁복이라 하오!"

"음."

시험관은 신음하듯 탄복하였습니다. 비록 외국의 청년이기는 하나 그의 실력을 인정하지 않을 수 없었습니다.
"장궁복, 장원!"
그러자 시험장이 떠나갈 듯한 박수 소리가 터져 나왔습니다.
이렇게 하여 궁복은 서주 무령군의 소장이 되었습니다.
이 궁복이란 젊은이가 바로 훗날 신라의 바다를 지킨 장보고입니다. 장보고는 서주에서 소장으로 생활하면서 신라인의 비참한 모습을 뼈저리게 느끼게 되었습니다. 해적들에게 납치되어 이 곳 당나라 땅에 노예로 팔려 온 신라 소년들을 여기저기서 목격하게 된 것입니다. 그들은 강제 노역에 시달리면서 참담한 생활을 하고 있었습니다. 또한, 해적들은 아이들을 납치할 뿐만 아니라 신라의 상선에도 막대한 피해를 입혔습니다.
장보고는 이를 더 이상 지켜보고만 있을 수 없었습니다.
"신라 관료들은 대체 뭘 한단 말인가. 오냐, 내가 신라로 가서 조국의 바다를 지켜 보겠다."
이렇게 결심한 장보고는 곧장 신라의 조정으로 들어가 임금을 뵈었습니다.
"상감 마마! 소신은 어려서부터 외로운 몸으로 바다를 벗삼아 자랐사옵니다. 그러다가 소신의 노력으로 당나라의 군관 자리에 올랐사온데, 그것은 어디까지나 당나라가 소신을 믿었기에 준 벼슬인 줄 아옵니다. 하오나 소신은 자나깨나 고국이 그리웠으며, 동포들의 불행을 차마 그대로 보아 넘길 수가 없었습니다. 그러기에 소신은 모든 것을 저버리고 이렇게 고국에 돌아오지 않았사옵니까. 상감 마마! 소신은 오로지 나라를 위해 바다를 지켜 보겠다는 생각뿐이오니 소신의 충정을 깊이 살펴 주시옵소서!"
장보고는 진심 어린 목소리로 임금께 호소하였습니다.
"그대의 충정은 알겠소. 그런데 그대가 무슨 재주로 바다를 지키겠다는 거요."

임금은 자못 진지하게 물었습니다.

"한 가지 계책이 있사옵니다. 옛부터 청해 땅은 당나라와 일본을 연결하는 바다의 요충지온즉 이 곳에 진을 설치하오면 동서로 해상 교통을 살필 수가 있고, 수군을 훈련하여 해적들을 없애기에도 적당하리라 여겨지옵니다."

장보고의 말을 들은 임금은 신하들을 모아 회의를 열었습니다. 여러 의견이 나온 끝에 장보고를 청해진 대사로 임명하기로 하였습니다.

그는 청해진 땅으로 내려가 망루를 높이 세우고 성에는 울짱을 둘러쳤습니다. 그리고 창고를 서둘러 세우고 항구의 시설을 고쳤습니다. 그러자 청해 땅은 갑자기 활기를 띠기 시작했습니다.

전라도 남단의 요충지 완도 땅! 이 곳이야말로 동남으로는 일본의 대마도와 연결되고 서남으로는 바다 건너 당나라의 대륙을 언제나 지켜볼 수 있는 곳이었습니다.

이리하여 청해진은 왜구와 해적 소탕의 본거지가 되었습니다.

장보고의 활약은 해적을 물리쳐 뱃길의 안전을 확보하는 데에만 그치지 않았습니다. 더 나아가 신라의 물건을 당나라나 일본에 싣고 가서 장사를 시작하였던 것입니다.

이렇듯 신라 수군의 철통같은 바다 경비로 말미암아 신라와 당나라, 일본은 서로 마음 놓고 오가며 무역을 할 수 있었습니다.

장보고가 청해진 대사로 크게 활약하고 있을 무렵, 신라는 삼국 통일 이후 오랫동안 태평 세월을 누리고 있었습니다. 이렇게 되자 차츰 귀족들 사이에 권력 다툼이 싹트기 시작하더니, 836년 흥덕왕이 죽자 왕족끼리의 왕위 다툼이 아주 노골적으로 시작되었습니다. 이 왕위 쟁탈전에 장보고의 청해진 부대도 아찬 김우징의 편에 가담하게 되었습니다.

3년 동안의 피비린내 나는 왕위 쟁탈전은 청해진 부대의 위력을 등에 업은 김우징의 승리로 막을 내렸습니다. 이것이 839년의 일입니다.

김우징은 반정을 일으켜 임금이 되었으나 그의 뜻을 제대로 펴 보지도 못한 채 그 해 7월에 갑자기 병이 나서 죽고 말았습니다. 김우징 다음으로 아들 경응이 왕위를 이으니, 이가 문성왕이었습니다. 문성왕은 장보고의 공을 치하하고 진해 장군으로 봉했습니다.
　그러나 문성왕을 둘러싼 왕족들은 장보고를 항상 두려워하고 싫어하였습니다. 그것은 장보고의 군사가 정부의 군사보다 더 강하기 때문이었습니다.
　어느 날 장보고는 예전의 김우징과의 약속을 떠올려 보았습니다. 문성왕이 즉위하면 그의 딸을 왕비로 맞이한다는 언약이 그것이었습니다.
　그러나 조정에서는 장보고가 강한 군대를 지닌 장군이지만 일개 미천한 신분이라는 점을 들어 혼인을 거부하였습니다.
　이같은 소식을 전해 들은 장보고는 배신감에 사로잡혔습니다.
　조정에서는 새로운 음모를 꾸미고 있었습니다.
　"모두 잘 아시다시피 청해진의 세력은 조정을 누르고도 남음이 있소. 그들에게 실력으로 대항하다가는 불상사가 나고 말 것이오. 그러니 한두 사람의 힘으로 살짝 하면, 소란 없이 쉬 성공할 것이오."
　그리하여 장보고의 옛 부하 중에 염장이란 자를 시켜 장보고를 암살토록 하였습니다.
　염장은 장보고를 만나 간사한 목소리로 아주 그럴듯하게 말하였습니다.
　"조정에서 하는 일이 도무지 마음에 맞지 않습니다. 부디 옛정을 생각하여 저를 거두어 주십시오."
　장보고는 어리둥절해졌지만 쾌히 그를 받아들이기로 하였습니다.
　"그대가 내 수하에 있겠다니 내 기꺼이 그대를 받아들이리다."
　장보고는 잔치를 열어 그를 즐겁게 대접하였습니다. 그런데 잔치가 흥겹게 무르익을 때였습니다. 염장은 이상한 눈초리로 장보고를 찬찬

히 들여다보더니 술잔을 기울이고 있는 장보고 곁으로 갔습니다. 그러더니 다짜고짜 장보고의 허리에서 칼을 뽑아 그의 가슴을 콱 찌르고 말았습니다.

 얼마 동안 염장이 뚫어질 듯이 쏘아보던 그는 아무 말도 못하고 앞으로 푹 쓰러지고 말았습니다.

 청해진의 하늘은 온통 슬픔으로 가득 찼습니다.

 해상의 수호신을 죽이고 청해진까지 없애버린 신라! 그 통일 신라에서도 어느덧 밝은 태양이 사라져 가고 있었습니다.

신라의 시조
박혁거세

지금의 경주인 서라벌과 월성군 일대는 옛날 진한 땅입니다. 진한은 여섯 부족이 똘똘 뭉쳐서 사이좋게 나라를 이뤄가고 있었습니다. 그러나 여섯 부족을 하나로 이끌 지도자가 없었습니다. 그래서 여섯 부족장들은 그들을 다스릴 임금을 한 분 모시자고 하였습니다.

그러던 어느 날, 그 날도 여섯 부족장들은 한 자리에 모여 임금 뽑는 일을 의논하고 있었습니다.

그런데 여섯 부족 가운데 고허촌 부족장 소벌공이 양산 기슭을 보니 이상한 일이 벌어지고 있었습니다. 나정이란 샘가에서 눈처럼 흰 말이 울고 있었던 것입니다. 또한 하늘에서는 신비한 빛이 내려와 말의 앞을 비추고 있었습니다. 괴이하게 여긴 부족장들이 달려가 보니 말은 이내 구름을 타고 하늘로 올라가 버렸습니다. 그런데, 그 자리에는 커다란 알이 하나 있었습니다. 소벌공은 말이 사라진 하늘 쪽에 대고 절을 한 뒤에 조심스레 알을 깨뜨려 보았습니다.

"아, 눈부시게 아름다운 사내 아이로구나!"

소벌공은 기쁨을 이기지 못하고 아이를 냇가로 데려가 목욕을 시켰습니다. 그랬더니 아이의 몸에서는 아름다운 빛이 났습니다. 날짐승과 들짐승이 춤을 추었으며, 해와 달은 더욱 밝아졌습니다.

"이 아이는 틀림없이 하늘이 내려 준 우리의 임금이시다."

여섯 부족장들은 아이가 박처럼 생긴 알에서 태어났다 하여 성을

'박' 이라 하였습니다. 또한 밝게 세상을 다스리라는 뜻으로 이름을 '박혁거세' 라고 했습니다. 그가 바로 신라의 시조이자 박씨의 조상인 박혁거세였습니다.

그러던 얼마 뒤의 일이었습니다. 사량리에는 알영이라는 우물이 있었습니다. 그런데 이 우물에서 머리가 닭처럼 생긴 용인 계룡이 옆구리로 예쁜 여자 아이를 낳아 놓고는 하늘로 올라가 버렸습니다. 여섯 부족장들은 기뻐하면서 말했습니다.

"오라, 이 아이는 틀림없는 우리의 왕비님이로구나!"

사람들은 아이의 이름을 샘의 이름을 따서 '알영' 이라 했습니다.

박혁거세는 열세 살이 되던 해에 임금이 되었습니다. 그리고 4년 뒤인 기원전 53년에 알영을 왕비로 맞아들였습니다. 그리고 나라 이름을 서라벌, 서울을 금성이라 부르게 되었습니다. 금성은 신라 최초의 도성이었습니다.

박혁거세는 왕이 되어 나라의 곳곳을 돌면서 민정을 살폈습니다. 그리하여 백성들에게 농업을 장려하고, 양잠을 권하기도 했습니다.

박혁거세가 나라를 다스리니 백성들은 태평스런 세월을 보냈습니다. 서로 다투는 일도 없었습니다. 박혁거세가 왕위에 오른 지 30년이 되던 해 정월에 낙랑이 쳐들어왔습니다. 낙랑의 군사들은 벌판에 쌓여 있는 곡식의 낟가리를 보고 이상히 여겼습니다.

"곡식더미를 밖에 버젓이 내놓다니, 정말 이해할 수 없구나"

"그러게 말이야. 이 곳 사람들은 도둑질을 하지 않나 보구나. 참으로 도의가 있는 나라다."

이렇게 생각하며 스스로 물러났다고 합니다.

박혁거세가 나라를 다스린 뒤로 신라는 나날이 부강해졌습니다. 기원전 20년 때의 일입니다. 그 해 2월에 박혁거세는 호공이란 관리를 마한으로 파견하여 수교를 성사시키도록 하였습니다. 마한은 낙동강 유역의 부족 국가로서 예전에는 신라보다 힘이 셌습니다.

마한의 왕은 호공을 보고는 대뜸 호통을 쳤습니다.
"요사이 속국인 신라가 매우 버릇이 나빠졌다. 왜 공물을 제대로 바치지 않나?"
그러자 호공은 지지 않고 반박하였습니다.
"우리 나라는 박혁거세가 나라를 다스린 후부터는 인재가 넘치고 재물이 창고에 가득하고 백성은 어질기 그지 없습니다. 그래서 진한의 유민들로부터 변한, 낙랑 등에 이르기까지 모두 우리 신라를 두려워하고 있습니다. 이제 겸손한 우리의 임금이 신을 보내어 마한과 수교를 청하거늘 어찌 예의가 없다고 말하십니까?"
호공의 말에 마한 왕은 화가 나서 그를 죽이라고 명하였습니다.
그러자 옆에 있던 신하들이 간신히 왕을 말리며 말하였습니다.
"마마, 호공의 말이 사실인 줄 아옵니다. 지금 신라는 예전과 달리 매우 세력이 강대하니, 호공을 그냥 귀국시키는 게 여러 모로 좋을 듯합니다."
신하들의 간청에 마한 왕은 그제서야 호공을 신라로 돌려 보냈습니다. 그만큼 박혁거세 이후 신라가 강해졌다는 이야기입니다.
마한의 왕은 그로부터 1년 뒤에 세상을 떠났습니다. 이 말을 들은 신라의 신하들은 예전의 일을 문제 삼아 조문단을 보내지 말자고 건의하였습니다. 그러나 박혁거세는 한마디로 잘라 말했습니다.
"남의 불행을 즐기는 것은 어질지 못한 짓이다."
〈삼국유사〉에 따르면 박혁거세는 기이하게 세상을 떠났다고 적혀 있습니다. 그는 나라를 다스린 지 61년 되던 해에 하늘로 올라갔는데, 7일 후에 몸뚱이가 땅에 흩어져 떨어졌다고 합니다. 그리고 왕비도 역시 왕을 따라 세상을 하직하였다고 합니다.

백제의 시조
온조왕

　백제의 시조는 온조왕입니다. 그의 아버지는 고구려의 시조 주몽이었습니다.
　주몽이 북부여에서 졸본 부여로 왔을 때였습니다. 부여왕에게는 딸만 셋 있고, 아들은 없었습니다.
　"저 사람은 보통 사람이 아니구나!"
　부여왕은 주몽의 사람됨을 한눈에 알아보았습니다. 그리하여 둘째 딸을 주몽에게 선뜻 주었습니다.
　얼마 후 주몽의 아내는 첫째 비류를 낳았고, 얼마 후 다시 온조를 낳았습니다. 두 아들은 무럭무럭 성장하였습니다.
　그러던 중 주몽이 북부여에 있을 때 낳았던 유리라는 왕자가 새로운 왕이 되었습니다.
　"형, 유리라는 사람은 앞으로 우리를 위험에 빠뜨릴 거야!"
　"나도 그렇게 생각한다."
　이리하여 그들은 몇 명의 신하를 거느리고 남쪽으로 내려갔습니다. 그러자 수많은 사람들이 그들을 따라 나섰습니다. 비류와 온조는 한산에 이르러 그 곳의 지세를 유심히 살폈습니다. 그 때 어떤 지혜롭고 경험 많은 신하가 나서서 두 형제에게 일렀습니다.
　"여기는 북으로는 한수에 접하고, 동으로는 높은 산을 의지하고 있습니다. 또한 남으로는 기름진 평야가 펼쳐져 있습니다. 그러니 이 땅

이야말로 도읍을 정하기 가장 알맞은 곳입니다."
 그러나 비류는 그 신하의 말을 믿을 수가 없었습니다. 그리하여 비류는 자신을 따르는 백성들을 이끌고 미추홀로 가서 도읍을 정하였습니다. 이렇게 해서 백성들은 두 무리로 갈리게 되었습니다.
 하지만 온조의 형 비류는 여러 모로 자신이 잘못했다는 것을 뼈저리게 느껴야 했습니다.
 "미추홀은 토지가 습하여 농사에 좋지 않구나. 또한 땅 속에서 솟는 물은 왜 이리도 짤까?"
 그러다 비류는 위례성에 도읍을 정하고 십제를 다스리는 아우 온조를 만나보고 싶었습니다.
 온조는 비류를 따뜻하게 대하였습니다.
 "오, 이럴 수가! 너희 나라는 백성들이 한결같이 밝은 표정이구나. 나라의 모습도 거의 다 갖춰졌구나."
 비류는 이렇게 긴 탄식 속에서 살다가 어느 날 숨을 거두었습니다.
 그러자 온조는 미추홀에 있는 백성들을 친절하게 위례로 불러들여 나라의 기강을 더욱 굳건히 하였습니다.
 한편 온조는 처음 남쪽으로 내려올 때, 백성이 기쁜 마음으로 따라나섰다 하여 나라 이름을 백제로 고쳤습니다.
 이어 온조는 나라의 힘을 기르고, 외적의 침투로부터 백제를 지켜내기 위한 모든 방편들을 마련하였습니다.
 "말갈이 백제의 북쪽에 접하고 있어 호시탐탐 침략의 기회만을 노리고 있다. 이에 대비해 우리는 마땅히 무기를 수선하고 군량을 비축하여야 한다."
 옛날에 국가는 싸움에서 승리하면서 발전해 왔습니다.
 그리하여 백제를 이룩한 온조도 군사를 일으켜 주변의 적대국들을 무찌르고 국가를 튼튼히 하는 데 온 힘을 기울였습니다.

죽는 날까지 나라를 위해
유관

유관은 세종 때 청백리로 기록될 만큼 청렴하고 검소하였습니다.

유관의 청렴함에 대해서는 몇 가지 일화가 있습니다.

어느 날 태종은 조정의 대신들과 재상들이 어떻게 살고 있는지가 궁금했습니다. 그래서 사람을 시켜 조정의 신하들의 집을 둘러보고 오라고 분부했습니다.

"전하, 유관 대감께서는 울타리도 없는 오두막집에서 살고 계셨습니다."

이 말에 태종은 깜짝 놀랐습니다.

"뭣이라고? 한 나라의 판서가 오막살이라니! 내 유 판서의 집을 새로 단장해 주리라."

그리하여 태종은 사람들에게 지시하여 밤 사이에 유관의 집에 울타리를 쳐 주라고 명령했습니다.

다음 날, 유관은 집 주위에 울타리가 둘러쳐진 것을 보고 깜짝 놀랐습니다. 그러나 곧 유관은 대강의 일을 짐작하였습니다.

그 날도 유관은 대궐로 나가 평소와 다름없이 일을 보았습니다. 물론 태종 임금 앞에서도 감사의 인사 한 마디 하지 않았습니다. 도리어 임금 앞에서 씩씩하기만 했습니다.

울타리는 했지만, 오막살이 집은 여전히 제 구실을 못하였습니다. 비가 많은 장마철에는 천장 이 곳 저 곳에서 빗물이 들이쳤습니다.

유관과 그의 부인은 방 안에서 우산을 써야 했습니다.
유관은 떨어지는 빗방울을 보며 천연덕스럽게 말했습니다.
"우리는 우산이 있어 비라도 피할 수 있지만, 그마저 없는 집안은 어찌 할꼬."
이렇듯 성품이 곧고 청렴한 유관은 주위로부터의 신망이 대단했습니다.
유관은 〈고려사〉의 수정 작업에도 참여했습니다. 〈고려사〉는 정도전이 지은 역사 책입니다. 조선 건국에 공을 세운 그였기에 조선을 미화하고 고려를 깎아 내린 것은 당연했습니다. 그러나 유관은 항상 일을 공정히 처리할 것을 고집했습니다. 유관은 공정해야 할 역사 책이 한쪽으로 치우치는 것을 두고 볼 수 없었지요.
"무엇보다 관직에 있는 사람들은 공명정대해야 한다."
이것은 유관의 신조였습니다. 이 원칙을 지키기 위해 유관은 매사에 개인적인 욕심이 없도록 했습니다.
또 유관은 자신이 옳다고 생각하면, 주위의 눈초리에 굴하지 않고 소신껏 행동했습니다. 임금에게 상소를 올릴 적에도 그의 글들은 힘이 넘쳐 났습니다.
이러한 유관을 두고 내종은 겁이 없는 신하라고 칭찬을 아끼지 않았습니다.
유관은 자신이 옳다고 생각하면 임금도 두려워하지 않았습니다. 태종이 사냥 길에 나서던 어느 날, 유관은 태종에게 사냥을 줄이라고 간청하였습니다.
"상감 마마, 사냥에 따른 폐단이 크옵니다. 준비하는 과정에 많은 사람들의 노력이 필요하고 값비싼 물건들이 소모되옵니다. 이는 모두 백성들의 세금을 축내는 일이오니 마땅히 사냥을 줄여야 할 줄로 아옵니다."
유관의 용감한 태도에 태종은 한바탕 웃고 말았습니다. 그 후로 태

종은 유관을 더욱 가까이 하였습니다.

　유관은 세종 6년에 우의정의 자리에 올랐습니다. 그 때 유관의 나이는 일흔아홉이었습니다. 그러나 일 처리에 있어서는 한치의 오차도 없었고 정열적이기까지 하였습니다.

　1426년 유관은 여든한 살의 고령으로 우의정의 자리에서 물러났습니다. 하지만 아직도 그는 나라를 사랑했습니다. 그래서 어느 날 아침 일찍 세종을 찾아갔습니다.

　"아니, 유 대감이 어인 일이오?"

　세종은 관직에서 물러난 유관을 반가움 반 놀라움 반으로 맞이하였습니다.

　"상감 마마, 이 몸은 아직 늙지 않았습니다. 제게는 아직 나라를 위해 일할 수 있는 힘이 있사옵니다. 그러니, 제게도 매월 1일 전하를 뵙고 정사에 참여할 기회를 주십시오."

　세종은 그의 고령이 걱정되어 잠시 망설였습니다. 하지만 유관이 워낙 고집스럽게 요구하는 바람에 수락하고 말았습니다. 가만 생각하면 그의 충정이 고마울 뿐이었습니다.

　고령의 나이에도 불구하고 그가 정사에 참여하여 건의했던 것들은 젊은 사람들 못지 않게 신선했습니다.

　"매년 음력 3월 3일과 9월 9일을 나라의 축제일로 정하여 온 나라의 백성들이 술과 음악을 즐기도록 함이 좋을 듯싶습니다."

　"그건 왜 그러오?"

　세종은 의아한 눈초리로 유관을 바라보았습니다.

　"음력 3월 3일은 모내기가 끝나는 시기이고, 9월 9일은 추수가 끝나는 시기입니다. 이 시기에 백성들은 고단한 농사일에 지쳐 있을 터이니, 축제를 연다면 그들에게 활력을 줄 것이옵니다. 또한 나라 전체의 단합에도 큰 효과가 있을 것이옵니다."

　세종은 유관의 설명에 놀라움을 금치 못했습니다.

또한 세종 10년에는 국가의 정통성과 뿌리를 찾기 위해 단군이 도읍을 정한 곳을 찾아야 한다고 글을 올렸습니다.

그 글에 따르면 우리 민족의 역사는 중국과 상관 없이 독립적으로 이루어졌다는 것이었습니다.

"신은 오랫동안 단군의 옛 도읍터를 연구해 왔습니다. 단군은 아사달 산에 들어가 신선이 되었으니, 아마도 단군의 도읍은 이 산 아래 있었을 것입니다. 지금의 땅 모양으로 보건대 문화현 동쪽의 '장장'이 단군의 도읍터로 추정되옵니다. 어떤 사람들은 기자 묘가 있는 곳을 단군의 도읍지라고 말합니다. 따라서 그들은 단군과 기자를 혼동하고 있는데, 이는 터무니 없는 얘기입니다. 왜냐하면 신이 살펴본 바에 따르면 단군은 기자보다 천 년이나 앞서 임금이 되었기 때문입니다."

당시로서는 이러한 내용은 무척 놀라운 주장이었습니다.

왜냐하면, 많은 사람들이 여태껏 기자라는 중국 사람과 그의 자손들이 단군을 이어 고조선을 다스렸다고 믿어왔기 때문입니다. 이러한 믿음을 '기자조선설'이라고 하는데 이 주장에 따를 경우 우리 나라는 단일민족이라고 얘기하기 어렵습니다.

그러므로 유관의 이러한 글은 단일민족이라는 생각과 민족의 시조에 대한 자부심이 가득 담겨 있었습니다. 유관의 글을 의미 깊게 생각하는 이유는 바로 이 때문이지요.

유관이 말년 때의 일이었습니다. 그는 나이가 들어 쇠약한 몸이었지만 집 안에만 있는 것을 견디지 못하였습니다. 국가를 위해 무슨 일이든 하고 싶었습니다. 비단 유관만이 그런 것은 아니었습니다. 고령의 퇴직 관리들 몇 명도 이런 뜻을 지니고 있었습니다.

"난 아직도 젊소이다. 그런데 나라에서는 퇴물 취급이니 여간 섭섭하지 않구료."

"아니, 유 대감! 또 무슨 일을 벌이려고 그러오?"

한때 좌의정이었던 이귀령 대감이 말을 받았습니다.

"으흠, 우리 이러지 말고 우리끼리 국가를 위해 봉사하는 모임을 만들어 보면 어떻겠소?"

처음에 시큰둥했던 대감들은 차츰 유관의 말에 동의하기 시작했습니다.

마침내 그들은 '기영회' 라는 모임을 만들어 세종의 허가를 받았습니다. 기영회는 1, 2품 벼슬을 지낸 칠십 명 이상의 대감들로 만들어졌습니다.

기영회에서는 나라에 크고 작은 일이 있을 경우에 조언을 해 주는 역할을 담당했습니다. 다들 경험이 풍부해서 무슨 일이든 막힘이 없었습니다.

조선의 역대 정승 중 황희 다음으로 오래 산 유관은 여든여덟에 사망하였습니다.

유관을 아끼던 세종은 그의 죽음을 크게 슬퍼하였습니다.

"유 대감이 세상을 뜨다니! 아, 이제 누가 내 곁에서 맑은 충고를 들려 줄 것인가. 오늘 나는 눈 하나를 잃은 것 같구나."

이렇게 말하고선 상복을 갖추라고 분부를 내렸습니다.

신하들은 세종을 말렸지만, 세종은 그들을 뿌리치고 상복을 차려입고서 궐 밖으로 나가 유관의 죽음을 애도했습니다.

세종이 30년 넘게 선정을 베풀 수 있었던 것도 유관과 같은 신하가 있었기 때문입니다.

한평생 유관은 누구보다 청렴하고 성실한 관리였습니다. 또한 옳은 일에는 물불을 가리지 않는 용기도 있었구요. 이렇게 유관처럼 죽는 날까지 국가를 위해 봉사한 충직한 신하는 찾아보기 힘들 것입니다.

한산대첩의 영웅
이순신

　이순신은 1545년 서울 건천동에서 태어났습니다. 대제학을 배출한 문신 집안에서 태어난 그는 글을 잘 짓고 글씨도 뛰어나게 잘 썼습니다. 학자로서도 크게 될 소질이 충분했습니다.
　그런데 그는 문관보다는 무관에 뜻을 두었습니다. 이순신은 스무 살 이전에는 충실하게 학문을 닦았습니다. 그러다가 스물두 살부터 무예를 닦는 데 심혈을 기울였습니다. 말 타기, 칼 쓰기, 활 쏘기를 익히고 〈육도삼략〉, 〈손자병법〉, 〈오자병법〉 같은 병법책도 두루 읽었습니다.
　그리하여 서른두 살에 벼슬길에 오르게 되었습니다.
　1592년 일본은 20만 대군을 이끌고 조선에 쳐들어왔습니다.
　새로운 무기인 조총으로 무장한 왜군은 해일처럼 밀려들었습니다.
　1592년 7월 6일 아침이었습니다.
　한산도 앞 바다는 잔잔하고 맑았습니다.
　"장군, 조선 함대가 이쪽으로 옵니다!"
　견내량 입구에서 조선 수군과 맞닥뜨린 왜군 순찰선이 부리나케 도망쳐 와키사키에게 보고했습니다.
　"견내량 앞 바다에 조선의 판옥선 네댓 척이 나타났습니다."
　"일본 수군의 진짜 맛을 보여 주마!"
　와키사키가 공격 명령을 내리자, 왜구들이 요란스럽게 조총을 쏘며

달려왔습니다. 조선의 판옥선은 이들과 싸우는 척하다가 넓은 한산도 앞 바다로 도망쳤습니다.

"저런 보잘 것 없는 조선군에게 잇달아 졌다니! 내가 꼭 원수를 갚아 주마!"

와키사키는 기세 좋게 배를 몰았습니다. 거기에는 조선 수군이 학이 날개를 편 듯한 학익진을 치고 기다리고 있었습니다.

"제법 병법을 흉내 내는구나. 그렇다면 어린진으로 박살 내주지."

와키사키의 명령에 따라 왜군들은 빠르게 싸움 태세를 바꾸었습니다.

공격은 조선 수군이 먼저 했습니다. 도망치던 판옥선이 방향을 바꾸고 달려왔습니다. 그 뒤를 다섯 척의 거북선이 빠르게 물살을 헤치고 다가왔습니다.

"펑! 펑!"

거북선이 거침없이 다가와 왜군 배를 들이받고는 대포를 쏘아댔습니다. 싸움 태세를 갖추기도 전에 역습을 당한 와키사키는 당황했습니다.

"쳐라!"

이순신이 공격 명령을 내렸습니다.

거북선이 사방으로 치고 다니며 흩뜨려 놓은 진영을 판옥대선이 들이받았습니다. 좁고 긴 일본 배들은 높고 큰 판옥대선에 부딪쳐 힘없이 부서졌습니다.

그 다음은 화살 세례였습니다. 판옥대선의 높은 곳에서 조선 수군들이 화살을 소나기처럼 쏟아 부었습니다. 왜군들은 대항도 변변히 못해 보고 죽어 갔습니다. 왜선들은 불에 타거나 가라앉기 시작하였습니다.

"후퇴, 후퇴하라!"

한나절 싸움 끝에 와키사키는 줄행랑을 놓았습니다.

"만세!"

승리의 함성이 하늘까지 메아리쳤습니다. 조선군은 왜군의 배 60여 척을 부수었고, 12척을 사로잡았습니다. 왜군은 거의 전멸한 거나 다름없었습니다.

이 위대한 승리가 바로 '한산대첩' 입니다.

이 전투를 영국의 전쟁 역사가 헐버트는 다음과 같이 평가하였습니다.

'한산도의 승리는 넬슨 제독의 영국 함대가 스페인의 무적 함대를 무찌른 살라미스 해전과 비길 만하다. 도요토미는 이 싸움으로 사형 선고를 받은 것이나 다름없었다.'

이 후 이순신은 삼도 수군 통제사 자리에 올라 여러 해전에서 빛나는 공적을 거두었습니다.

그러다 노량 앞바다에서 적군의 총탄에 맞고 쓰러졌습니다.

왼쪽 겨드랑이 뚫린 이순신은 눈빛을 이글거리며 부하들에게 일렀습니다.

"방패로 내 앞을 가려라."

여느 때처럼 태연한 음성이었습니다.

"지금 싸움이 한창 급하니 내가 죽었다는 말은 아예 하지 말아라."

마지막 힘을 모아 이렇게 말하고 그는 잠자듯 눈을 감았습니다.

전란이 끝나고 조정에서는 임진왜란 때의 공로를 의논하여 이순신 장군을 선무 1등 공신으로 정하고 여러 가지 은전을 베풀었으며, 좌의정 겸 영경연사 덕풍부원군의 직위를 추증하여 장군의 큰 업적을 표창하였습니다.

그러나 한몸을 바쳐 온 겨레를 지켜낸 그의 공을 어찌 이런 것으로 다 나타낼 수 있겠습니까.

오늘날까지 충청남도 아산의 현충사에는 이러한 장군의 유덕을 추모하는 겨레의 발길이 끊이지 않고 있습니다.

학문 진흥에 바친 삶
최충

최충은 고려 시대의 위대한 학자로 984년에 태어났습니다.

어려서부터 남달리 총기가 있을 뿐만 아니라 책읽기를 무척 좋아했습니다. 최충의 재주와 노력을 곁에서 지켜보던 부모님의 마음은 한없이 흡족했습니다.

"우리 충이는 다 좋은데 한 가지 고쳐야 할 태도가 있구나."

"그게 무엇입니까, 아버님?"

"남들은 자식들이 공부를 게을리 해서 애간장이 녹는데, 반대로 충이는 지나치게 책읽기를 좋아해 자칫 건강이 상할까 두렵구나."

나이가 들수록 최충은 총명함과 슬기로움을 더했습니다. 그러다 1005년에 어린 나이로 문과에 당당히 급제하여 벼슬길에 올랐습니다.

최충은 맡은 일을 자신의 생명처럼 귀하게 여겼고, 기필코 완수하고야마는 강한 의지를 지녔습니다. 그러다 보니 주위 사람들은 그를 믿고 사랑해 주었습니다.

현종 임금 또한 최충의 빼어난 지혜와 사람됨을 높이 평가했습니다.

"그대 최충은 천지간에서 벌어지는 모든 이치를 깨닫고 있는 듯하구료. 특히 그대는 학문을 무척이나 사랑하니 짐이 그대의 적성에 맞는 벼슬을 주겠소."

이렇게 해서 최충은 역사 책을 펴내는 자리에 한동안 앉아 있었습

니다.
 그러나 얼마 후 임금은 다시 최충을 불렀습니다.
 "역사책을 더듬고 있기에는 그대의 뛰어난 재주가 아깝구료."
 이러한 임금의 배려로 최충은 당시 가장 유명한 학문 기구인 한림학사에 들게 되었습니다. 그 때부터 최충은 물고기가 물을 만난 듯 학문적인 재주를 맘껏 펴나갔습니다.
 시간이 지나 학자로서 최충의 명성은 높아져 하늘까지 닿을 지경이었습니다.
 문종이 왕위에 오른 지 얼마 되지 않을 때의 일입니다.
 당시 고려는 한없이 태평했고 아울러 교육열도 급격히 높아졌습니다. 공부하는 선비들은 너나 할 것 없이 좋은 스승을 찾아 헤매고 다녔습니다.
 당시 고려에는 국학(나라의 최고 대학)은 있었으나 이름뿐이었고, 향학은 아직 정비되지 않고 있었습니다.
 이러한 실정을 뼈저리게 느낀 최충은 마음 깊숙한 곳에서 교육에 대한 열의가 다시 한 번 피어오르는 것을 느꼈습니다. 이 때 최충은 이미 늙은 몸이었지만 그의 의지는 젊은이들 못지 않았습니다.
 이러한 열의에 보답이나 하듯이 전국의 학도들은 최충에게 교육을 받고자 급히 길을 나섰습니다.
 최충은 학사를 송악산 근처에 마련하였습니다. 최충의 교육 계획은 대단히 치밀하고 전문적인 것이었습니다. 그는 학문의 단계를 9개로 구분하였습니다. 누구든 졸업을 하기 위해서는 아홉 단계 각각의 내용을 완전히 습득해야 했습니다.
 그래서 사람들은 최충이 세운 학교를 9재 학당이라 하였습니다.
 그 곳에서는 구경과 3사가 교과서로 채택되었고, 시와 문장에 대한 체계적인 교육이 이루어졌습니다.
 최충의 9재 학당은 그 후로 훌륭한 제자들을 많이 배출하였습니다.

이렇게 되자 총기 있는 젊은이들 사이에서는 훌륭한 일을 하고자 하면 먼저 최충의 지도를 받아야 한다는 말이 유행할 정도였습니다.

최충의 명성은 비단 고려에서 뿐만이 아니었습니다. 멀리 중국 땅에까지도 알려졌습니다.

훗날 많은 사람들은 최충이 고려의 교육을 크게 진흥시킨 공을 인정하여 그를 '해동공자'라고 불렀습니다.

동의보감을 지은
허준

허준은 조선 명종 때인 1546년 3월 5일에 태어났습니다. 지금의 김포군이 허준의 고향이지요.
그는 애초부터 부귀영화에는 뜻이 없었습니다. 본처가 아닌 첩의 자식(서자)으로 태어난 허준에게는 벼슬의 기회가 많지 않았지요. 당시에는 아무리 재주가 뛰어나더라도 서자는 벼슬길에 나서기 힘들었답니다. 그러나 출생 때문에 부귀영화에 관심이 없었던 것은 아니었습니다. 허준은 부귀영화란 뜬구름 같은 것이라고 생각했던 것이지요.
대신 허준에게는 일찍부터 남다른 꿈이 있었습니다.
'노력한다면 나도 다른 사람에게 도움이 되는 일을 할 수 있을 거야. 의학을 공부해 보면 어떨까? 병으로 시달리는 많은 백성들을 치료할 수 있겠지. 그런 인생은 부귀영화를 누리는 삶보다도 값질 거야.'
그리하여 허준은 훌륭한 스승을 찾아 나섰습니다. 다행히 멀지 않은 곳에 의술이 뛰어난 유의태란 의원이 살고 있었습니다. 허준은 그분을 뵙기 위해 서둘러 길을 떠났습니다.
유의태는 허준을 물끄러미 바라보았습니다.
'눈이 호수처럼 맑구나. 이 어질기만 한 눈빛, 평화스러운 얼굴, 겸손한 태도.'
유의태는 허준이야말로 자기가 찾고 있던 제자라는 느낌이 대번에 들었습니다.

"자네 마음에 결심한 바가 뚜렷하다면 오늘부터 나와 함께 있기로 하세."

"고맙습니다, 선생님."

그 날부터 허준은 뛰어난 스승 유의태로부터 의술을 배우게 되었습니다.

허준은 잠시라도 쉬는 법이 없었습니다. 선생님으로부터 의술을 배우고 남는 시간에는 약풀을 간추려 약장에 넣기도 하고, 또 썰기도 하였습니다. 이따금 병자가 찾아오면 그도 스승의 가르침에 따라 환자의 맥도 짚어 보고 진찰도 하며 치료 경험을 쌓아 갔습니다.

일이 끝나면 책을 펴들고 쉴새 없이 공부를 하였습니다. 허준은 하나를 가르치면 열을 깨우치곤 했습니다. 타고난 총명함과 부지런함 덕분이었습니다.

이를 대견해 하던 스승이 하루는 허준을 불러 놓고 말했습니다.

"내 생각엔 자네도 이제는 훌륭한 의원으로서 손색이 없네. 늘 시골에 묻혀 살 수야 있는가? 이번 기회에 서울로 가서 과거를 보게나."

허준은 스승 곁을 떠난다 생각하니 한없이 섭섭하였습니다. 하지만 길을 떠나야 했지요. 보다 넓은 세상에서 더 많이 배워야만 했습니다.

그리하여 선조 7년인 1574년에 허준은 당당히 과거에 합격하였습니다.

의관이 된 허준의 태도는 매우 훌륭하였습니다. 아픈 사람이면 누구나 불쌍히 여겨 사랑하는 마음으로 대하였지요.

"어디 봅시다. 어허, 왜 이제야 찾아 오셨소?"

"아니, 선생님. 제가 몹쓸 병에라도 들었습니까?"

"증상이 오래됐지만, 지금부터라도 치료만 잘 한다면 완치도 가능하겠습니다."

"아이구, 선생님 감사합니다!"

"무엇보다, 환자께서는 제가 내린 비방을 꼭 지키셔야 합니다."
"여부가 있겠습니까."

환자들을 모두 제 몸처럼 대하니 허준의 이름은 금방 많은 사람들의 입에 오르내리게 되었습니다.

그리하여 선조 8년에는 임금의 건강을 직접 보살피는 영광도 차지하게 되었습니다.

한번은 왕자가 무서운 병에 걸렸습니다.

모든 이름있는 의원들은 자신이 왕자의 병을 고치겠노라고 나섰습니다. 그러나 그들의 노력에도 불구하고 왕자의 병은 전혀 차도가 없었습니다.

임금은 마침내 허준을 불렀습니다.

"허 의관, 내 그대의 자자한 명성을 듣고 특별히 당부하는 바요. 왕자가 열이 나고 헛소리를 한다 하니 큰일이구료! 그대를 두고 모든 사람이 하나같이 명의라 일컫는 터이니 정성을 다해 치료해 주시오."

임금은 근심 어린 얼굴로 허준에게 분부하였습니다.

"황공하옵나이다. 신의 재주가 부족하여 두렵기 그지 없사옵니다. 하오나, 특별히 내리시는 분부이오니, 하늘의 보살핌을 빌며 왕자님의 완쾌를 위하여 저의 모든 정성을 바치겠나이다."

그 날부터 허준은 왕자의 침실 가까운 곳에 거처를 정하였습니다. 자나깨나 왕자의 곁을 떠나지 않고 충심으로 보살폈지요.

"하늘이시여! 제가 장차 왕이 되실 분의 치료를 맡게 되었습니다. 제게 지혜를 주십시오. 또한 저와 왕자에게 축복을 주옵소서."

동녘 하늘에서는 빨간 해가 솟아나고 있었습니다. 허준은 무릎을 가지런히 하고 두 손 모아 왕자의 완쾌를 빌었습니다. 그리고 나서 좋은 처방이 머리에 떠오를 때까지 명상에 잠기곤 했습니다.

그의 정성은 결코 헛되지 않았습니다. 열과 헛소리로 고생하던 왕자는 차차 생기를 되찾게 되었던 것입니다. 눈망울이 초롱초롱해지며

입가에 미소가 어렸습니다.

수심에 잠겨 있던 임금은 왕자가 회복되자, 기쁨을 감추지 못하였습니다.

"과연 듣던 대로요! 그대의 정성이 헛되지 않아 왕자의 건강이 날로 좋아지는구료."

"황송하옵니다."

허준도 왕자의 완쾌가 너무 기뻐 눈물을 흘렸습니다.

그 뒤로 선조는 허준의 재주를 아끼며 각별히 그를 사랑하였습니다.

그즈음 백성들의 생활은 아주 어려웠습니다. 임진왜란으로 수많은 토지가 불모지로 변해 버렸기 때문입니다. 어떤 지방에서는 배가 고픈 나머지 쥐를 잡아먹는다는 흉한 소문까지 나돌았습니다.

허준도 이러한 사정을 몹시 안타깝게 여겼습니다.

"내가 백성들에게 무얼 해줄 수 있을까?"

며칠 동안 이러한 고민에 휩싸여 있던 허준은 갑작스럽게 외쳤습니다.

"그렇다! 생활하는 백성들이 쉽게 익혀 쓸 수 있는 의학서적을 만들자. 내가 백성들의 배고픔은 해결해줄 수 없겠지만, 그들을 병마로부터 벗어나게 할 수는 있을 것이다."

그 때부터 허준은 자나깨나 의학서적을 만드는 데 혼신의 정열을 기울였습니다. 어느덧 허준이 동의보감을 만들기 시작한 지 10년의 세월이 흘렀습니다. 그 동안의 고생은 이루 말로 할 수 없었지요.

"이봐요, 허 의원. 남들 건강도 중하다지만 제일 중요한 게 자신의 건강 아니오? 부탁컨대 휴식을 취하며 책을 만드시오."

선조는 허준의 노력하는 모습을 보고 그의 건강을 걱정해 주었습니다.

"그대, 동의보감을 완성하기 위해 밤낮으로 고생하는 것은 갸륵한 일이나, 늘 몸을 조심하고 일하는 데 조금이라도 불편한 점이 있으면 말하오."

"황공하옵나이다. 성은이 이렇듯 바다와 같으니 제게 무슨 어려움이 있겠습니까. 부디 걱정을 거두시옵소서."

그러나 불행히도 이처럼 따뜻하게 보살펴 주던 임금이 그만 병으로 자리에 눕게 되었습니다.

동의보감의 완성이 거의 눈앞에 다가왔을 무렵이었습니다.

선조도 안타까웠지만 허준의 걱정은 이를 데가 없었습니다. 허준은 충성을 다하여 임금을 보살폈습니다. 그러나 이 정성스런 치료도 보람없이 1608년 2월, 선조는 마침내 세상을 떠나고 말았습니다.

그러자 조정에서는 선왕의 죽음이 허준의 탓이라며 책임을 물었습니다. 결국, 바로 그 해 3월에 시의로서의 책임을 지고 귀양길에 오르게 되었습니다. 지극한 사랑을 주던 선조 임금이 돌아가고 그 슬픔이 채 가시기도 전에 그는 쓸쓸히 귀양길에 오른 것입니다.

흘러가는 강물을 쳐다보며 돌아간 임금을 생각하였습니다. 눈물이 저절로 흘렀습니다.

그러나 외로움과 굶주림 속에서도 오직 동의보감을 완성하려는 한결같은 마음은 날로 깊고 새로워만 갔습니다.

또다시 피눈물 나는 노력이 계속되었습니다.

산과 산으로 둘러싸인 한적한 귀양살이. 허준은 사람 하나 없는 그 곳에서 그 방대한 의서만을 벗삼아 살아갔습니다.

그러다 이듬해 11월, 귀양의 몸이 풀리자 허준은 다시 서울에 올라오게 되었습니다.

광해군 2년인 1610년 8월 6일, 15년이라는 긴 세월의 끈질긴 노력은 드디어 열매를 맺어 〈동의보감〉이 완성되었습니다.

허준은 이 대작을 광해군에게 바쳤습니다. 〈동의보감〉을 보고 감동한 광해군은 곧 인쇄 작업을 명하였습니다.

"훌륭한 책이구나. 하루빨리 세상에 알려 백성들에게 도움을 주도록 하라!"

수많은 생명을 구하고, 동양에서 가장 뛰어난 의학서적을 만든 허준은 일흔 살을 일기로 생애를 마쳤습니다. 그 때가 광해군 7년인 1615년 8월 13일이었습니다.

임종할 때, 허준은 동의보감을 머리맡에 놓고 어루만지며 뜨거운 감회에 젖었다고 합니다.

나라와 운명을 함께 한
계백

　서기 660년 3월, 백제의 마지막 왕인 의자왕 때의 일입니다.
　신라는 당나라와 외교관계를 맺어, 고구려보다 먼저 백제를 멸망시키려고 하였습니다. 당나라 고조는 대장군 소정방에게 군사 10만 대군을 주어 신라군과 연합하여 백제를 치도록 했습니다. 신라 무열왕은 당나라 소정방을 만나, 백제 사비성을 공격하는 날을 7월 10일로 정하였습니다.
　의자왕은 임금이 되기 전에 총명하고 효성이 지극한 태자였습니다. 그래서 사람들은 형제를 사랑하고 효성이 지극한 의자왕을 '해동증자'라 불렀습니다. 하지만 그가 왕위에 오른 뒤에는 성격이 아주 달라졌습니다. 신라군을 몇 번 이긴 뒤로는 자만에 빠져 나라 일을 돌보지 않고 사치와 향락에만 파묻혀 살았습니다. 그리고 의자왕은 나라 일을 돌보라고 바른 말을 하는 충신들을 옥에 가두기도 했습니다. 백제는 서서히 망해 가고 있었던 것입니다.
　656년에 있었던 일입니다. 사비성 남쪽에 있는 망해정이란 정자에서 의자왕은 궁녀들과 잔치를 즐기고 있었습니다. 그 때 백제의 최고 벼슬인 좌평의 자리에 있던 성충이 임금에게 나아갔습니다.
　"상감 마마! 총명하고 용맹하신 상감께서 이제 나라 일을 돌보셔야 할 때이옵니다. 적국 신라의 움직임이 심상치 않사옵니다."
　"좌평이 나라를 걱정하고 있다는 것을 과인은 잘 알고 있소. 하지만 과인의 능력을 의심하는 것은 있을 수 없는 일이오! 신라는 망해 가는 나라요. 그깟 신라 군대가 우리 나라를 쳐들어온다면 단번에 박살내고 말 것이오. 걱정 말고 돌아가오."

임금은 눈쌀을 찌푸리며 말을 하였습니다. 성충의 눈에서는 눈물이 쏟아지고 있었습니다. 그는 의자왕에게 한 발 더 나아가며 말을 했습니다.

"상감 마마! 이렇게 매일 잔치를 즐기실 때가 아니옵니다. 국고는 텅텅 비어버린 지 오래 되었고, 백성들은 무거운 세금으로 날마다 헐벗고 있습니다. 그리고 신라를 얕보아서는 큰 화를 당하실 것입니다."

"듣기 싫소! 임금이 하는 일을 막는 것은 신하의 도리가 아닌데, 경은 충성을 가장하고 임금의 마음을 오히려 괴롭히고 있소! 귀찮으니 당장 썩 물러가지 못하겠소!"

임금은 노여움에 몸을 떨며 성충을 물리쳤습니다. 주위에서 그 광경을 지켜보고 있던 후궁들은 쓸쓸히 돌아서는 성충의 뒷모습에 시선을 던지며 소리내어 웃었습니다. 성충을 비웃는 것이었습니다.

그 일이 있고 난 후, 의자왕은 성충을 벌 주라는 간신들의 말에 성충을 옥에 가두고 말았습니다. 옥에 갇힌 성충은 날로 몸이 쇠약해져서 음식조차 제대로 먹지 못하게 되었습니다. 성충은 목숨을 더 이상 이어가기 어렵다는 것을 알았습니다. 그러나 나라를 걱정하는 성충은 이대로 그냥 눈을 감을 수가 없었습니다.

어느 날 성충은 손가락을 깨물어 피를 내었습니다. 그리고 그 피로 나라를 걱정하는 자신의 마음을 종이에 써서 의자왕에게 보냈습니다. 하지만 의자왕은 그의 피 묻은 충언에도 불구하고 매일 향락만을 일삼았습니다.

그 후 성충은 옥중의 괴로움을 견디다 못해 마침내 숨을 거두고 말았습니다. 성충이 죽고 나서 백제에서는 이상한 일들이 연달아 일어났습니다. 2월에는 난데없이 여우들이 궁중으로 몰려왔고 5월에는 사람보다 더 큰 물고기가 죽어서 백마강 물 위로 떠올랐습니다.

이듬해에는 사비성 우물물이 핏빛으로 변하였고 백마강 물 또한 검붉은 핏빛이 되어 흘렀습니다. 사람들은 그것을 나라에 큰 변고가 있을 징조라 여기며 두려워하였습니다.

어느 날 궁궐에 귀신이 나타나 "백제는 망하리라" 하고 사라지기도 하였습니다. 그 귀신이 사라진 자리의 땅을 파 보니 거북 한 마리가 나왔습니다. 거북의 등에는 '백제는 보름달이요, 신라는 초승달' 이란 글이 씌어 있었습니다. 이 글은 쓰러져 가는 백제, 일어서는 신라라는 뜻이었습니다.

하지만 의자왕은 거북 등에 씌인 글을 '백제는 흥해 가는 나라요, 신라는 망해 가는 나라' 라고 믿었습니다.

신라군과 당나라군이 백제 땅을 쳐들어왔다는 소식이 궁궐에 전해졌습니다. 이미 적의 군대의 수가 많다는 것을 안 의자왕은 백제의 서울 사비성이 벌써 적의 손에 들어간 것이나 다름없다고 생각하였습니다. 다급해진 의자왕은 계백 장군에게 적을 막으라고 재촉하였습니다.

"형세가 급하기가 바람 앞의 등불과 같구료! 이 어려운 시기를 막아낼 사람은 장군밖에 없소! 나는 장군을 믿소! 장군이 어떻게 해서든지 적을 막아내오!"

하지만 계백 장군이 신라와 당나라의 연합군을 막아내기에는 백제 군사의 수가 턱없이 부족하였습니다.

의자왕의 말을 들은 계백 장군은 출동하기에 앞서, 집으로 달려가 가족들을 불러놓고 사태의 위급함을 말하였습니다.

"이제까지 나는 싸움에서 진 일이 없었다. 내 군사들이 씩씩했기 때문이다. 지금도 그들은 목숨을 버리고 나라를 위해 죽을 각오가 되어 있지만, 그러나 이제 상황은 달라졌다. 우리는 5천 명인데 적군은 5만 명이나 된다. 결코 살기를 바랄 수가 없구나."

어느덧 장군의 눈꼬리에는 눈물이 맺혀 있었습니다. 부인의 눈에서도 눈물 방울이 아롱져 흘러 내렸고 아이들은 고개를 숙이고 눈물을 흘렸습니다.

"나라가 망하면 내 처자식도 적의 노예가 되고 욕을 보고 죽는다. 차라리 나의 손에 깨끗이 죽는 게 나을 것이다. 저승에 가서 다시 만나자꾸나!"

계백 장군이 말을 마치자 가족들은 모두 방바닥에 엎드려 머리를 숙였습니다.

방안은 순식간에 피로 물들었습니다. 계백 장군은 가족들의 시신에 피눈물을 뿌리면서 밖으로 나왔습니다.

이렇게 계백 장군은 가족들의 피로 물든 칼을 차고 황산벌로 출진하게 되었습니다. 5천 명의 결사대를 이끌고 나간 계백 장군은 군사들에게 사기를 북돋았습니다.

"너희들은 듣거라! 옛날에 월 나라 구천은 5천 명의 군사로 오 나라의 70만 대군을 무찔렀다. 너희들도 조국을 위해 용감하게 싸워주기 바란다."

계백 장군이 가족을 모두 죽이고 출진한 사실을 안 군사들은 일제히 함성을 질렀습니다. 군사들의 사기는 하늘을 찌를 듯 높았습니다.

이 때 황산벌 저쪽에서는 신라의 군사들이 북을 울리고 함성을 지르며 백제의 진지를 향해 달려오고 있었습니다. 결사대 5천 명은 손에 칼과 창을 쥐고 적군을 향해 나아갔습니다. 삽시간에 황산벌은 피비린내 나는 전쟁터로 변하였습니다.

그러나 죽음을 각오하고 싸우는 백제군에게 수적으로 우세한 신라군은 번번이 패하여 달아났습니다. 거듭 패한 신라군은 백제군에게 제대로 대항 한번 하지 못하고 패하기만 한 것입니다.

이 때 화랑 관창은 단신으로 백제군들 속으로 쳐들어갔습니다. 그리고 마침내 관창은 장렬히 전사하고 맙니다. 계백 장군은 한 번 살려

준 관창이 두 번째 쳐들어오자 목을 베어 죽이고 그의 머리를 말 안장에 매달아 신라군의 진지로 보냈습니다. 이것은 계백 장군의 크나큰 실수였습니다. 열다섯 살된 어린 관창의 머리를 본 신라군은 극도로 흥분되어 백제군에게 맹공격을 퍼붓기 시작했습니다. 일시에 5만 명의 신라군이 공격하자 백제군은 죽을 각오를 하고 싸웠습니다. 그러나 사기가 충천한 적 앞에서 백제군은 낙엽처럼 쓰러져 갔습니다.

계백 장군은 가족의 목을 벤 칼을 뽑아들고 적과 용감히 싸웠지만 장렬한 죽음을 맞이할 수밖에 없었습니다.

660년 7월 18일, 백제와 운명을 같이 했던 계백 장군은 최후까지 조국을 위해 목숨을 바쳤던 것입니다.

백제의 전성시대
근초고왕

　근초고왕은 346년 백제의 제 13대 왕입니다. 30년 간 나라를 다스리면서 근초고왕은 백제를 강하고 세련되게 만들었습니다.
　그 무렵 고구려는 장차 만주 벌판을 휘어잡을 꿈을 품고 중국세력과 겨루었고, 다른 한편으로 백제의 기습공격에 대비하였습니다.
　그즈음 신라는 진한 지역을 통합하고 영토를 북쪽으로 확장하려는 야심을 지니고 있었습니다.
　"고구려와 신라가 함부로 날뛰게 해서는 안 된다. 그들이 백제를 공격하기 전에 백제가 먼저 그들을 쳐서 기를 꺾어 놓아야 한다."
　이런 생각에서 근초고왕은 영토확장에 열을 올렸습니다. 그 결과 남쪽의 마한 전지역을 통합하였습니다.
　남쪽 지방을 평정한 근초고왕은 이번에는 고구려의 영토를 빼앗고자 하였습니다. 그 날부터 근초고왕은 군사훈련에 박차를 가하였습니다. 한강 백사장으로 나가 병사들에게 말 타기, 활 쏘기 혹은 창, 검술을 철저히 지도하였습니다.
　371년, 드디어 근초고왕은 3만의 병사를 이끌고 고구려를 침략하였습니다. 백제군은 태자 수가 앞장서서 지휘했고, 고구려군은 고국원왕이 친히 선두에 나섰습니다.
　"붉은 깃발 앞에서 지휘하는 자가 고구려의 고국원왕이다! 저 자를 사로잡아라!"

"와와!"

백제군은 일제히 함성을 지르며 밀물처럼 진격하였습니다.

백제군의 화살이 비오듯 고구려군의 머리 위로 쏟아졌습니다. 창과 칼이 번쩍일 때마다 고구려군의 머리가 나가 떨어졌습니다. 형세가 불리함을 안 고국원왕은 서둘러 퇴각명령을 내렸습니다.

그 때 고구려군 쪽에서 외마디 비명이 터져 나왔습니다.

"으악!"

비명의 주인은 고국원왕이었습니다.

"고구려의 왕이 죽었다! 이제 거칠 것이 없다. 모두 진격하여 고구려군을 남김없이 쓸어 버리자!"

이 때 태자를 만류하는 사람이 있었습니다.

"마마, 적군의 왕은 이미 죽었습니다. 옛날부터 만족함을 알면 영화가 계속되고 위태로움이 없다고 하였습니다. 고구려 왕이 죽었으니 그만 만족하고 공격을 멈추는 것이 좋을 듯합니다."

태자 수는 잠시 망설이다 그 신하의 말을 따르기로 하였습니다.

"경의 말이 옳소."

태자는 그 곳에 전승비를 세우고 군사를 돌렸습니다.

이렇게 해서 백제는 경기도와 충청도, 전라도의 전 지역과 강원도와 황해도 일부를 손아귀에 넣게 되었습니다.

근초고왕은 정복 전쟁이 끝나면 언제나 백성들의 생활에 귀기울이곤 하였습니다. 그리하여 정치, 경제, 사회, 문화 등의 전 방면에 걸쳐 탁월한 정책을 펼쳐 나갔습니다.

한편 근초고왕은 중국의 동진과 교류하여 그들의 앞선 문화를 받아들였습니다. 또한 아직기와 왕인같은 훌륭한 학자를 일본에 보내 무지한 일본 국민들을 깨우쳐 주기도 하였습니다. 백제의 기반을 닦고, 백제를 강대국으로 끌어올린 근초고왕은 375년에 세상을 떠났습니다.

신라의 명장
김유신

신라가 삼국통일을 이룰 수 있었던 것은 김유신과 같은 위대한 명장이 있었기 때문입니다. 그는 전쟁터에서는 탁월한 용병술을 구사하던 용장이었고, 안에서는 재상으로서 올바른 정치를 실현했습니다.

김유신의 아버지 김서현은 왕족 출신의 만명이라는 처녀와 중매도 없이 자유연애로 관계를 맺고 부부가 되었습니다. 이런 개성이 강한 부모에게서 태어난 김유신은 열다섯 살에 화랑이 되었습니다.

629년 8월, 신라군은 고구려의 낭비성을 공격하였고 다시 고구려 군사가 역습, 사태가 불리해지면서 죽은 사람들이 많았습니다. 신라의 병사들은 사기가 꺾여 싸울 엄두를 못 냈습니다.

김유신이 아버지 앞에 나아가 투구를 벗고 말했습니다.

"우리 군사들의 사기가 크게 떨어지고 있습니다. 일찍이 저는 부모에게 효도하고 나라에 충성할 것을 맹세했습니다. 또한 싸움터에 나가 물러서지 말라고 배웠습니다. 이제 저의 용기를 보일 때가 온 것 같습니다."

아버지 김서현은 잠시 머뭇거린 후 입을 뗐습니다.

"장하구나. 그래, 네가 앞장을 서서 신라 병사들의 힘을 북돋우도록 하여라!"

김유신은 아버지에게 절을 하고 말에 올랐습니다. 김유신은 칼을 빼어 들고 참호를 넘어 적진으로 뛰어들어 적의 장수의 목을 베어 들고 돌아왔습니다. 이를 본 신라의 병사들은 사기가 크게 올라 물밀 듯이 고구려의 진지로 쳐들어갔습니다. 순식간에 대세는 역전되어 고구려 병사 5천을 죽이고 1천 명을 사로잡았습니다. 남은 적들은 크게 두려워하여 항복하고 말았습니다. 이 때부터 김유신의 용맹은 널리 알려지기 시작했습니다.

그 후 김유신은 상장군이 되어 군사를 지휘하게 되었습니다. 군사를 지휘하는 김유신은 항상 자신이 모든 면에서 병사들의 모범이 되고자 노력했습니다. 또, 전투에 임해서는 냉정한 판단과 엄격함으로 전략에 차질이 생기지 않도록 만전을 기했습니다.

김유신을 크게 신뢰한 임금은 그에게 쉴 기회를 주지 않았습니다. 임금의 명에 따라 백제의 일곱 개의 성을 장악한 그는 이듬해 정월에 미처 처자를 만나 보지도 못하고 백제군이 다시 침공했다는 소식에 국경으로 발을 돌려야 했습니다. 백제의 군사와 맞서 싸운 김유신은 백제군 2천 명의 목을 베고 나머지 군사들을 멀리 내쫓아 버렸습니다. 싸움을 마치고 3월에 왕을 뵈었을 때, 또다시 국경지역에 백제군이 침략했다는 소식이 전해졌습니다.

"공은 수고를 아끼지 말고, 어서 국경으로 가서 백제군들을 소탕해 주시오."

"염려 놓으십시오."

이렇게 해서 김유신은 다시 집에 들르지 못하고 무기를 수선하고 군사를 훈련시켜 국경을 향해 떠났습니다. 그 때 김유신의 집안 사람들은 모두 문 밖에 나와 군사들의 행렬을 기다렸습니다.

행렬이 김유신의 집 근처를 지날 때 김유신은 집 사람들을 거들떠보지도 않고 지나쳤습니다.

그렇게 50보쯤 지나던 김유신은 갑자기 말을 멈추고 병사에게 지시했습니다.

"너는 우리 집에 들러 물 한 바가지만 떠 오도록 하라!"

병사가 가지고 온 물을 벌컥벌컥 마시며 김유신은 태연스레 말했습니다.

"우리 집 물이 아직도 예전 맛 그대로구나."

이 말을 듣고 병사들은 우렁찬 목소리로 외쳤습니다.

"대장군도 이러한데 우리들이 어찌 가족을 만나지 못하고 떠나는 것을 한스럽게 여기랴. 우리 모두 조국에 목숨을 바치자!"

이처럼 김유신은 항상 맡은 바 임무에 충실하도록 노력하였습니다. 어떤 사람들은 이 일화에 나타난 김유신의 인간성이 냉정하다고 말합니다. 하지만 그의 냉정함이 병사들을 다독이고 통솔할 수 있는 위치를 확보할 수 있게 한 것입니다.

김유신과 아주 친한 김춘추가 무열왕이 되자 신라의 삼국통일 계획은 무르익었습니다.

김춘추는 그 동안 외교를 잘하여 당나라와 손잡고 백제를 치게 되었습니다. 한편 백제의 의자왕은 방탕한 생활로 세월을 보내고 있었습니다. 강물이 바라다 보이는 곳에 정자를 짓고 삼천 궁녀들에게 에워싸여 술과 놀이에 빠져 지내었습니다.

"지금이 삼국을 통일할 좋은 기회요."

김유신과 무열왕은 군사를 일으킬 계획을 세웠습니다.

마침내 나당 연합군의 백제 침공이 시작되었습니다. 김유신이 이끄는 신라군은 육로로, 소정방이 이끄는 당나라군은 서해 뱃길을 거쳐 금강으로 쳐들어갔습니다. 백제의 명장 계백 장군이 거느린 5천 결사대가 황산벌에서 신라군과 싸워 몇 차례 승리를 거두었으나, 수가 모자라 전멸당했습니다.

백제를 항복시킨 신라군은 이후 고구려도 멸망시켜 삼국통일의 위업을 달성했습니다.

김유신 같은 뛰어난 장수가 없었다면 신라의 삼국통일은 그저 꿈에 불과했을 것입니다.

대종교를 창시한
나철

한일합방이 있기 한 해 전, 일제는 우리 나라를 빼앗기 위해 온갖 수단을 동원하였습니다.

"우리 민족이 조선으로 건너가 문명을 전달하였다. 그러므로 조선과 우리는 한 핏줄이나 다름없는 형제 사이다."

일제가 이렇게 떠벌린 이유는 우리의 민족 정신을 흐리게 하기 위해서였습니다.

1909년 일제의 망언에 분개한 나철은 단군교(후에 대종교로 고침)를 창시하였습니다. 국민들에게 올바른 민족정신을 불어넣고자 겨레의 시조인 단군을 모셨던 것입니다. 이 때 그는 나인영이란 이름을 나철로 바꾸고 단군교의 교조가 되었습니다.

나철은 1863년 전남 보성군 벌교에서 지주의 아들로 태어났습니다. 남달리 총명했던 그는 어려서부터 부모의 말에 순종하였습니다. 그는 학문에 충실하며 부모의 기대에 따라 과거공부에 열중하였습니다.

그러다 1894년 동학혁명으로 나라가 시끄러울 때 나철은 대과에 장원하였습니다.

"비로소 물고기가 바다로 나갔구료. 이제 인영이가 우리 가문을 빛내는 것은 시간 문제요."

부모는 이처럼 그에게 큰 기대를 걸었습니다. 그가 처음으로 나간 벼슬은 역사기록을 담당하는 주서였습니다.

나라가 기울어져 가던 시절, 나철은 몇 년 동안 벼슬자리에 있으면서 맡은 일을 충실히 해 나갔습니다. 하지만 그 당시 조정의 벼슬아치들은 나라 일에는 전혀 관심을 두지 않았습니다. 돈에 눈이 먼 그들은 자신들의 욕심을 채우느라 혈안이 되어 있었습니다. 돈을 받고 벼슬자리까지 팔던 그들은 백성들 괴롭히기를 예사로 알았습니다.

나철은 기울어져 가는 나라의 모습에 통탄을 금할 수 없었습니다. 그리하여 세무서장이라는 벼슬이 주어졌지만 팽개치고 말았습니다.

"지금껏 나라가 망하지 않은 것만 해도 다행스러운 일이다. 지금이라도 나라를 바로 세우기 위해서 가장 먼저 해야 할 일은 인재들을 모으는 것이다!"

이 후 오혁과 이기 등을 만난 나철은 그들과 나라를 위해 일하기로 맹세하였습니다.

1904년 나라는 점점 기울어지고 일제는 노골적으로 침략의 손길을 뻗쳐왔습니다. 일제의 침략을 더 이상 참지 못한 나철 일행은 일본으로 건너갔습니다.

"일본이 진정 아시아의 평화를 위한다면 두 민족은 서로를 존중해야 한다."

일본에 건너간 나철 일행은 이렇게 외쳤지만 이등박문은 그들을 만나 주지도 않았습니다.

"평화가 무엇인지조차 모르는 일제는 세상에 다시 없는 야만족의 무리요. 이제 우리의 독립을 위해서 남은 일은 무력항쟁뿐이오."

일제에 무력으로 맞설 것을 결심한 나철 일행은 귀국길에 올랐습니다. 그런데 그들이 고국에 돌아왔을 때는 이미 을사조약의 체결로 인해 외교권과 주권을 일본에 빼앗긴 상태였습니다.

이에 격분한 나철은 을사조약에 도장을 찍은 매국노들을 암살하기 위해 감사 의용단을 조직하였습니다.

"2천만 겨레를 위해 목숨을 바치자! 나라를 팔아먹은 매국노들을

민족의 이름으로 응징하리라!"

그들은 매국노를 살해하기 위해 치밀한 계획을 세웠지만 실패하고 말았습니다. 이홍래라는 청년이 권중현이라는 매국노를 권총으로 저격하다가 붙잡히고 말았던 것입니다. 이홍래는 일본 경찰의 모진 고문을 견디지 못하고 배후세력을 실토하고 말았습니다. 결국 감사 의용단원 18명은 일본 경찰의 손에 붙잡히고 말았습니다. 나철은 동지들의 희생을 줄이기 위해 자수를 결심했습니다.

"내가 이번 일을 계획한 사람인데, 왜 무고한 사람들만 잡아 가두는 거요?"

그리하여 나철은 귀양 가는 몸이 되었다가, 5개월 뒤에 특별 사면으로 풀려났습니다.

감옥에서 새로운 계획을 짠 나철은 자기의 재산 전부를 팔아 다시 일본으로 건너갔습니다. 마지막으로 일본의 지식인들과 손을 잡고 일본의 이성에 호소하기로 결심한 것입니다.

"칼로 일어서는 자는 칼로 망한다 하였소. 조선의 침략을 중지하는 일은 곧 일본을 위하는 길이오. 일본 정부가 조선을 침략하는 것을 막아 주시오!"

나철은 오혁과 밤낮으로 일본의 지식인들에게 호소하였습니다. 그러나 이러한 호소는 소 귀에 경 읽기와 다를 바 없었습니다. 그들은 끓어오르는 분노를 간신히 억누르며 귀국길에 올랐습니다.

40대 중반의 나이에 이른 나철은 이번에는 민족의식을 북돋우고자 단군교를 창시하였습니다. 얼마 뒤 나철은 대종교로 이름을 바꾸고 많은 독립투사들을 모아 세력을 키워갔습니다.

악랄한 일제가 독립운동단체인 대종교를 그냥 둘 리 없었습니다. 회원들의 모임을 방해하고 엄중히 감시하였습니다. 이런 상황이 계속되자 독립투사들의 활동은 매우 어려워졌습니다.

독립투사들의 활동이 위축되자 나철은 제자들과 단군 유적이 있는

구월산으로 들어갔습니다. 그는 단식을 하기도 하고 명상에 잠기기도 했습니다.

"내 나라를 빼앗긴 채 산다는 것은 꿈에도 생각할 수 없는 일입니다. 만약 후손에게 이 나라를 이대로 물려준다면……. 아, 생각만 해도 몸서리쳐지는 일입니다. 차라리 우리 모두가 독립을 위해 싸우다 죽는 게 낫습니다. 나 하나 죽어 우리 나라가 독립을 이룰 수 있다면 백 번이라도 죽을 각오가 되어 있습니다. 지금 난 목숨이 하나밖에 없는 게 얼마나 불행한 일인지 모르겠소. 그대들은 조선이 독립하는 그 날까지 목숨을 바쳐 투쟁해 주오."

나철은 제자들에게 독립투쟁에 헌신할 것을 마지막으로 당부하였습니다. 그런 다음 나철은 호흡을 조절하는 선술 비법으로 스스로 목숨을 끊었습니다.

나철의 죽음을 계기로 독립운동은 새로운 전기를 맞이하게 되었습니다. 대종교 본부는 서울에서 만주로 옮겨졌고, 독립운동도 한층 더 활발하게 펼쳐나갔습니다. 또한 대종교 회원을 중심으로 무력독립항쟁의 시초인 북로군정서가 탄생하기도 하였습니다.

나철은 죽음으로써 수많은 독립투사들의 가슴에 뜨거운 민족의식을 심어주었던 것입니다.

일본에서 이름을 빛낸 승려 화가
담징

일본 법륭사의 금당벽화를 그린 담징은 고구려 승려였습니다. 당시 고구려는 중국 수나라의 침략을 받아 나라의 운명이 위태로웠습니다.
"조국의 운명이 바람 앞에 촛불이거늘, 내 어찌 미술 공부에만 전념하랴!"
조국이 위기에 처하자 담징은 미술 공부를 계속할 수 없었습니다. 전쟁 속에서 고통 받는 사람들이 그의 마음을 뒤흔들어 놓은 것입니다.
"일찍이 부처님은 자비를 가르치셨다. 이제 이 몸도 부처님의 가르침을 전파하고 중생을 구제하러 나서야 한다."
붓을 놓으면 승려인 그는 불교를 널리 전파하기 위해 고구려를 떠나기로 결심하였습니다.
백제를 거쳐 신라에 도착한 담징은 불교의 교리를 설파하느라 바쁜 나날을 보냈습니다. 하지만 남달리 예술적 감수성이 강한 그는 그림에 대한 미련을 떨쳐버릴 수가 없었습니다. 그래서 시간이 날 때면 틈틈이 미술 공부에도 신경을 썼습니다.
신라 사람들은 담징의 그림을 보고 모두 감탄하였습니다.
"담징 스님의 그림은 신선이 그린 것 같지 않나?"
"그뿐이겠나? 그림 그릴 때 스님의 모습을 보게. 신선이 아마 그런 자태일걸세."

210

담징의 뛰어난 그림 솜씨는 순식간에 온 신라 안에 퍼졌습니다. 마침내 담징의 명성은 일본에까지 전해지게 되었습니다.
　그러자, 일본에서는 그림을 가르쳐 달라고 담징을 정중하게 초청하였습니다. 담징은 일본의 초청을 받아들이기는 했지만 선뜻 떠날 수가 없었습니다. 일본으로 건너가려던 무렵, 백만 대군을 거느린 수양제가 고구려를 침략했다는 소식이 나돌았기 때문이었습니다.
　'수나라가 조국을 또 쳐들어온 이 마당에, 어떻게 위태로운 조국을 등진단 말인가! 부처님 앞에서는 승려요, 붓을 잡으면 한낱 화공이지만 조국이 위기에 처하면 나라를 지켜야 할 몸인데······.'
　담징은 오랑캐들에게 짓밟힐 조국이 눈에 아른거려 일본으로 가려던 것을 망설였습니다.
　하지만 이미 일본의 초청에 응해 버린 담징은 조국의 국제적인 믿음을 생각하고 일본을 향해 떠날 수밖에 없었습니다.
　이렇게 하여 담징은 610년인 영양왕 21년에 법정이라는 제자와 함께 일본으로 건너갔습니다.
　담징은 일본에서 불법을 가르치는 한편, 그림 공부에도 몰두하였습니다. 그러나 위태로운 조국에 대한 걱정 때문에 마음 편할 날이 없었습니다.
　조국에 대한 근심으로 일본이 그려 달라는 법륭사 벽화에는 손도 대지 못했습니다. 금당 벽화를 그리기로 약속한 지도 여러 달이 지났건만, 벽화를 조금도 진행시키지 못했습니다.
　시간이 지날수록 담징은 고구려의 아들로서 조국의 운명을 저버렸다는 죄책감을 느껴야 했습니다. 걷잡을 수 없는 마음을 가라앉히기 위해 절 뒤의 넓은 들판을 방황해야만 했습니다.
　"스님, 좀더 기다려 봅시다. 그리하면 그림을 그리게 될 날이 꼭 올 것입니다."
　법륭사 주지는 짐짓 담징의 마음을 헤아려 주는 체했습니다. 하지만 죄책감에 사로잡혀 있는 담징은 오히려 그 말이 더 부담스러웠습니다. 고국으로 돌아가야 한다는 생각만 간절할 뿐이었습니다.

아침 일찍 붓을 가다듬고 벽 앞에 설 때면 어김없이 조국에서 풍겨오는 듯한 피비린내 때문에 들었던 붓을 내려야 했습니다. 그림을 그리기 위해 염불을 외울수록 살생이 일어나고 있는 조국의 환영은 더욱 선명하게 떠올랐습니다.

그러던 어느 날 잠못 이루고 합장을 한 채 앉아 있는 담징에게 법륭사 주지가 찾아왔습니다.

주지와 눈이 마주친 담징은 깜짝 놀라 저도 모르게 합장을 하게 되었습니다. 합장을 마주 하고 난 주지가 조용히 입을 열었습니다.

"이제 스님의 근심은 사라졌소이다. 수나라 군대가 을지문덕 장군에게 패하여 제 나라로 물러갔다고 하더이다."

그 동안 괴로움에 싸여 있던 담징에게 이보다 더 기쁜 소식은 없었습니다.

별안간 희열에 가득 찬 담징은 조국에 대한 사랑과 부처님에 대한 감사의 마음이 끓어올랐습니다.

모든 근심이 사라지자 담징은 금당 벽화를 그리기 시작하였습니다.

이리하여 금당 벽화가 비로소 그려지게 되었던 것입니다.

담징은 일본에 불교 경전과 채화를 전했으며 공예, 종이, 먹, 칠, 맷돌 만드는 법을 가르쳤습니다. 당시 일본에서는 담징이 만든 맷돌이 최초였습니다.

담징이 그린 금당 벽화는 중국의 운강석불, 경주의 석굴암과 함께 동양 3대 미술품의 하나로 꼽습니다. 그러나 1949년 수리중에 불타버려 현재는 모사화만 남아있습니다.

담징의 작품은 사라졌지만 나라 사랑하는 마음을 예술에 대한 열정으로 승화한 그의 이름은 영원히 남을 것입니다.

삼국통일의 터전을 닦은
무열왕

　삼국통일의 위업을 달성한 신라 제 29대 태종 무열왕 김춘추는 604년에 태어났습니다. 김춘추는 어려서부터 용모가 비범했을 뿐더러 특히 철이 들면서는 생각이 깊고 넓어 장차 세상을 다스릴 사람이란 칭찬을 듣곤 했습니다. 그는 왕족이면서 계급이 조금 낮은 김유신과 막역한 사이였습니다.
　당시에는 골품이라는 신분제도가 있었는데, 대부분의 사람들은 같은 골품의 사람들끼리만 교제했습니다. 그럼에도 불구하고 김춘추는 훗날 김유신의 누이동생과 혼인까지 하였습니다. 신분제도에 구애받지 않고 자유롭게 배우자를 선택한 김춘추는 당대에 찾아보기 드문 대장부였습니다.
　642년 김춘추는 60일 이내로 돌아온다는 언약을 남기고 총총히 고구려로 들어갔습니다. 김춘추는 무슨 수를 써서라도 외교를 성공하리라 단단히 벼르고 있었습니다. 김춘추는 강대한 고구려의 세력을 견제하고 침략을 방지해야 할 필요를 느꼈던 것입니다. 이 때 고구려는 연개소문이란 장수가 영류왕을 죽이고 보장왕을 세운 직후였습니다.
　처음에 보장왕은 김춘추를 융숭히 대접했습니다. 그러나 연개소문은 김춘추를 의심의 눈초리로 바라보았습니다.
　"신라의 김춘추는 재주가 비상한 사람이니 조심하셔야 합니다. 아마 우리의 허점을 염탐하기 위해 들어온 게 틀림없습니다."

"아니 그게 정말이오? 그렇다면 우리 고구려는 김춘추를 어찌 해야 한단 말이오?"

"제게 한 가지 좋은 방도가 있사옵니다. 예전에 뺏긴 마목현과 죽령을 반환토록 요구하십시오. 만약 거부한다면 우리는 김춘추를 돌려보내지 않으면 됩니다."

지략의 명수 연개소문의 말에 보장왕은 고개를 끄덕였습니다. 이리하여 김춘추는 별관에 갇히는 몸이 되었습니다. 외교에 완전히 실패했을 뿐만 아니라, 목숨마저 위태롭게 된 것입니다. 사태가 이렇게 급변하자 김춘추는 어떻게든지 빠져나가지 않으면 안 되었습니다.

다행히 김춘추에게는 신라에서 가져온 옷감 삼백 포가 있었습니다. 어느 날 김춘추는 보장왕이 총애하는 선도해라는 신하에게 옷감을 슬그머니 건넸습니다. 선도해는 뇌물에 마음이 동해 김춘추에게 빠져나갈 수 있는 계략을 일러주었습니다.

다음 날 김춘추는 보장왕 앞으로 편지를 띄웠습니다.

'마목현과 죽령은 본래 고구려의 땅이니 내가 귀국하면 반드시 반환하도록 하겠습니다. 내 말을 믿지 못한다면, 그것은 동녘에서 뜨는 해의 밝은 빛을 의심하는 것과 같습니다.'

편지를 받은 보장왕은 크게 기뻐하며 김춘추를 석방하였습니다. 위기를 모면한 김춘추는 국경을 넘어서면서 고구려 관리에게 웃으며 말했습니다.

"전에 너희 왕에게 띄운 편지는 죽음을 모면하기 위한 방편에 지나지 않았다!"

하지만 이 일로 고구려와의 관계가 더욱 악화되는 결과를 낳았습니다.

그 무렵 신라는 외교적으로 고립상태에 빠졌습니다. 백제와 고구려가 손을 잡고 신라를 노렸기 때문입니다.

그러나 한 가지 다행스러운 것은 신라에는 김춘추나 김유신 같은

비범한 인물이 있었다는 점이었습니다. 또한 대국 당나라와는 유난히 친선이 돈독했기 때문에 절망적이진 않았습니다.

삼국통일을 달성하기 위해 김춘추는 치밀한 계획을 준비했습니다.

"우선 당나라와 손을 잡고 고구려와 백제를 몰락시킨 후, 다시 당나라의 세력을 축출해야 한다. 그러기 위해 우선은 백제의 세력을 약화시켜야 하리라."

그 당시 백제는 일본과 교류가 많았습니다. 김춘추는 백제의 힘을 약화시키기 위해 일본의 마음을 신라 쪽으로 돌릴 필요를 느꼈습니다. 김춘추는 많은 선물을 준비해 일본으로 갔습니다. 일본 조정에서는 그의 수려한 외모와 선물에 마음이 끌렸습니다. 김춘추의 외교는 백제를 지원하려던 일본의 마음을 충분히 약화시켜 놓았습니다.

다음 전략으로 김춘추는 전쟁시에 군사를 보내줄 것을 당나라에 요청했습니다. 당 태종은 이를 흔쾌히 승낙하였습니다.

김춘추가 활약하는 동안 김유신은 백제로부터 20여 개의 성을 빼앗는 등 많은 전과를 올렸습니다.

한편, 654년은 김춘추에게는 잊지 못할 해였습니다. 진덕여왕이 세상을 떠나자 조정에서는 그를 왕으로 추대한 것입니다.

왕위에 오른 김춘추는 삼국통일의 야망을 실현하기 위해 더욱 매진하였습니다. 이리하여 660년 김춘추는 당과 연합하여 부패하고 문란한 백제를 토벌하기 시작하였습니다. 놀이에 빠져 있던 의자왕은 678년에 나당 연합군에게 무릎을 꿇고 말았습니다.

이 후로도 김춘추는 열정을 다해 삼국통일의 길로 나아갔습니다. 그러나 김춘추는 삼국통일의 터전만 닦아 놓은 채 661년 쉰여덟을 일기로 세상을 떠나고 말았습니다.

삼국통일을 계획하고 열정을 쏟아 부었던 김춘추의 노력은 통일신라로 가는 문을 활짝 열어 놓았습니다. 훗날 그의 아들 문무왕이 아버지의 위업을 이어받아 결국 삼국통일을 이루었기 때문입니다.

삼국을 통일한
문무왕

　문무왕은 태종 무열왕 김춘추의 맏아들로 태어났습니다. 문무왕의 어릴 적 이름은 법민이었습니다. 어머니는 김유신의 오누이인 문명왕후였습니다.
　어느 날 밤이었습니다. 김유신의 맏누이는 서형산 꼭대기에서 오줌을 누는 꿈을 꾸었습니다. 오줌은 강물처럼 흘러내려 온 나라 안을 적셨습니다.
　그녀는 잠에서 깨어나 동생에게 꿈 얘기를 해줬습니다. 동생은 언니의 꿈을 예사롭게 생각하지 않았습니다.
　"언니, 그 꿈을 내가 살게."
　"꿈을 어떻게 사고 파니?"
　"내가 비단 치마를 주고 꿈을 사면 언니는 그냥 팔면 되지, 뭐."
　며칠 뒤, 김유신은 김춘추와 공을 차다가 실수로 김춘추의 옷고름을 밟아 떨어뜨렸습니다.
　"여기서 우리 집이 아주 가까우니 저희 집에 가서 옷고름을 답시다."
　김유신은 김춘추와 자기 집으로 가서 조촐한 잔치를 열었습니다. 그리고 조용히 맏누이 보희를 불렀습니다. 그러나 맏누이는 일이 있어 나오질 못하고 대신 동생이 나와 옷고름을 달았습니다. 김춘추는 그녀의 빼어난 용모를 보고 한눈에 반하고 말았습니다.

김춘추는 마침내 그녀의 부모에게 혼인을 청하고는 그녀와 결혼했습니다. 이렇게 해서 낳은 아이가 훗날 문무왕이 된 법민이었습니다.

문무왕은 아버지 김춘추를 닮아 아름다운 외모를 지녔으며 머리가 영리하고 지략이 뛰어났습니다. 그는 일찍이 진덕여왕 시절부터 아버지 김춘추를 따라 당나라에 가서 외교활동을 벌이기도 했습니다.

법민은 태종 1년에 세자로 책봉되었습니다. 660년에 신라가 당나라와 함께 백제를 정벌할 때 태자의 신분으로 전쟁에 참가하여 큰 공을 세우기도 했습니다. 그러다 문무왕은 661년에 신라 제 30대 임금에 올랐습니다.

문무왕이 왕위에 있던 21년 동안에는 전쟁이 끊일 날이 없었습니다. 왕위에 오르자마자 백제의 왕자 부여풍을 상대로 전쟁을 하였습니다. 백제군을 물리친 후에는 당나라 소정방과 합세해 고구려를 공격하였습니다.

당나라 장수 소정방은 군사를 이끌고 고구려로 진격했습니다. 문무왕은 김유신 장군을 앞세우고 평양성으로 쳐들어갔습니다.

그러나 고구려에는 연개소문이란 명장이 있었습니다. 대동강까지 진격하던 당나라 군사들은 연개소문에게 잇달아 패하였습니다. 그러자 문무왕은 당나라 군사들의 사기를 북돋우기 위해 소정방에게 군량미를 듬뿍 보냈습니다.

하지만 이미 사기가 떨어질 대로 떨어져 버린 소정방의 군사들에게 군량미는 아무런 도움이 되지 못했습니다. 그들은 곧 닥쳐올 추위를 핑계대고 자기 나라로 물러나고 말았습니다.

그 뒤 668년 당나라군은 대규모로 병사를 일으켜 만주지역에서부터 고구려를 침공했습니다. 성난 파도와 같은 당나라군은 곧 고구려의 평양성을 포위했습니다. 문무왕도 때를 놓치지 않고 그들과 합류하여 평양성 공격에 나섰습니다. 마침내 그 해 9월 21일, 고구려 보장왕이 나당 연합군에게 무릎을 꿇고 말았습니다.

이리하여 문무왕은 삼국을 통일하게 되었습니다.
그런데 신라군과 함께 고구려를 멸망시킨 당나라 군대는 돌아가지 않았고 평양에 안동도호부란 관청을 설치하여 신라를 넘보기 시작했습니다.
674년, 당나라에서는 유인궤를 보내 신라를 치도록 했습니다. 당나라는 신라의 한강 유역과 대동강을 특히 탐냈습니다. 이어 당나라는 설인귀에게 20만 대군을 주어 대대적인 신라 공격에 나섰습니다. 평소 빈틈없이 준비해 오던 신라군은 매초성(지금의 양주)에서 그들을 크게 격파하였습니다.
당나라는 다음 공격을 기약하면서 일단 후퇴하였습니다. 그러다 다음 해에는 작전을 바꿔 해상공격을 감행하였습니다. 한강유역을 확보하기 위해 설인귀는 서서히 서해 근방으로 접근하였습니다. 그러나 이 싸움에서도 신라는 기벌포에서 당나라 군사를 크게 무찔렀습니다.
결국 당나라는 신라 정벌을 포기하고 말았습니다. 이렇게 해서 안동도호부를 평양에서 멀리 요동으로 옮기게 되어 당나라는 사실상 한반도에서 물러났던 것입니다.
이로써 문무왕은 대동강에서 원산만에 이르는 땅덩이를 통일할 수 있었습니다.
681년 7월 1일, 문무왕은 유언을 남기며 세상을 떠났습니다.
"과인은 삼국을 통일하기 위해 평생 전쟁터에서 살았소. 죽어서도 나라를 지키는 용이 되어 신라를 괴롭히는 왜구들을 동해에서 물리칠 것이오. 나의 시체를 불교 의식에 따라 화장하여 동해 입구에 묻어주시오."
신하들은 문무왕의 유언에 따라 경북 월성군 감포 앞 바다에 장사지냈습니다. 이 후 사람들은 해중 왕릉인 문무왕의 묘를 '대왕암' 이라 부르고 있습니다.

순국으로 의병 봉기의 도화선을 당긴
박승환

    1869년 서울에서 출생한 박승환은 어려서부터 지혜와 용기가 뛰어났습니다. 군대에 복무한 지 10여 년 만에 육군참령이 되었습니다.
    1895년 일제는 명성황후를 시해하였습니다. 이에 격분한 박승환은 일본인에게 보복을 하려고 했지만 기회를 얻지 못했습니다. 헤이그 특사 사건으로 고종이 왕위에서 물러날 때도, 그는 궁중에서 이를 저지하려고 했으나 고종에게 화가 미칠 것을 우려하여 중단하고 말았습니다.
    박승환이 시위대 제 1연대 제 1대대장으로 있을 때인 1907년 8월 1일, 일제는 대한제국 군대를 해산하려고 새벽에 대대장 이상의 장교를 일제통감의 관저에 집합시켰습니다. 그는 병을 핑계로 그 집합 명령에 응하지 않았습니다. 오전 10시에 일제가 군대해산식을 강행하자 그는 크게 분개하였습니다.
    "군인은 국가를 지키는 것이 그 본분이거늘 외적이 침략하였는데도 군대를 해산하게 되었구나. 이는 황제의 뜻이 아닌 간신들의 농간이니 내 죽을지언정 이를 따를 수 없다."
    이 말을 마친 그는 대대장실에서 몇 자의 유서를 썼습니다.
    "대한제국 만세!"
    이렇게 외친 다음 그는 권총으로 자결하고 말았습니다.
    그는 유서에 다음과 같은 말을 남겼습니다.

'군인이 능히 나라를 지키지 못하고 신하가 능히 충성을 다하지 못하면 만 번 죽어도 아깝지 않다.'

박승환의 죽음을 지켜보던 장병들은 그의 자결을 모든 부대에 알렸습니다. 그 말을 전해 들은 부대의 장병들은 분노하여 탄약고를 부수고 탄환을 꺼내어 일본군에 대항하였습니다.

제 1연대 제 1대대가 일본군과 싸움을 벌인다는 소식을 듣고 제 2연대 제 1대대도 이에 호응하여 동참하였습니다.

장병들은 일본군과 총격전을 벌이며 전투에 들어갔습니다. 또 전투가 끝난 뒤에는 대부분의 군인이 의병으로 전환하여 일제에 저항하게 되었습니다.

박승환의 자결은 대한제국 군대 최후의 진면목을 보여 주었을 뿐 아니라, 군대의 봉기에 의한 무력강화를 가져와 의병운동이 무장투쟁으로 전환하는 기틀이 되었던 것이었습니다.

박승환은 죽음으로써 나라에 충성하여 살신성인(절개를 지켜 목숨을 버림)한 것이었습니다. 그의 죽음은 부패한 관리들과 군장교들에게 참다운 애국이 무엇인지를 알렸고, 항일의병투쟁을 전국적으로 확산시킨 기폭제였습니다.

노구의 몸으로 승군을 이끈
서산 대사

　서산 대사 휴정은 1520년 3월 안주에서 태어났습니다. 서산은 장성함에 따라 풍모가 수려해졌고 학문에 힘썼습니다. 주위 사람들은 그의 총명한 재질과 효성스런 마음을 한껏 칭찬하였습니다.
　그러나 운명의 신은 그를 어렸을 때부터 심한 시련 속에 빠뜨렸습니다. 아홉 살 때에 어머니를 여의고 열 살 때에 아버지마저 여의게 되자 형제도 없는 천애 고아가 된 것입니다. 휴정에게는 숙부가 한 분 있었지만 그를 거두어 주지 않았습니다.
　이 때 고아인 그에게 이사증이라고 하는 이가 나타났습니다. 이사증은 휴정의 총명함에 매료되어 그를 사랑해 주었습니다. 이것이 인연이 되어 이사관은 휴정을 보살폈습니다.
　이사증이 관직에 올라 서울로 가자 휴정도 그를 따라가게 되었습니다. 학문을 사랑하던 휴정은 서울에서 많은 책들을 읽고 견문을 넓혔습니다. 그러나 휴정은 항시 답답함을 느꼈습니다. 그리하여 이 천애의 고아는 정처 없는 방랑을 시작하였습니다.
　열다섯 살 무렵에 휴정은 지리산에 들어가게 되었는데, 그 곳에서 어떤 스님의 설법을 듣고 느낀 바가 있어 수십 권의 경전을 얻어 세밀히 읽었습니다. 그러다 불교의 심오함에 매료되었고, 마침내는 승려가 되기로 결심하였습니다. 이 때 그의 나이 스물하나였습니다.
　그로부터 7, 8년 동안 휴정은 깨달음을 얻기 위해 명산대천을 돌았습니다. 그러던 중 남원을 지나다가 닭 우는 소리를 듣고 문득 깨달음을 얻었습니다.

모든 것을 깨달은 그는 바가지에 수저 하나로 전국 각지를 돌다가 서른세 살 때 서울로 올라와 승과에 응시하였습니다. 이미 깨달음을 얻은 몸이라 그는 무난히 승과에 급제하였습니다.

이 때부터 휴정은 빠른 승급을 계속하여, 마침내 서른여섯 살이 되던 해에는 선종판사가 되었습니다. 그러나 휴정에게 벼슬 생활이란 한낱 뜬구름에 불과했습니다. 그리하여 서른여덟 살이 되던 해에 벼슬을 등지고 금강산으로 들어갔습니다.

이 때부터 휴정의 도는 나날이 높아 갔습니다. 휴정은 금강산과 지리산, 묘향산을 돌면서 도인처럼 살았습니다. 최고의 경지에 이른 그는 마침내 더 이상 나아갈 곳이 없었습니다. 이제 휴정을 모르는 사람이 없을 정도였지요.

그런데, 나라의 사정은 휴정이 언제까지나 산중에 머물도록 허락하지 않았습니다. 선조 25년(1592년) 4월에 일본의 풍신수길이 20만 대군을 이끌고 우리 나라를 침범한 것입니다. 이 때 휴정의 나이는 일흔셋이었습니다.

국가는 도탄에 빠지고 선조는 의주로 피난간 채 모든 것이 혼란스러웠습니다. 나라의 사정이 이러하니 승려들이라고 마음이 편할 리 없었습니다. 또한 휴정은 예전에 선조에게 입은 은혜가 있어 한번쯤 선조 임금을 만나 보아야겠다는 생각에 산문을 나섰습니다.

"나라가 너무도 어지럽구료. 부처님의 자비로 도탄에 빠진 나라를 구할 길은 없겠소?"

"승려들 중 아직 근력이 남은 자들은 한 명도 빼지 않고 신이 통솔하여 전장으로 나서도록 하겠습니다. 그리하여 나라를 지키는 데 혼신을 다하겠습니다."

"고맙소!"

이렇게 하여 선조는 휴정에게 승군을 이끌 수 있는 권한을 내렸습니다.

　휴정은 신속히 전국 방방곡곡의 승려들을 한데 모아 승병단을 조직하였습니다. 평안도 법흥사에 모인 승려들은 5천여 명에 달하였습니다.

　승려들은 전쟁에서 필요한 일들을 척척 해냈습니다. 물론 군사훈련이 부족한 관계로 싸움에는 서툴렀지만 통신, 운반, 경비 등의 각 부문에서 큰 공로를 세웠던 것입니다.

　〈선조실록〉에는 승군들의 활약에 대해 다음과 같은 기사가 실려 있습니다.

　'승군들이 접전은 잘 못하지만 경비를 잘하며, 또 꺼려 하는 일들을 애써 하므로 여러 도에서 힘을 얻었다.'

　이러한 사실로 미루어 보아 당시의 승군들의 활약이 어떠했는가는 미루어 짐작할 수 있을 것입니다. 또한 용병술과 전략은 그만 두고라도 휴정의 애국충정이 어떠했는가는 명나라의 장수 이여송이 보낸 편지에 잘 드러나 있습니다.

　'공명과 이욕에 뜻이 없고 다만 선도를 닦기에만 마음을 쓰더니 이제 나라 일이 위급하다는 말을 듣고 산에서 내려왔네.'

　비단 이여송뿐만 아니라 당시의 많은 장수들이 다투어 칭찬의 글과 선물을 휴정에게 보내왔습니다.

　왜적이 물러가고 임진왜란이 끝났을 때는 휴정의 나이 이미 일흔아홉 살이었습니다. 휴정은 나라를 위해 자신의 몫은 다했다고 생각하고 선조에게 편지를 올려 다시 산으로 들어갈 뜻을 밝혔습니다. 이에 선조는 그 뜻에 동의하고 그간 공로를 치하하여 '국일도대선사'란 호를 하사하였습니다.

　흔히 서산대사 휴정하면 임진왜란 때 승군을 이끈 스님으로만 알고 있는데, 그의 업적은 거기에서만 그치는 것은 아닙니다.

조선의 국교가 유교이다보니 불교가 천시된 것은 당연한 일이었습니다. 국가적으로 사원을 해체하고 승려를 박해하는 등 불교가 쇠락하던 시기였습니다. 이러한 때, 휴정은 무너지는 사직을 붙들고 임진왜란으로 도탄에 빠진 민생을 위해 보살의 길을 걸은 스님이었습니다. 이에 서산 대사는 무너져 가는 조선 불교의 명맥을 유지시킨 분이라 할 수 있을 것입니다.

백성을 위한 정치
성덕왕

성덕왕은 신문왕의 둘째 아들로서 702년에 통일 신라의 33대 왕으로 즉위하였습니다.

통일 신라 시기에 성덕왕이 나라를 다스린 시기는 왕권이 안정되어 사회 전반이 최고로 발달한 전성기였습니다. 성덕왕은 왕권 강화의 수단으로 집사부의 중시가 국정의 모든 책임을 맡도록 하였습니다.

성덕왕은 농업을 국가의 으뜸 산업으로 여겼습니다.

"농업이 발전하기 위해서는 정책적인 뒷받침도 필요하지만, 무엇보다도 새로운 농업기술을 개발하는 데 힘을 써야 할 것이다."

이렇게 하여 성덕왕은 누각이란 물시계를 만들었고, 또한 여러 기술관직을 설치해서 농업에 도움을 주고자 하였습니다. 그리고 5곡의 종자들을 백성들에게 나누어 주기도 했습니다.

한편, 성덕왕은 동쪽 지방의 백성들이 먹을 것이 없어서 유랑생활을 한다는 소식을 듣고 서둘러 관리들을 파견하였습니다. 관리들은 왕명에 따라 유랑민들에게 곡식과 일자리를 만들어 주었습니다. 그뿐 아니라, 힘 없는 노인들에게 술이나 밥을 하사하기도 했고, 나라에 흉년이 들면 창고를 풀어 곡식을 나눠 주었습니다.

'무릇 나라의 임금은 백성들이 마음 놓고 잘 살 수 있도록 선정을 베풀어야 하는 법!'

성덕왕은 이러한 생각을 항상 마음 깊이 간직하였습니다.

성덕왕은 빈부의 격차를 떠나 모든 백성을 사랑하고자 하였습니다. 그래서인지, 성덕왕 시절에는 죄수들을 방면하는 일이 유난히도 잦았습니다. 이러한 일들은 성덕왕이 백성을 위한 정치를 폈다는 사실을 잘 보여주고 있습니다.

또한 성덕왕은 모든 백성들에게 정전을 나누어 주었습니다. 정전이란 성년 남자를 기준으로 해서 나누어 주는 토지를 말합니다. 그러나 이것은 국가가 실제적으로 토지를 백성들에게 나누어 주었다는 뜻이 아닙니다. 단지 일정한 땅을 백성들 스스로가 경작할 수 있도록 국가가 인정했다는 의미입니다.

이 정전 제도의 시행으로 신라의 농업생산력은 크게 향상되었습니다. 그 결과 국가는 농민으로부터 더 많은 세금을 거둬 국가재정을 튼튼하게 할 수 있었던 것입니다.

성덕왕은 국방에도 만전을 기하였습니다. 그는 북방민족이나 왜적의 침입에 잘 대처하기 위해 중요한 곳에 성을 쌓았습니다. 721년에는 강릉에 성을 쌓아 북쪽 국경을 튼튼히 했고, 다음 해에는 일본의 침입이 예상되는 월성 근처에 성을 쌓았습니다. 이런 철저한 대비 덕분에 731년 일본이 병선 300여 척을 이끌고 동해안을 습격하였지만 어렵지 않게 물리쳤습니다.

한편 성덕왕은 당나라와 긴밀한 친교를 유지하기 위해 외교에 힘썼습니다. 그는 해마다 사신과 조공을 당나라에 보냈습니다. 그리고 신라의 귀족 자제들이 국학(당나라의 으뜸가는 대학)에 입학할 수 있도록 당나라에 요청하였습니다. 이러한 당과의 친밀 관계는 당나라에 대한 예속을 심화시키기도 했고 신라의 국제적인 위상을 높이고 중국의 선진 문물을 활발히 수용할 수 있는 계기도 되었습니다.

성덕왕이 즉위한 지 32년째인 733년, 발해는 뱃길을 따라 당나라의 산둥반도에 대대적인 침입을 감행하였습니다. 몹시 화가 난 당나라는 발해 정벌을 결정하고 신라 성덕왕에게는 군사를 일으켜 발해의 남쪽

국경을 공격하라고 요청했습니다.

오랜 우방국인 당나라의 요구인지라 성덕왕은 거절할 수가 없었습니다. 그러나 발해를 공격하러 가는 도중에 큰 눈을 만나 군사의 절반 이상이 얼어죽는 불상사가 생겨났습니다. 결국 신라의 군사들은 정벌을 포기하고 돌아오고 말았습니다.

성덕왕은 재위 36년 만인 737년에 세상을 떠나 경주에 묻혔습니다. 통일신라를 통해 가장 안정된 시대를 열어나갔던 성덕왕은 백성을 위한 정치를 했던 왕으로 기억되고 있습니다.

베를린 올림픽의 영웅
손기정

    일제의 억압 속에서 한국인의 강인한 정신력을 과시한 세계적인 마라톤의 영웅 손기정은 1912년 신의주에서 태어났습니다.
    당시 올림픽 마라톤에는 1개국에서 3명의 선수를 출전시킬 수 있었습니다. 최종 선발 대회에서 성적순으로 한다면 일본은 베를린 올림픽에 남승룡, 손기정과 일본 선수 1명을 내보내야 했습니다.
    그러나 일본은 3명 중 2명을 한국인 선수로 내보내는 것은 체면이 서지 않는 일이라고 판단하였습니다. 그리하여 일단 4명의 선수를 대표 선수로 선발하였습니다. 베를린까지 데리고 가서 현지에서 한 차례의 레이스를 벌여 4명 중 1명을 탈락시키겠다는 얕은 꾀를 썼던 것입니다.
    이렇게 하여 4명의 선수는 마라톤을 수일 앞두고 30킬로미터 단축 마라톤으로 또 한 차례의 선발전을 치루었습니다. 30킬로미터 전력질주하고 나면 피로 회복과 컨디션 조절에 1주일 이상이 소요되기 때문에, 대회 직전의 현지 선발 경기는 사실상 올림픽에서 상위 입상을 포기하는 것이나 다름이 없었습니다. 그러나 일본 육상 연맹은 손기정, 남승룡 두 선수 중 하나를 떨어뜨릴 심산으로 현지 선발 경기를 강행하였습니다. 그러나 경기 결과 손기정이 1위를 하고 남승룡이 2위를 차지하여, 일본 임원들은 더 이상 어쩔 도리 없이 한국인 선수 2명과 일본인 선수 1명을 베를린 올림픽 마라톤에 내보내게 되었습니다.

마라톤에는 27개국에서 56명의 선수가 참가했습니다. 출발은 오후 3시에 이루어졌습니다. 그 때 베를린의 기온은 30도로 마라톤을 하기에는 너무 더운 날씨였습니다. 마라톤 관계자들은 전년도 우승자인 아르헨티나의 자발라와 손기정이 우승을 다툴 것이라고 예상하였습니다.

출발 신호와 함께 56명의 선수가 '고독한 레이스'를 시작하였습니다. 지난 대회의 우승자 자발라는 2연패를 달성하겠다는 각오로 단연 선두에 나서 스타디움을 빠져나갔습니다. 신문 배달부였던 자발라는 로스앤젤레스 마라톤에서 우승한 후 아르헨티나의 국민적 영웅으로 부상하여 2연패를 위해 6개월 전부터 독일에 와서 훈련을 쌓고 있었습니다.

선수들은 비오듯 땀을 흘리며 하멜 강을 따라 교외로 뻗은 마라톤 코스를 숨가쁘게 달렸습니다. 마침 일요일이어서 교외 주민들은 나무 그늘 밑에서 시원한 맥주를 마시며 레이스를 구경하고 있었습니다.

10킬로미터까지도 자발라는 씩씩하게 선두를 지켜나갔습니다. 자발라의 뒤를 이어 포르투갈의 마노엘 디아스와 미국 엘리슨 브라운이 선두 그룹을 이루었습니다. 손기정은 무리하지 않고 선두그룹을 착실하게 따라갔습니다.

반환점을 돌 때까지 선두는 역시 자발라가 차지하고 있었습니다. 디아스가 뒤로 좀 처지고 미국의 브라운은 일찍 기권하고 말았습니다. 이 때 손기정은 자발라를 너무 의식하여 자꾸만 오버 페이스를 하려 하였습니다.

이 때 같이 뛰던 영국의 하퍼 선수가 충고하며 말렸습니다.

"이봐, 서두를 필요 없지 않나! 이 더운 날씨에 저토록 무리하게 달리면 제 아무리 잘 뛰는 자발라도 절대 오래 버티지 못할걸."

신사의 나라 영국인답게 하퍼는 손기정을 격려하며 레이스를 계속하였습니다. 과연 하퍼의 예언은 적중하고 말았습니다. 약 27킬로미터 쯤에서 자발라는 페이스를 잃고 주저앉고 말았습니다. 자발라는 이를 악물고 다시 일어나 뛰었지만 2킬로미터도 못 가서 다시 쓰러지며 레이스를 포기하였습니다. 선두가 된 손기정과 하퍼는 나란히 달렸습니다.

승부가 갈리기 시작한 것은 37킬로미터 지점부터였습니다. 레이스가 종반에 접어들자 같이 달리던 하퍼를 뒤로 제치고 단독으로 선두에 나서 전력을 다해 달렸습니다.

머리를 박박 깎은 한국의 청년 손기정이 메인스타디움에 제일 먼저 모습을 드러내자 11만 관중은 열광하여 우레와 같은 갈채를 보냈습니다. 트랙을 한 바퀴 여유 있게 돌아 골인 한 손기정 선수는 별로 피로한 모습을 보이지 않고 신을 벗어든 채 라커룸으로 들어갔습니다.

손기정 선수는 2시간 29분 19초 2의 기록으로 올림픽 사상 처음으로 2시간 30분대를 돌파한 세계 신기록으로 우승하였습니다. 잠시 후 하퍼가 들어왔고, 그 뒤를 이어 남승룡 선수가 3위로 골인했습니다. 비록 일본선수로 뛰긴 하였지만 한국의 건아들은 '올림픽의 꽃' 마라톤에서 1위와 3위를 차지하여 세계만방에 그 기개를 떨쳤습니다.

그러나 분통한 일은 시상대에서 일어났습니다. 시상대에 오른 두 선수의 가슴에는 일장기가 달려 있었고 게양대에는 치욕의 일장기가 일본 국가의 연주에 맞추어 올라가고 있었습니다.

손기정의 쾌거는 곧 국내에 전해졌고, 삼천리 방방곡곡은 환호성으로 가득하였습니다.

한편 〈동아일보〉는 손기정 선수가 월계관을 쓰고 시상대에 선 전송사진을 받아 호외로 발행할 때, 손기정 선수의 가슴에 붙은 일장기를 지워버려 일장기 말살 사건을 일으켰습니다. 이 사건으로 〈동아일보〉 관계자는 투옥되고 신문은 무기 정간되었습니다.

우리 나라에서는 손기정 선수와 남승룡 선수의 범민족적인 환영행사를 추진했지만 일본 관헌의 방해로 좌절되었고, 두 선수는 쓸쓸히

경성역을 걸어 나왔습니다. 이 때의 슬픔과 나라 잃은 설움은 오래도록 우리 겨레의 가슴에 남아 있을 것입니다.

손기정 선수는 경기 후에 몰려드는 외국 기자들에게 일본인이 아니라 한국인이라는 것을 이해시키려고 무척 애를 썼습니다.

"반환점에서부터 어떻게 그런 놀라운 스피드를 낼 수 있었습니까?"

외국의 한 기자가 손기정에게 물었습니다.

"인간의 육체란 의지와 정신에 따라 상상할 수 없을 만큼 불가능한 일을 가능케 합니다."

손기정은 자신의 우승이 정신력의 결과임을 밝혔습니다.

손기정 선수가 올림픽 신기록으로 우승을 차지하자, 예전에 그를 냉대하던 일본인 임원들은 손기정 선수를 얼싸안고 야단법석을 떨었습니다. 그러나 손기정 선수는 일본 임원들이 좋아 날뛰는 모습이 오히려 역겨웠습니다.

주권을 잃은 식민지 청년은 세계 정상에 올랐을 때, 정상 제패의 감격과 함께 망국의 서러움을 가슴 저리도록 느껴야만 했습니다. 손기정 선수는 3위를 차지한 남승룡 선수와 함께 자신들이 한국인임을 애써 밝히는 민족적 긍지를 세계에 보여주었고, 아울러 한국인의 강인한 정신력을 다시 한 번 만방에 과시하였습니다.

한국환상곡
안익태

애국가의 작곡자 안익태는 1906년 12월 5일, 여관을 경영하는 중류 가정의 셋째 아들로 평양에서 태어났습니다.

선천적으로 음악적 재능을 지닌 안익태는 여섯 살 때 동네의 예배당에서 흘러나오는 찬송가에 이끌려 집안 사람들 몰래 교회에 나가 찬송가를 부르기도 하고 풍금을 쳐보기도 하였습니다. 특히 풍금을 만져 볼 수 있는 기회를 갖게 된 것은 안익태의 인생을 결정짓게 된 중요한 동기 중의 하나였습니다.

또 하나의 동기는 이듬해에 큰형이 동경에서 사다 준 첼로였는데, 6개월 정도 연습한 후에는 찬송가를 연주할 수 있게 되었습니다. 첼로는 그로 하여금 더욱 음악에 매혹되게 했습니다.

1914년 평양 종로 보통학교에 입학하자 학교 취주악대의 트럼펫 소리에 매료되어 아버지를 졸라 트럼펫을 손에 넣게 되었고, 그 후부터 학예회 때마다 으레 한 손에는 첼로를, 또 한 손에는 트럼펫을 들고 자신의 재능을 마음껏 발휘했습니다.

안익태는 어릴 때부터 자존심과 정의감이 강해 당시 숭실 학교에서 친일교사를 배척하는 주동자가 되었으며, 이로 인해 정학 처분을 받게 되자 본격적인 항일운동에 나서, 1919년 3·1운동 이후에는 일본 경찰에게 쫓기게 되었습니다.

결국 당시 숭실 학교 교장이었던 마우리 박사의 도움으로 평양 기

독병원에 입원하여 일단 위기를 넘긴 후, 다시 박사의 주선으로 자의 반 타의 반으로 유학길에 오르게 되었습니다.

일본에 도착한 안익태는 형님과 함께 기거하면서 중학교에 편입하고자 했으나, 요주의 인물이란 딱지가 붙은 안익태를 받아주는 곳은 아무 데도 없었습니다. 결국 사설 강습소에서 공부를 하다가 1921년에야 도쿄 세이소쿠 중학교에 음악 특기자로 입학하였습니다.

중학교에 다니던 어느 해, 도쿄에서는 세계적인 바이올린 연주가 티보 작크의 연주회가 열렸으나, 가난했던 안익태는 연주가 끝날 때까지 극장 밖에서 서성거리다 연주회가 끝난 후 나오는 사람들에게 연주 광경을 듣는 것으로 위안을 삼았습니다.

중학교 5학년을 마친 안익태는 도쿄 국립 음악 학교에 입학해서 본격적인 음악 공부에 전념하게 되었습니다. 1928년 본과 2학년이 될 무렵, 부친이 세상을 떠나자 가세가 기울어지기 시작했고, 학비를 댈 길이 없게 되자 밤이면 도쿄 회관이라는 양식집에 나가 첼로를 연주하여 돈을 버는 생활을 1년 동안 계속했습니다.

도쿄 음악 학교를 졸업한 후, 안익태는 다시 조국으로 돌아왔습니다. 그러나 그리던 조국은 일제의 포악한 정치가 점점 심해져 숨쉴 곳도 없었고, 평양에서 가지려던 독주회마저도 왜경의 방해로 수포로 돌아갔습니다. 조국에서의 음악 활동이 사실상 불가능해지자 안익태는 다시 미국으로 음악 유학을 떠났습니다.

안익태는 미국 유학길에 오르면서 잠깐 도쿄 음악 학교 동창들과 송별식을 가졌습니다.

"나는 반드시 런던 교향악단을 지휘하고 말겠다."

안익태의 이러한 공언에 일본인 친구들은 코웃음을 쳤습니다. 그러나 실제로 훗날 안익태는 세계적인 교향악단을 모두 정복하였습니다.

미국에 도착한 안익태는 샌프란시스코 한인교회를 먼저 찾았습니다. 일제의 억압 속에서 신음하고 있는 조국을 멀리 하고 이역만리에 있는 국기 게양대에서 펄럭이는 태극기를 처음 보았을 때에는 벅차오르는 감격에 말을 잃고 말았습니다.

태극기에의 감격은 애국가를 생각하게 했고, 언젠가는 애국가를 작곡하겠다는 굳은 신념을 다시 한 번 다지게 했습니다. 특히 한인교회에서 예배가 끝난 후에 부르는 애국가를 듣고 그 가사를 잘 적어서 신시내티로 향했습니다.

신시내티에 도착한 안익태는 음악 대학에 입학해서 더욱 깊이 있는 음악 예술에 몰입하게 되었습니다. 2학년이 되어서는 신시내티 시립 관현악단의 첼로주자로 입단하는 한편 미국에서 처음으로 순회독주회를 개최하여 큰 성공을 거두기도 하였습니다.

신시내티 음악 학교에서 지휘 공부에 박차를 가하면서 또다시 작곡 공부를 위해 커티스 음악 학교에 적을 두기도 하였습니다. 이 두 학교에서의 생활은 그를 완전한 음악적 토대 위에 올려 주었고, 훗날 그의 음악 활동에 큰 힘이 되었습니다.

1935년 필라델피아 음악 대학을 졸업한 안익태는 계속해서 창작에 힘썼습니다. 하숙비가 없어 하숙집에서 쫓겨나면서도, 뉴욕 교향악단이 주최하는 작곡 콩쿠르에 응모하기 위해 〈한국환상곡〉의 작곡에 착수했습니다.

콩쿠르에 참가해서 〈한국환상곡〉이 카네기홀에서 연주되던 날, 그는 설레이는 마음과 부푼 가슴을 안고 지휘대에 서서 힘껏 지휘봉을 흔들었습니다. 그러나 한국인이라고 업신여겨서인지, 아니면 미국인을 콩쿠르에 입상시키고 싶어서인지 단원들은 불성실하게 연주했습니다. 이에 참지 못한 안익태는 연주 도중 퇴장하고 말았습니다. 안익태는 〈한국환상곡〉을 너무나 사랑했던 것입니다.

미국의 악단에 실망한 안익태는 고전 음악의 본고장인 유럽으로 건너갔습니다.

독일의 베를린에 도착한 안익태는 당시 히틀러 치하의 독일에서 일

본 붐이 일어나고 있는 것을 보자, 불현듯 조국에 대한 애착심과 애국가를 작곡하고 싶은 마음에 6년 전 미국에서 적어둔 가사를 펼쳐놓고 감격 속에서 애국가의 선율을 완성하였습니다.

그리하여 1936년 6월, 우리의 애국가가 이역만리 독일에서 그것도 히틀러의 독재 하에서 탄생하게 되었습니다.

애국가를 작곡하던 해 8월 1일, 베를린에서는 올림픽이 열렸습니다. 바로 이 올림픽에 마라톤의 손기정을 비롯한 7명의 한국 선수가 참가하고 있었습니다. 안익태는 입장식이 끝나자 이들을 찾아가 애국가의 악보를 펼쳐 보였습니다.

"이것은 여러분을 위한 나의 응원가이니 함께 부릅시다."

우리의 애국가가 불린 것은 이 때가 처음이었던 것입니다.

애국가를 완성한 안익태는 사본을 만들어 미국에 있는 교민회에 보냈고, 〈한국환상곡〉의 종악장에 합창으로 애국가의 선율을 삽입, 드디어 〈한국환상곡〉을 완성하게 되었습니다.

민족의 혼이 담긴 〈한국환상곡〉을 미국에서 연주하다 실패한 안익태는 드디어 1938년 아일랜드의 수도 더블린에서 감격적인 첫 연주를 하게 되었습니다. 더욱이 합창부분의 가사를 한국말 그대로 부르게 하였습니다. 그의 나라 사랑하는 마음은 후에도 계속되었고, 어디를 가나 합창 부분은 반드시 한국말로 하도록 요구했습니다.

안익태는 1955년, 조국을 떠난 지 25년 만에 귀국해서 이승만의 80회 생일 기념 연주를 지휘했으나, 그를 시기하던 일부 인사들의 모함으로 비감한 마음을 안고 한국을 떠나야 했습니다.

그러다 5·16 직후 1961년 다시 귀국하여 국제음악회를 창설해 지휘봉을 들었습니다.

그러나 조국에서 살겠다는 그의 염원에도 불구하고 조국은 그를 그다지 환영하지 않았습니다. 그가 지휘봉을 들고 설 무대는 이 나라 어느 곳에도 없었습니다.

결국 그는 다시 유럽으로 건너갔습니다. 그러다 1965년 갑작스런 병세의 악화로 쉰아홉의 나이로 먼 타향에서 쓸쓸히 눈을 감고 말았습니다.

안익태가 작곡한 〈한국환상곡〉에는 조국의 역사와 민족의 슬기로운 얼, 그리고 정의와 자유를 위해 끊임없이 투쟁하는 한민족의 힘찬 의지가 담겨 있습니다. 이것은 안익태 선생이 조국에 바친 사랑과 충절의 증표였습니다.

겨레의 횃불

안창호

안창호 선생은 1878년 11월 9일, 평안도 대동강 하류의 도롱도에서 안흥국의 아들로 태어났습니다.

도산이 열여섯 살 때, 동학 혁명이 일어났고 이 혁명의 소용돌이는 그 이듬해 청일 전쟁으로 번졌습니다. 청일 전쟁은 청나라와 일본간의 전쟁임에도 우리 나라를 무대로 하여 벌어졌습니다. 그러다 보니 삼천리 강산은 여지없이 짓밟히고 말았습니다.

이 처참한 광경을 본 소년 도산은 '왜 우리 땅이 전쟁터가 돼야 하나'에 대해 깊은 의문을 품었습니다.

"만약 우리 민족에게 힘이 있었더라도 다른 나라가 함부로 침입할 수 있었을까?"

결론은 힘이 없다는 것이었습니다.

이런 생각에서 안창호는 나라를 부강하게 만들어야겠다고 생각했습니다. 그러나 안창호는 자신의 힘이 너무나 미약하다는 사실을 알고 있었습니다.

"나라에 보탬이 되고자 한다면 나부터 더 배워야겠구나."

이렇게 결심한 안창호는 그 길로 서울로 나섰습니다. 서울에 도착하자 그는 구세 학당에 입학하여 새로운 학문들을 닦았습니다.

여기서 그는 기독교에 입교하여 사랑과 진리에 대한 숭고한 경험을 하였습니다. 사실 안창호의 인격과 사상은 기독교의 가르침에 힘입은

것들이었습니다. 또한 교인들은 유난히 애국심이 강하여 안창호에게도 적잖은 영향을 미쳤습니다.

도산은 스무 살에 서재필이 만든 독립협회에 가입하여 자유와 독립정신을 배웠습니다. 1898년 스물한 살이 되던 해에는 독립협회 주최로 열린 만민 공동회에서 구국의 열변을 토했습니다. 당시 주최지는 평양의 쾌재정이었습니다. 도산의 이 연설은 어찌나 감동스러웠던지 훗날 '쾌재정의 연설'이란 이름까지 얻었습니다.

그러나 독립협회는 오래지 않아 정부의 탄압으로 해산하고 말았습니다. 정부의 어두운 부분을 너무 직설적으로 보도했던 탓이었습니다. 그러자 도산은 고향으로 돌아와 점진 학교라는 사립학교를 세워 젊은이들을 가르쳤습니다.

1902년 스물다섯 살에 도산은 다시 자신의 견문이 부족하다는 사실을 뼈저리게 느꼈습니다. 새로운 세상에서 견문을 넓히고 싶었던 도산은 그 해에 미국 유학길에 올랐습니다.

금전적인 어려움을 해결하고자 도산은 낮에는 노동을 하고 밤에는 학교에 나가 공부했습니다. 이 시절 도산은 남의 집 품팔이라도 사양하지 않았습니다.

영어에 능숙치 못한 도산은 기초부터 다져야 했습니다. 때문에 그는 열 살 안팎의 어린 소년들 틈바구니에 끼여 공부해야 했습니다.

그러나 그 어려운 시절에도 도산은 민족의 앞날을 걱정했습니다. 비록 미국 땅이었지만 찾아보면 겨레를 위해 뭔가 할 수 있으리라고 생각했습니다.

어느 날 도산은 샌프란시스코의 거리를 걷게 되었습니다. 대낮부터 한국의 장사꾼 둘이 상투를 부여잡고 욕설을 퍼부으며 싸우고 있었습니다. 이 광경을 본 도산은 괜히 서글퍼졌습니다.

'나라를 빼앗긴 것도 서러운데, 이역만리 타향에서 같은 동포끼리 저렇게 싸워야 할까?'

도산은 그들의 싸움을 말리면서 교포들을 단결시키는 데 앞장서리라 다짐했습니다. 그 때부터 도산은 샌프란시스코의 노동자들을 가르치고 깨우쳤습니다. 무엇보다 그들에게 민족의 긍지를 심어주려고 노력했습니다. 사는 형편이 말이 아니다 보니 노동자들의 생활에서 민족적 자부심을 찾아 볼 수 없었습니다.

그러나 시간이 갈수록 교포들은 도산의 말에 귀기울여 배운 바를 생활 속에서 실천해 나갔습니다.

1906년 도산은 기울어진 나라의 운명을 바로잡기 위해 우리 나라로 돌아왔습니다.

스물아홉에서 서른 살 사이에 도산은 가장 눈부신 활동을 하였으니, 이 동안은 도산의 생애에서 가장 중요한 시기였습니다. 이 때 도산은 세 가지 일에 마음을 쏟았습니다.

첫째, 밀물처럼 몰려오는 일본의 힘을 막고, 민족 독립의 정치적 힘을 키우기 위해 신간회를 조직하였습니다. 둘째, 대성학교와 청년학우회를 만들어 여러 인물을 기르고 국민에게 자주 독립의 정신을 가르쳤습니다. 셋째, 태극 서관 등을 만들어 우리 나라의 산업을 일으키고 경제력을 길렀습니다.

1910년에 우리 나라는 강제로 일본에 의해 합방되었습니다. 독립지사의 한 사람인 그는 감시의 대상이 되었습니다. 결국 도산은 미국으로 망명하여 보다 새로운 활동으로 힘을 기르리라 다짐했습니다.

1913년 도산은 자신의 결심대로 샌프란시스코에서 흥사단을 창설하였습니다. 흥사단은 무실, 역행, 충의, 용감의 4대 정신을 기치로 내세웠습니다. 이러한 흥사단은 조국의 앞날을 짊어질 튼튼한 기수를 길러내기 위한 도산의 굳은 신념이 얽힌 청소년 단체였습니다.

1919년 국내에서 3·1운동이 일어나자 중국 상해에서는 임시 정부 수립의 움직임이 일었습니다. 이 때 도산은 상하이로 가서 이 일에 적극 협력하여 마침내 '대한민국 임시 정부'를 수립하여 세계 만방에 선포하였습니다. 한때, 도산은 임시 정부의 내무 총장이란 중책을 맡기도 했습니다.

상해에서 도산은 김구와 함께 한국 독립당을 만들어 비밀스런 무장 투쟁을 지시하기도 했습니다. 그러던 중 윤봉길 의사의 의거와 관련된 혐의로 일본 경찰에 체포되어 서울로 압송당했습니다.

상해에서 체포될 당시 도산은 한번 곱씹어 봄직한 일화를 남겼습니다. 윤봉길 의사의 폭탄 투척 사건이 있자 왜경들은 한국인이면 누구든지 모조리 체포하려고 상해 시내에 삼엄한 경비를 펴고 있었습니다. 특히 도산은 한독당의 중요 인물이라 그들의 표적이 되고 있었습니다.

그런데 바로 전날 도산은 이만영이란 소년에게 소년단 기부금 2원을 주기로 약속한 일이 있었습니다.

도산은 이 어린이와의 약속을 어기지 않으려고 위험을 무릅쓰고 그 댁을 방문하였다가 기어코 왜경에 체포되고 말았습니다. 이 일화에는 도산의 두터운 신의가 배어 있습니다.

언젠가 도산은 일본 검찰에 잡혀가 심문을 당하게 된 적이 있습니다.

"또 독립 운동을 하겠는가?"

일본 검사는 다그치듯 물었습니다.

"내게는 밥을 먹는 것도 민족 운동이요, 잠을 자는 것도 민족 운동이다. 나더러 민족의 독립을 포기하라는 것은 죽으라는 것과 같다! 죽어서라도 혼이 있으면 나는 민족 운동을 할 것이다."

도산은 의연한 자세로 말했습니다.

모진 고문 끝에 도산이 감옥에서 풀려나 평안도 선천으로 갔을 때였습니다. 고을 사람들은 고생한 도산을 좋은 음식으로 대접하고 따뜻한 이부자리로 모셨습니다.

새벽 무렵 잠에서 깨어난 도산은 옆에 자고 있는 사람을 깨우고는

목놓아 울었다고 합니다.

"저는 우리 민족의 죄인이올시다. 이 민족이 이렇게 저를 위해 주는데, 저는 이 민족을 위해 아무 것도 한 일이 없습니다. 저는 죄인이올시다."

1937년 도산은 독립 운동 혐의로 또다시 체포되어 서대문 감옥에 갇혔습니다. 감옥살이를 견디기엔 예순인 도산의 몸은 너무 쇠약해져 있었습니다. 결국 몸 여기저기에서 병이 생겼습니다.

병이 심해지자 도산은 임시로 풀려나와 서울 대학 병원에 입원했습니다.

어느 날 동지 한 명이 문병차 들렀습니다.

"낙심하지 마시오. 머지않아 틀림없이 독립이 될 것입니다. 민족의 꽃봉오리인 젊은이들이 낙심하면 그 민족은 죽는 법이오."

도산은 침실에 누워 문병 온 젊은이의 손을 붙들고 말했습니다.

"선생님, 고맙습니다. 절대로 낙심하지 않겠습니다."

그 젊은이는 도산의 손을 움켜잡으며 감격의 눈물을 흘렸습니다.

이렇듯 도산은 죽음을 목전에 두고서도 민족의 독립만을 염원하였습니다.

1938년 3월 10일 밤, 도산 안창호 선생은 예순한 살로 세상을 떠났습니다.

도산 선생은 갔지만 그가 만든 조직과 계획한 사업들은 광복의 그 날까지 쉼없이 움직였습니다. 또한 그의 조국을 사랑하는 마음에서 싹튼 여러 사상들은 후대에까지 길이 빛날 것입니다.

탁월한 정복자
알렉산더

알렉산더는 어려서부터 총명하고 저돌적인 성격을 지녔습니다.
어느 날 아버지는 좀체로 길들이기 힘든 야생마를 시장에다 팔려고 내놓았습니다. 그 말은 워낙 사나워서 누구도 감히 말잔등에 오를 엄두조차 못 내고 있었습니다.
이 때 알렉산더 왕자가 나섰습니다.
"단지 용기와 요령이 부족하여 이런 훌륭한 말을 돌려보낼 수는 없는 일입니다. 저에게 맡겨 주십시오."
아버지 필립 왕은 이 요구를 받아들였습니다.
"좋다, 알렉산더. 네가 만약 그 야생마를 길들일 수 있다면 그 말을 너에게 주겠다."
그러자 알렉산더는 말에게 달려가서 고삐를 잡고 말을 태양 쪽으로 향하게 했습니다. 그것은 말이 왕자의 어른거리는 그림자를 보고 두려움을 느낄지도 모른다고 생각했기 때문이었습니다.
그와 동시에 왕자는 말 옆으로 다가가서 아직도 사납게 씩씩거리고 있는 그 녀석을 쓰다듬어 주었습니다.
"넌 내 거다!"
그리고는 외투를 벗어 던지고는 날쌔게 말잔등에 올라타더니 자세를 바로잡았습니다.
처음에 그는 말을 때리거나 박차를 가하지 않았습니다. 단지 고삐

를 아주 짧게 잡고 말의 사나운 몸부림만을 제지하였습니다. 그러자 말은 자신의 사나운 성질을 잊어버린 것처럼 순해졌습니다. 그 때 왕자는 말의 고삐를 늦춘 다음 소리를 지르고 말잔등을 발로 차면서 박차를 가했습니다.

필립 왕과 구경꾼들은 처음에는 몹시 걱정이 되어 숨을 죽이고 그 광경을 지켜 보았습니다. 그러나 저 멀리로 달려가던 왕자는 보기 좋게 방향을 틀어 기쁨에 충만된 채 자랑스럽게 돌아왔습니다. 모든 구경꾼들은 감탄을 금치 못하였습니다.

아버지 또한 감동한 나머지 눈물을 흘리면서 말에서 내리는 알렉산더를 포옹하면서 말하였습니다.

"내 아들아! 너한테 어울리는 제국을 찾아가거라. 너에게는 마케도니아가 너무 작구나!"

알렉산더는 시간이 지나면서 늠름한 청년으로 변하였고, 어느덧 아버지를 능가하는 식견과 용병술을 갖추게 되었습니다.

어느 해 그리스의 건국일 행사에서 알렉산더는 아버지를 제치고 범그리스 연방의 최고지휘관으로 선출되었습니다. 그 후 알렉산더는 아버지가 오래 전부터 꿈꿔왔던 페르시아 원정에 착수하였습니다.

탁월한 정복자 알렉산더는 페르시아의 국경수비대를 물리쳤고, 이소스 근교 전투에서는 페르시아 왕 다라이오스 3세마저 물리쳤습니다. 이로써 지중해 연안의 모든 영토들이 그의 수중으로 들어오게 되었습니다. 그는 이후 이집트에서 세계적인 도시가 된 알렉산드리아를 건설하였습니다.

알렉산더가 그토록 위대한 정복자가 된 것은 그의 뛰어난 지략과 용기 때문이었습니다.

조선을 세운
이성계

    1317년 고려 충숙왕 4년 10월 11일 밤, 함경도 회령에서 이성계는 태어났습니다. 어려서 이성계의 이름은 중결이었습니다.
    이성계가 장군으로서 신임을 얻기 시작한 때는 '박의'란 자의 반란을 토벌한 뒤였습니다. 이로써 이성계는 공민왕의 총애를 얻어 동북병마사라는 높은 벼슬을 하게 되었습니다. 이 벼슬은 오늘날의 국경수비대 총사령관에 야전사령관을 겸한 것입니다.
    장군으로서 이성계의 전공은 날로 화려해져 갔습니다.
    1362년 7월, 원나라의 장수 나하추가 군사 4만여 명을 거느리고 고려를 쳐들어왔습니다. 이성계는 덕산에서 이들을 순식간에 섬멸해 버리고 살아남은 적군들을 두만강 밖으로 몰아냈습니다.
    나하추는 다시 힘을 모아 대군을 이끌고 고려를 쳐들어왔으나, 번번이 이성계에게 패하여 돌아갔습니다.
    이성계는 이뿐만 아니라 국경지역에서 도적질을 일삼던 홍건적을 무찔렀습니다. 또 만주에 살던 여진족이 함경도 지방을 습격하자 이들을 나라 밖으로 추방하는 등 연이어 빛나는 전승을 올렸습니다. 그러다 보니 자연히 백성들은 그를 우러러보며 따랐습니다. 이 무렵 중국의 명나라에서는 고려에 사신을 보내 괜한 트집을 잡았습니다. 철령 이북의 땅이 옛 원나라 영토였다며 돌려 달라는 것이었습니다.
    "이번 기회에 요동을 정벌하여 명나라의 기세를 꺾어 놓아야 합니

다."

 최영은 요동 정벌을 주장하여 우왕의 허락을 받았습니다. 그러나 이성계는 요동 정벌을 반대하고 나섰습니다. 왜냐하면 그것은 현실적으로 너무 무모하다고 생각되었기 때문입니다.

 "아니 되옵니다. 더운 여름철에 군사를 움직이는 건 힘이 들고, 지금 군사를 북쪽으로 돌리면 그 틈에 왜구들이 침범할 것이옵니다. 또, 장마철인지라 무기가 녹슬고 군사들이 전염병에 노출될 위험이 있사옵니다. 무엇보다 현재 명나라는 고려보다 힘이 셉니다."

 이성계의 주장은 어느 것 하나 어긋남이 없었습니다. 하지만 우왕과 최영은 요동 정벌을 강행하였습니다.

 우군 도통사에 임명된 이성계는 좌군 도통사인 조민수와 함께 군대를 이끌고 압록강에 있는 위화도까지 갔습니다. 이 때 큰비가 내려 군사들은 섬에 갇히게 되었고, 전염병까지 퍼져서 큰 곤욕을 치러야 했습니다.

 이성계는 군사를 되돌리게 해 달라는 장계를 올렸으나, 우왕은 거절했습니다. 8도 도통사로서 우왕과 함께 조정에 남아 있던 최영 장군마저 회군을 반대했습니다.

 "우리 군사들을 이대로 죽게 할 수는 없다!"

 이성계와 조민수는 마침내 위화도에서 군사를 되돌려 개성으로 진격해 갔습니다.

 "이성계가 정벌군을 이끌고 개성을 치러 온다."

 이 다급한 소식을 듣고 최영은 얼마 되지 않는 군사를 이끌고 나가 맞섰습니다. 그러나 밀리기를 거듭하다 결국 우왕과 함께 대궐 후원 화초밭 속에 숨어야 했습니다.

 이성계의 군사는 숭인문, 선임문을 차례로 부수고 들어와 만월대 궁궐을 차지하기에 이르렀습니다.

 "아, 이제 고려는 망하는구나!"

일흔세 살의 늙은 장수 최영은 길게 탄식하였습니다.

이성계는 최영을 향하여 말했습니다.

"나는 장군을 돕고자 했으나 하는 수 없었소. 장군은 나를 야속하다고 하지 말고 보내는 곳으로 가서 조용히 지내시오."

여러 장수들은 최영을 죽이자고 했으나 이성계는 그를 귀양 보냈습니다. 그러다가 두 달 후 생각을 바꾼 이성계는 최영을 처형했습니다.

최영은 처형당할 때, 이 말을 마지막으로 남겼습니다.

"내가 나라를 위해 큰일을 계획했으나 뜻을 이루지 못하고 죽으니 참으로 원통하기 그지 없다. 내가 일신의 영달을 꾀했다면 모르거니와 추호도 그런 마음이 없었다. 나는 오직 나라를 위하여 충성을 다했을 뿐이니, 이는 나 죽은 후 내 무덤을 보면 알게 될 것이다."

과연 그가 죽은 후, 그의 무덤에는 영영 풀이 나지 않았습니다. 그래서 사람들은 그 무덤을 일러 '붉은 무덤' 이라고 불렀습니다.

이렇게 하여 이성계는 조정의 권력을 한손에 거머쥐었습니다.

충신 정몽주는 이성계 일파와 끝까지 손잡지 않고 선죽교에서 죽음을 당했습니다.

"어서 왕위에 오르소서!"

따르는 무리들이 권하였으나, 이성계는 섣불리 임금의 자리에 앉지 않았습니다. 벼슬을 한 단계씩 밟고 올라가며 주위의 형편을 살폈습니다.

마침내 1392년 이성계는 쉰여덟의 나이로 왕위에 올랐습니다.

또 다음 해인 1393년 3월 15일 나라 이름을 '조선' 으로 바꾸었습니다.

새 왕조의 최대 문제는 수도를 옮기는 것이었습니다. 개성은 고려 4백 년을 떠올리게 하고, 또한 옛 귀족세력이 버티고 있었기 때문이었습니다. 그리하여 태조 이성계는 도읍을 개성에서 한양으로 옮기고 '유교' 를 근본으로 삼아 신중하게 나라의 기틀을 닦았습니다.

그러나 이성계가 태조로 즉위하면서부터 세자 책봉 문제가 목의 가시가 되었습니다. 결국 왕자들은 왕위 쟁탈전을 벌여 피를 보고 말았습니다. 서로 왕이 되고자 자식들끼리 칼부림하는 모습을 보고 만 이성계는 권력에 대한 회의가 일었습니다. 그리하여 옛 고향 함경도로 떠났습니다.

태종 이방원은 함흥에 문안사를 보내 아버지 이성계를 모셔오도록 했습니다. 이성계는 방원이라는 이름은 듣기조차 지겨운 터라, 문안사들이 오면 활로 쏘아 죽이곤 했습니다. 함흥차사란 말은 여기에서 유래되었습니다. 심부름 나가서 돌아올 줄 모르는 사람을 흔히 함흥차사라 합니다.

기다리다 못 해 태종은 가장 아끼고 존경하던 무학대사를 보냈습니다. 이성계는 결국 무학대사의 권유로 한양으로 돌아왔습니다.

이렇게 하여 이성계는 태종의 곁에서 만년의 슬픔과 고독 속에서 세상을 마쳤습니다. 때는 1408년 5월 24일 태종 8년이었습니다.

동방의 군자
율곡 이이

　율곡 이이는 1536년 12월 26일, 새벽에 강원도 강릉 외가에서 태어났습니다.
　그가 태어난 집은 오죽헌이라고 불립니다. 어머니 신사임당은 율곡을 낳기 전날 밤 꿈에 검은 용이 큰 바위에서 침실로 들어와 서리고 있는 것을 보았다고 합니다. 그래서 율곡의 어릴 적 이름은 현룡이었습니다.
　율곡은 어렸을 때 말을 배우면서 글을 읽었다고 합니다. 일곱 살이 되던 해부터 어머니에게 글을 배우기 시작한 율곡의 학문은 무럭무럭 자라나서 마침내는 글의 이치가 트이고 여러 가지 어려운 경서에 통하게 되었습니다.
　열한 살 되던 해에 아버지가 위급한 병환으로 자리에 눕게 되자 자기의 피를 내어 아버지의 입에 넣어 드리곤 선조 사당에 들어가 울면서 아버지 대신 자기가 앓기를 빌었습니다. 지성이면 감천이란 옛말이 있듯이, 과연 그 후로 아버지의 병환은 차차 나았다고 합니다.
　율곡은 열세 살까지 어머니 슬하에서 사서 삼경을 배워 통달하게 되었습니다. 이리하여 진사가 된 율곡의 문장은 날이 갈수록 높아 갔고 그 명성은 사방에 자자하였습니다. 그러나 그는 명성에 관심을 두지 않고 오로지 학문에만 전념하였습니다.
　스물한 살이 되던 해 봄, 율곡은 나라의 살림살이를 잘할 수 있는

의견을 물어보는 국가 시험에서 장원으로 급제하였습니다. 스물아홉 살 때에는 최고의 과거인 문과에서 장원급제하여 호조 좌랑에 임명되었습니다. 이 때부터 율곡은 임금을 섬기고 나라와 백성을 다스리는 정치에 관여하게 되었습니다.

선조 원년 5월, 율곡은 명나라 황제의 생일을 축하하는 사절단에 뽑혀 명나라 서울로 가 우리 나라의 명예를 크게 떨쳤으며, 서른네 살 되던 해 5월에는 홍문관 교리가 되었습니다.

그로부터 2년 후 10월, 율곡은 병이 나서 벼슬을 그만두고 해주에 있는 처가로 휴양을 떠났습니다. 선조는 여러 번 그를 불렀으나 그는 매번 사양하고 해주의 석담에 조용한 집을 짓고 제자들과 더불어 학문과 수양에 힘썼습니다.

이 해 6월 선조는 그를 청주 목사로 명하였습니다. 율곡은 백성들이 자치 활동을 할 수 있는 조직과 규칙을 손수 마련하였는데, 이것이 유명한 '향약'입니다. 율곡의 이러한 정치적 솜씨와 교화는 얼마 가지 않아 큰 성과를 올려 백성들은 열심히 이를 실행, 청주 지방 일대는 아름답고 착한 풍속이 방방곡곡에 퍼졌습니다.

이 무렵, 조정에서는 김효원이 중심이 된 동인과 심의겸이 중심이 된 서인이 당파 싸움을 벌였습니다. 이로부터 수백 년에 걸친 이조의 사색 당파 싸움은 시작되었습니다.

율곡은 이것이 나라를 망치는 화근이라고 생각하고 그들의 말을 좇지 아니하였습니다. 이렇게 조정의 분위기가 어수선해지자 율곡은 벼슬을 버리고 고향으로 돌아갔습니다.

율곡이 병조 판서로 임명되자, 그는 나라가 힘이 없어 10년도 못 되어 큰 환란을 당할 것이니 서울에 2만, 각 도마다 1만, 도합 10만의 군사를 길러 사변이 있을 때에는 이 10만의 군사로 나라를 지키게 하여야 한다고 했습니다. 그러기 위해서는 식량을 풍부히 저축하고 국고를 튼튼히 하며 백성의 사기를 높여야 한다고 했습니다.

그의 10만 양병설은 비록 실천되지 못했으나 그의 뛰어난 선견지명을 말해 주고 있습니다. 그 후로 9년 만에 우리 나라를 온통 불바다로 만든 임진왜란이 터졌기 때문입니다. 율곡이 세상을 떠난 뒤, 임진왜란 당시의 영의정인 유성룡은 크게 슬퍼했습니다.

율곡이 마흔일곱 살 되던 해 6월, 그는 벼슬을 내놓고 율곡촌으로 돌아갔습니다. 삼사가 그를 파면시켰던 것입니다.

율곡이 물러간 후 조야는 다같이 격분했고 자못 말썽이 많았습니다. 문인인 우계가 제일 먼저 상소하였고, 다음 해에는 성균관 학생 4백여 명이 삼사의 죄상을 임금께 아뢰었습니다. 또 호남과 해서의 유생들도 잇달아 그 잘못을 상소하였습니다. 이리하여 선조는 삼사의 죄상을 결정짓고 각각 먼 곳으로 추방하게 되었습니다.

1548년 율곡의 나이 마흔아홉 되던 해 그는 마침내 회복할 수 없는 병환으로 눕게 되었습니다.

"율곡 선생의 병환은 이제 나으실 것 같지 않다. 아직 마흔아홉의 연세인데 나라로 보면 큰 불행이 아닐 수 없다."

이러한 소문이 온 나라 안에 퍼지자 제자들은 물론 그 전에 그를 미워하던 정적들까지도 다같이 슬퍼했습니다.

하루는 송강 정철이 찾아와 문병을 하였습니다.

율곡은 송강의 손을 꼭 붙들고 마지막 부탁을 했습니다.

"사람을 채용하는 데 공평을 기하도록 하시오."

그 이튿날 새벽에 그는 누웠던 자리를 바꿔 달라고 하여 머리를 동쪽에 두게 하고 의관을 바로 잡은 뒤에 태연하게 세상을 떠났습니다. 이 때 율곡의 나이 마흔아홉이었습니다.

선조는 율곡의 부음을 듣자 통곡하며 3일 동안 조회를 보지 않았으며 부의금을 후히 하사했습니다.

고관 대작을 지낸 율곡의 집에는 털끝 만한 재산도 남은 것이 없었습니다. 다만 기묘한 유산이 남아 있어 보는 사람들의 눈시울을 뜨겁

게 했으니, 그것은 해주에 있을 때 대장간에서 손수 두들겨서 만든 부시였습니다. 부시 쌈지에 동그마니 들어 있는 부시, 이것만이 율곡이 남긴 재산의 전부였습니다.

그의 영구가 파주 지운산의 선영에 이르는 동안, 그의 생전의 덕을 추모하여 전국에서 모여든 남녀노소들로 산과 들이 하얗게 덮였다고 합니다. 또, 금군(임금의 호위 군사)과 시민들이 든 횃불이 수십 리 밖까지 비치었다고 합니다.

그러나 율곡이 남긴 진정한 재산은 쌈지에 들어 있는 부시가 아니었습니다. 정치, 사회, 사상 그리고 학문에 이르기까지 미친 그의 위대한 업적이야말로 우리에게 남겨진 진정한 유산이라고 할 것입니다.

이국에서도 굽히지 않은 절개
이준

이준 열사는 한낱 무명 청년으로 함경도에서 상경하였습니다. 상경한 그는 한동안 북청 물장수들과 함께 생활하였습니다. 그러다 당시 정승인 김병시와 연줄이 닿아 그의 사랑방에서 거처하게 되었습니다.

같은 나이 또래인 김병시의 아들 김용규와 한방에서 지내게 되었는데, 이 김용규라는 인물은 양반의식이 무척 강했습니다.

어느 날 이준의 친척뻘 되는 이인재가 이준이 기거하는 사랑방에 놀러왔습니다.

이준은 이인재에게 담배를 대접하고자 했지만 담뱃대를 찾지 못했습니다.

"담뱃대가 없으니 이것으로 피우시게."

이준은 김용규의 담뱃대를 가져와서 주었습니다.

이인재가 담배를 피우고 있는데 바로 그 담뱃대의 주인 김용규가 나타났습니다. 그 장면에 기분이 언짢았던지 김용규는 벼락같이 이인재를 내쫓고, 핏대를 세우며 이준을 책망했습니다.

"담뱃대를 남에게 물린 것도 불쾌한데 하물며 양반 담뱃대를 상놈에게 물리는 법이 어디 있는가?"

아무말 없이 책망을 다 듣고 난 청년 이준은 그 담뱃대를 들어 당장 꺾어서는 김용규의 얼굴에 던지며 소리쳤습니다.

"그 따위 양반의 자존심은 개나 주어라. 사람 있고 물건이 있지, 양

반 물건이라고 사람 위에 있을 것이냐. 고작 담뱃대 하나로 손님을 내쫓고 면책을 하니 사람보다 물건을 소중하게 여기는 자와는 단 한시도 같이 있기 싫다."

이준은 그 길로 김용규의 집을 뛰쳐나와 방황하다가 고향으로 돌아갔습니다.

이준이 고향으로 내려갔다는 소식을 들은 김용규는 화풀이를 하고자 전전긍긍하였습니다. 고심하던 끝에 그는 아버지의 세도를 배경으로 하여 당시 평안감사로 있던 조병식에게 편지를 띄웠습니다.

이준은 양반을 모욕함으로써 신분 범죄를 저지른 자이니 잡아다가 엄히 다스려 달라는 내용이었습니다. 당시 신분 범죄는 여느 다른 죄보다 큰 죄였기에 조병식은 이준을 관가에 잡아 들였습니다.

이준은 양반의 담뱃대 하나로 사람에게 죄가 있다면 그것은 공법이 아니라 사법이라고 말하였습니다.

"어디라고 이런 발칙한 말을 하느냐."

조병식은 노발대발하여 소리쳤습니다.

"대감, 노하지 마십시오. 나를 벌하시려거든 먼저 서울 양반 자식의 버릇을 국법으로 고쳐 놓으시기 바랍니다."

이준이 말을 마치자 생각이 깊은 조병식은 이준의 비범한 기개에 감탄하였습니다. 그리고 아전을 시켜 술상을 가져오게 하였습니다.

이렇게 하여 이준은 죄받으러 갔다가 오히려 술까지 얻어먹게 된 것입니다.

이 호방한 기개는 그가 민족의 큰 재목으로 자라는 데 크게 작용했던 것입니다.

일본이 우리 나라의 목을 야금야금 죄고 있을 때, 고종 황제는 미국이 우리 나라를 구원해 줄 것으로 믿었습니다. 고종은 서울에 와 있던 미국 선교사 헐버트에게 서신을 보내 도움을 청하려고 했지만 허사가 되고 말았습니다.

이것을 다시 계획한 사람이 이준 열사였습니다.

그 후, 네덜란드 헤이그에서 만국평화회의가 열리자, 이준은 친히 고종의 어명을 받들고 그 회의에 참석하고자 했습니다. 세계의 여론을 환기시켜 나라를 구하려고 했던 것입니다. 그러나 일본의 방해로 회의장에 참석조차 할 수가 없었습니다. 뜻을 이루지 못한 그는 끝내 울분을 참지 못하고 이국 땅에서 자결하고 말았습니다.

활자 개발에 기여한 무신 과학자
이천

　이천은 조선 왕조 초기 세종 때의 무신이며 과학자였습니다. 이천은 군부 판서 이송의 아들로 1376년에 태어났습니다.
　이천은 무관이면서도 뛰어난 머리를 지녔고, 특히 활자의 주조에 깊은 관심이 있었습니다.
　세종 대왕이 과학 문명의 진흥을 위하여 전국에서 인재를 모을 때 동래부 관가의 노비인 장영실이 뽑혀왔습니다. 임금이 관노인 장영실에게 벼슬을 내리고 과학 연구에 전념할 수 있는 여건을 만들어 주려 할 때 다른 대신들은 모두가 반대하였습니다.
　"상감 마마, 어찌 노비에게 벼슬을 내릴 수가 있사옵니까? 전례가 없는 일이오니 통촉하여 주시옵소서."
　장영실이 기생의 소생이며 관노 출신이라는 것이 큰 이유였습니다. 이 때 유독 이천만은 장영실이 벼슬에 오르는 것을 반대하지 않았습니다.
　"과학 발전에 힘쓰는데 어찌 양반과 상놈에게 차별이 있겠는가!"
　그는 출생에 상관없이 사람은 누구나 똑같다는 인간평등사상을 품고 있었기 때문이었습니다.
　이천은 경인자(경인년에 만든 활자)를 만든 뒤 병조참판에 이어 지중추원사로 지위가 올라갔습니다. 이 때 장영실의 보조를 받아 금속활자 갑인자(갑인년에 만든 활자)를 만들었습니다.

이천의 이러한 활자 개발과 개량사업은 조선 왕조 초기의 인쇄 문화 발전에 크게 기여하였습니다. 이러한 인쇄 문화의 발달은 훗날 우리 나라 학문 연구와 보급에 큰 공헌을 하게 되었습니다.

그는 또 무인으로서 1437년에는 평안도 도제찰사가 되어 파저강 유역의 야인을 정벌하고 그 곳에 사군의 설치를 건의하여 이를 실현하기도 하였습니다.

이듬해에 그는 호조판서로서 내직(서울에서 하는 벼슬)에 들어오게 되었습니다. 이 때 장영실의 연구를 도와 대간의, 소간의, 혼의, 앙부일귀, 자격루 등을 제작하였으며 이로써 천문학 연구에 새로운 경지를 열어 놓았습니다.

그는 1450년에 지충추원사가 되고 이어 판중추원사에 이르러 나라로부터 원로 대신에게 내리는 궤장(기댈 궤짝과 의지할 지팡이)을 받았습니다.

그가 세상을 떠나자 나라에서는 익양이라는 시호를 내려 그의 죽음을 위로하였습니다.

북방 외교에 힘쓴
장수왕

고구려 왕조의 제 20대 왕인 장수왕은 광개토 대왕의 아들로 393년에 태어났습니다. 아버지 광개토 대왕은 한창 일할 나이에 죽었지만 장수왕은 마흔여덟 살에 세상을 떠났습니다.

그는 즉위하자마자 중국의 여러 나라와 사신을 교환하고 친교를 맺었습니다. 당시 고구려의 북쪽에는 '북위' 라는 나라가 고구려를 넘보고 있었고, 남쪽에는 백제와 신라가 버티고 있었습니다. 때문에 고구려로서는 주변의 여러 나라와 착실한 친분을 쌓아둘 필요가 있었던 것입니다.

북위는 북방 유목 민족들이 새로이 건설한 나라로 당시 크게 맹위를 떨치고 있었습니다. 북위는 중국의 정통 민족인 한족들을 양자강 이남으로 쫓아내 버렸습니다. 한편 양자강 이남의 한족들은 동진, 송, 남제라는 나라로 나뉘어 있었습니다.

이러한 중국의 상황을 장수왕은 효과적으로 활용하여 고구려의 안전을 도모하고자 하였습니다.

'북위는 중국 대륙의 최고 강자지만 국경을 맞대고 있는 관계로 언제 고구려를 침범할지 모른다. 그래서 고구려로서는 멀리 떨어진 동진, 송, 남제 등과 외교를 친밀히 해야 한다.'

장수왕은 이러한 생각에서 동진, 송, 남제 등에 사신을 파견하고 값진 선물을 건네기도 했습니다.

그러나 420년, 동진이 망하고 북위의 세력이 더욱 강성해지자 장수왕도 북위의 눈치를 보지 않을 수 없게 되었습니다. 그리하여 북위에 사신도 파견하고 공물을 보내기도 하여 북위와 외교관계를 맺게 되었습니다.

그러나 다음 해 북위와 고구려는 북연이라는 나라를 사이에 두고 이해관계가 상충해 서로 충돌하였습니다. 북연은 선비족이 세운 국가로 당시 북위의 침공으로 거의 망해 가고 있는 실정이었습니다.

북위에 밀려 멸망하게 된 북연의 왕 풍홍은 고구려 장수왕에게 피신하였습니다. 광개토 대왕 시절부터 북연과 친교가 있던 고구려가 풍홍을 거두어준 것입니다.

이에 북위는 풍홍을 내달라고 했습니다. 장수왕이 이를 거절하자 두 나라는 긴장관계에 돌입하게 되었습니다. 그런데, 피신해 온 풍홍이 사치와 거드름을 일삼자 장수왕은 점차 화가 났습니다. 결국 장수왕은 풍홍의 하인들을 모조리 빼앗고 그의 아들을 인질로 삼아버렸습니다.

이에 불만을 품은 풍홍은 남쪽의 송나라 태조에게 망명을 요청하였습니다.

"풍홍의 뒤에는 아직도 세력이 만만치 않으니 그를 일단 받아들이고 훗날 그를 이용하자."

송나라 태조는 이러한 계산 속에서 풍홍의 망명을 수락하였습니다. 그리하여 고구려에 사신 왕백구를 파견하고 풍홍을 송나라에 보낼 것을 요구하였습니다.

한편 장수왕은 국제관계를 고려하여 풍홍의 문제를 어떻게 처리할 것인지를 고심하였습니다.

'고구려는 북위와 국경이 접해 있으니 무엇보다도 그들을 견제해야 한다. 또한 남조를 지배하는 송나라는 힘이 강대할 뿐만 아니라 훗날 북위와 맞서 싸워 줄 동맹국 역할을 할 수도 있을 것이다.'

이러한 생각에서 장수왕은 풍홍을 송나라 사신에게 넘겨 주었습니다. 그러나 장수왕의 계략은 거기서 끝나지 않았습니다.

"만약 송나라가 풍홍을 도와 고구려 근방에 다시 북연을 세운다면, 이는 고구려로서는 바람직하지 못한 일이 될 것이다."

이런 이유로 장수왕은 고구려의 장수 두 명을 파견하여 풍홍을 살해하도록 지시하였습니다. 송나라 사신과 풍홍이 국경 근방에 도착했을 때, 고구려의 장수들은 풍홍과 그의 일가족을 몽땅 죽여 버렸습니다.

이에 사신 왕백구는 7천 명의 송나라 군사를 이끌고 추격해 와 고구려의 장수를 살해하였습니다.

계략에 능한 장수왕은 이렇게 될 것을 알고 미리 이 점을 노렸습니다. 장수왕은 급히 군대를 파견하여 왕백구를 격파하고 그를 사로잡아 송나라로 넘겼습니다.

"풍홍의 일은 왕백구가 고구려의 장수를 살해하는 바람에 그르치고 말았소. 왕백구는 고구려의 장수를 살해한 죄인이니만큼 꼭 벌을 주어야 하오."

송나라 태조는 기가 막혔습니다. 그러나 하는 수 없이 왕백구를 형식상으로 옥에 가둔 체하다가 곧바로 석방하였습니다. 송나라로서도 강국 고구려를 대적하는 일은 껄끄러웠기 때문입니다.

'지금쯤 송나라 태조는 고구려에 대해 화가 나 있을 것이다. 송나라의 비위를 건드려서 좋을 것은 하나도 없다.'

장수왕은 이러한 계산 속에서 송나라에 사신을 파견하고 귀한 선물을 바쳤습니다. 이에 송나라 태조도 흔쾌히 이를 수락하였습니다.

이러한 장수왕의 치밀한 외교전략으로 송나라뿐만 아니라, 북위와도 다시 외교관계를 수립하였습니다. 특히 남쪽의 백제가 고구려를 고립시킬 목적으로 북위에 접근하자 장수왕은 북위로 가는 사신과 공물의 양을 늘리기도 했습니다.

〈삼국사기〉에 보면 장수왕은 재위 기간 동안 외국에 사신만 파견하다 죽은 왕처럼 기록되고 있습니다. 이는 장수왕이 그만큼 고구려의 안위와 발전을 위해 국제 관계에 신경을 썼다는 이야기입니다.
 이 후 장수왕은 남진정책을 구사하여 백제와 신라를 효과적으로 공격하였습니다. 그리하여 고구려의 영토를 남한강 유역까지 넓혀 놓았으며 가장 오랜 기간 동안 재위한 왕으로 기억되고 있답니다.

천민 신분을 뛰어넘은 과학자
장영실

세종이 왕이 될 무렵 나라 안에는 새로운 기운이 감돌았습니다. 학문을 좋아하던 세종은 새롭게 문화정치를 폈습니다. 이 때 세종은 과학발전의 중요성을 깨닫고 과학자들을 발탁하였습니다.

1420년 세종은 천문학자 4명을 서울에서 가까운 고을의 수령으로 임명하였습니다. 그리고 수시로 그들을 불러 천문학을 연구하게 하고 하늘의 움직임을 관찰하도록 하였습니다.

"상감 마마, 별을 관찰하는 무리에게 고을의 수령을 맡기시다니 아니 될 일이옵니다. 별과 백성의 일은 이치가 통하지 않사옵니다."

대신들은 세종이 하는 일에 반대하였습니다.

그러나 세종은 엉뚱하게 되려 천문학자들에게 해마다 겨울 옷을 내려주고 달마다 술 다섯 병을 내려주었습니다. 그러자 신하들은 그만 입을 다물고 말았습니다. 그만큼 세종은 과학 분야에 관심이 깊었던 것입니다.

학문에 열정을 쏟던 세종은 스스로가 천문학자이기도 했습니다. 그래서 시간만 나면 세종은 천문학자들과 토론을 벌이기도 했습니다. 이 때, 토론을 벌였던 천문학자로는 윤사웅, 최천구, 그리고 장영실이 있었습니다.

이들과 토론을 벌이면서 세종은 대단히 흡족해 했습니다. 특히 세종은 장영실을 몹시 총애했습니다.

"신분은 낮으나 장영실의 재주는 천하일품이로구나."

장영실은 관기(관청에 딸린 기생)의 자식으로 당시로서는 가장 낮은 신분의 태생이었습니다.

천문 분야에 대한 세종의 관심은 참으로 컸습니다. 그래서 어느 날 세종은 이들을 중국에 보내 천문학 책들을 사오고 또 보루각(물시계의 일종)과 혼천의(천문 관측 기계)의 설계도 등을 익히고 돌아오게 했습니다.

이들은 1년 간 중국에서 앞선 과학 기술을 배우고 돌아왔습니다. 세종은 이들을 몹시 반기며 오래전부터 꿈꿔 온 물시계와 천문 관측 기구를 설치토록 하였습니다.

이 때 세종은 장영실에게 종의 신분을 풀어주고 상의원(궁중의 옷을 만드는 기구)의 별좌라는 벼슬을 내려주려고 했습니다.

그러자 조정의 신하들은 거세게 반발하였습니다. 신분 질서가 엄격한 당시로서는 상상도 할 수 없는 일이었기 때문입니다.

"상감 마마, 장영실은 천한 관기의 태생입니다. 어찌 나라의 질서를 어지럽히려 하십니까?"

신하들의 반발이 너무 거세 세종도 잠시 그 일을 뒤로 미루기로 했습니다.

세종의 분부를 받은 장영실은 3년 간의 피나는 노력 끝에 물시계와 천문기구의 뼈대를 만들어 냈습니다. 세종의 기쁨은 이루 말할 수 없었습니다. 장영실의 공을 높이 산 세종은 이번에는 주저없이 그의 종의 신분을 벗겨 첨지라는 벼슬을 내려주었습니다.

"장영실 그대는 이제부터 궁중에 머물며 물시계 연구에 열중하도록 하라."

세종의 배려에 천민 출신 장영실은 감격하지 않을 수 없었습니다.

벼슬에 오르니 이제부터는 마음 놓고 연구에 몰두할 수 있게 되었습니다. 이 때부터 그의 재질은 빛을 뿜기 시작하였습니다. 7년의 연

구 끝에 간의대를 만들어 서울의 위도를 측량하였고, 혼천의와 자격루(자동 물시계)를 만들어 세종을 흡족하게 하였습니다. 그리하여 장영실에게 마침내 상의원 별좌라는 벼슬을 내려주었습니다.

임금이 총애하는 터라 장영실도 신이 나지 않을 수 없었습니다.

다음 해에 장영실이 만든 자격루는 많은 조정의 신하들이 참석한 가운데 궁궐 여기저기에 설치되었습니다. 이 자격루는 시간마다 자동으로 종이 울리고, 밤에는 통행금지를 알리는 북까지 울리게 만들어져 있었습니다. 그 날 세종은 장영실을 위해 큰 잔치를 베풀어 주었습니다.

장영실을 두고 사람들은 세종을 도우라고 하늘이 보낸 재주꾼이라고 얘기했습니다. 세종이 새로운 과학기구를 주문하면 장영실은 놀라운 기술로 독창적인 작품들을 만들어 냈습니다. 세종의 주문을 소화하기 위해 장영실은 끊임없이 새로운 과학지식을 공부하였습니다.

나이가 들자 세종은 병치레가 잦았습니다. 그래서 왕비와 함께 온천엘 자주 다녔습니다.

이즈음 장영실은 특명을 받고 세종이 탈 가마를 만드는 작업을 책임지게 되었습니다. 세종의 은혜에 보답코자 장영실은 심혈을 기울여 가마를 만들었습니다.

한데, 막상 세종이 가마를 탔을 때 그만 우지끈 하고 부서지고 마는 것이었습니다. 임금이 이용할 물건을 허술하게 만들었다면, 그것은 큰죄에 해당됩니다. 당연히 조정에서는 장영실에게 책임을 물었습니다.

오래전부터 천민출신의 장영실이 벼슬길에 오른 것을 곱지 않은 시선으로 바라보던 몇몇 신하들은 '이 때다!' 하고 그를 모함하였습니다.

결국 장영실은 의금부에 갇히는 몸이 되었습니다. 거기서 장영실은 궁중의 물건을 만드는 총책임자인 임효록과 함께 곤장 80대를 맞고 벼슬도 빼앗긴 채 쫓겨나고 말았습니다.

　장영실은 세종 곁에서 과학 발전에 공헌한 지 20여 년 만에 쫓겨나고 만 것입니다. 이즈음 궁중에서는 측우기를 설치하느라 분주히 움직이고 있었습니다. 측우기는 장영실의 머리와 손으로 만들어진 강수량을 측량하는 기구였습니다.

　쫓겨나는 장영실이 궁궐 여기저기에 측우기가 설치되는 장면을 봤을 때, 그의 마음에서는 희비가 엇갈렸습니다.

　장영실이 천민 신분을 뛰어넘어 많은 발명을 하고 과학기술을 진보시킨 것은 세종의 배려와 그의 천재성 때문이었습니다.

　장영실의 이름은 오늘날까지도 과학사에 빛나고 있습니다.

선비의 절개를 지킨
정인보

암울한 시대에 대쪽같은 절개로 이름을 떨친 정인보는 1893년 서울에서 태어났습니다. 아버지가 서른여덟, 어머니가 마흔이 되던 해에 처음 본 아들이었습니다. 정인보가 태어나자 그의 부모들이 기뻐했던 것은 두말 할 나위도 없었습니다.

하지만 강보에 싸인 젖먹이 정인보는 큰어머니의 손에 옮겨져야 했습니다. 돌아가신 큰아버지에게 아들이 없어 양자로 들어가야 했던 것입니다.

정인보의 집안은 조상 대대로 높은 벼슬을 지냈던 이름 있는 가문이었습니다. 하지만 정인보의 집안은 어머니의 삯바느질로 연명해야 할만큼 가난했습니다. 선조들 모두 청렴해 재산을 모으지 못했기 때문이었습니다.

어린 정인보는 아버지로부터 한문을 익혔고 열세 살 무렵에는 강화도에 가서 이건방이라는 사람의 제자가 되어 글공부를 배웠습니다.

"그 아비에 그 자식이다."

정인보 가문의 내력을 알고 있던 사람들은 정인보의 강인한 성품을 흔히 그렇게 칭찬하였습니다. 정인보 역시 강직하고 청렴한 기질을 타고난 것입니다.

1910년, 일본과 맺어진 을사조약으로 우리 나라는 주권을 상실하였습니다.

"나라를 잃었는데 책을 들여다볼 겨를이 어디 있는가!"

이렇게 자신이 나아갈 길을 정한 정인보는 국제정세를 살피고자 중국 상해로 망명하였습니다. 상해에서 정인보는 신채호, 박은식 등의 독립투사들과 광복운동을 하였습니다. 그러다 부인의 갑작스런 죽음으로 슬픔에 젖은 채 귀국길에 올랐습니다. 귀국 후, 정인보는 국내에서 비밀리에 독립 운동을 펴다가 여러 차례 옥고를 치렀습니다.

1922년부터 서울의 여러 학교를 돌며 한학과 역사학을 가르쳤습니다. 한편 신문사에서 겨레의 얼을 살리기 위한 논설을 쓰기도 하였습니다.

여러 활동을 하면서도 집 한 칸 마련하지 못했지만 그의 셋집에는 언제나 학생들과 뜻이 맞는 사람들로 북적거렸습니다.

일정한 벌이도 없던 그는 신문과 잡지에 글을 내서 원고료를 받아 생계를 꾸렸습니다. 그의 자녀들은 수업료를 못내 결석하기 일쑤였고, 밥을 굶는 일도 다반사였습니다. 그런데도 정인보는 원고료가 생기면 서슴지 않고 학생을 위해 써버렸습니다.

가난한 학생들이 찾아오면 잠자리를 내주었고 글을 가르치기도 하였습니다. 학생들을 위한 일이 곧 겨레의 얼을 살리는 길이라고 생각했던 것입니다.

그의 아저씨뻘 되는 정만조가 친일단체인 경학원의 대제학이 되었을 때였습니다.

"동래 정씨에서 대제학이 된 것은 내가 두 번째로구나."

그는 정인보에게 자랑스럽게 말했습니다.

"나는 그런 대제학 열 개를 갖다줘도 안 한다."

정인보는 이 한마디를 내뱉고는 돌아섰습니다.

1940년 그의 절친한 친구인 육당 최남선이 친일파로 돌아섰습니다. 정인보는 상복을 차려 입고 최남선의 집을 찾아갔습니다.

"내 친구는 죽었도다."

정인보는 최남선 앞에서 통곡하였습니다.

한번은 최남선이 반성하는 모습으로 정인보의 집을 찾아오자 이를 축하하여 설렁탕을 대접해 주었습니다.

최남선이 그 후 다시 친일 행위를 하고 그의 집을 찾아왔을 때였습니다.

"지나가는 길에 들렀네. 냉수 한 그릇만 먹고 가겠네."

최남선은 성큼 방 안으로 들어와 인사를 하였습니다.

"나라를 팔다 죽으면 목 마를 만도 하지. 또 장사를 지내줘야 되겠구만, 쯔쯧."

정인보는 팔짱만 낀 채 외면하였습니다.

정인보는 때때로 비문 같은 글을 써 주고 사례로 받은 돈으로 생계를 이었습니다. 한번은 마음에 들지 않은 사람이 비문을 써 달라고 부탁하며 꿀 한 병을 놓고 갔습니다. 정인보는 꿀병을 보란 듯이 대문간에 달아매 놓았습니다. 그리고 자녀들에게 말하였습니다.

"꿀병에 절대로 손대서는 안 된다."

그 후 비문을 부탁한 사람이 찾으러 왔습니다.

"자네 꿀은 저기 걸려 있네. 가져가게."

옳지 않다고 생각되는 일은 절대 하지 않았던 정인보였습니다.

1945년 8월 15일, 정인보는 어려운 세월을 견디며 광복을 맞이하였습니다. 일제 시대에 남달리 깨끗한 삶을 산 그는 남조선민주의원을 맡았고, 전조선 문필가 협회장에 올랐습니다.

1948년 8월, 건국과 함께 그에게 감찰위원장이란 벼슬이 주어졌습니다.

감찰위원장 시절, 둘째 아들이 결혼을 하게 되었습니다.

어느 날 그는 감찰위원인 김법린의 팔을 끌며 말했습니다.

"함께 갈 데가 있으니 잠깐 시간 좀 내주시오."

김법린은 조선일보사 강당에 이르러서야 아들의 결혼식이 있음을 알았고, 난데없는 주례를 맡게 되었습니다. 그러니 친척인들 제대로 결혼식에 참석할 턱이 없었습니다.

 그 후 정인보는 감찰위원장을 사직하고 남산동 집에서 국학 연구에 마지막 힘을 쏟았습니다. 그러다 6·25가 터지니, 정부 요인들은 모두 남쪽으로 도망갔습니다. 부통령 이시영이 그에게 피난할 것을 권유하였습니다.

 "나는 민중들과 생사고락을 같이 하겠소."

 이 말을 남긴 그는 끝내 피난을 가지 않았습니다.

 이 후 인민군들은 그를 요인으로 지목해 납북하였습니다. 정인보는 납북된 지 3개월 만에 모진 고생을 하다가 초산의 병원에서 세상을 떠났습니다.

 정인보의 꿋꿋한 정신이야말로 나라를 지켜 온 우리 겨레의 얼입니다.

동맹관계를 이용한 영토 넓히기
진흥왕

"과인은 장차 고구려와 백제의 영토를 우리의 것으로 하고자 하오. 나라가 흥하려면 왕과 신하, 백성이 한마음으로 뭉쳐야 하는 법이오. 부디 그대들은 과인이 꿈을 이룰 수 있도록 도와주기 바라오."

"알겠나이다!"

신하들의 목소리에는 감격이 서려 있었습니다.

열여덟 살의 왕답지 않게 의젓한 이 분이 신라 제 24대 진흥왕입니다. 진흥왕은 선왕인 법흥왕의 동생 갈문왕의 아들로서 534년에 태어났습니다. 법흥왕은 이찬과 거칠부에게 어린 왕을 부탁하고 세상을 떠났습니다.

나라 일을 스스로 처리할 나이가 된 진흥왕은 고구려와 백제의 움직임을 꾸준히 살폈습니다. 이 무렵 삼국은 다투어 영토를 넓히려고 혈안이 되어 있었습니다.

475년 백제는 고구려의 침략에 밀려 수도인 위례성(경기도 광주)을 빼앗기고 사비(부여)로 도읍지를 옮겼습니다.

"무슨 수를 쓰든 이 원수를 꼭 갚으리라!"

백제는 고구려에 대한 보복의 기회를 노리며 줄곧 이를 갈아 왔습니다. 그러다 550년, 백제는 고구려의 도살성을 쳐들어갔습니다. 도살성을 빼앗긴 고구려는 백제의 금현성을 쳐서 빼앗았습니다.

이 무렵 잠자코 두 나라의 싸움을 지켜보고 있던 진흥왕이 이사부를 불렀습니다.

"도살성과 금현성을 공격하여 함락시키시오."

법흥왕 때까지만 해도 신라와 백제는 서로 우호 관계를 지켜 왔으나, 진흥왕은 생각이 달랐습니다.

'백제와 고구려는 연이은 싸움으로 지쳐 있다. 이 틈을 놓쳐서는 안 된다.'

진흥왕은 때를 놓칠세라 이사부를 불러 도살성과 금현성을 치게 했던 것입니다. 군사를 이끌고 나아간 이사부는 고구려군과 싸워 금현성을 빼앗고, 백제군을 무찌르고 도살성을 함락시켰습니다.

"뭐라고 신라가 동맹 관계를 깨뜨리면서까지 우리를 공격했다고? 믿는 도끼에 발등을 찍어도 유분수지!"

백제 성왕의 분노는 이만저만이 아니었습니다. 그러나 신라를 당장 치기엔 백제로서는 아직 때가 일렀습니다. 고구려가 가진 금싸라기 같은 한강 유역을 차지하기엔 신라의 도움이 필요했습니다.

신라 또한 마찬가지였습니다. 곧 진흥왕은 백제에 사신을 보내어 백제 성왕의 분노를 누그러뜨렸습니다.

이렇게 해서 동맹관계를 유지한 두 나라는 551년, 고구려가 차지한 한강 유역의 정복에 나섰습니다. 두 나라가 합심하여 군사를 일으키니 고구려로서는 뒤로 물러날 수밖에 없었습니다.

이리하여 신라는 죽령을 넘어 북쪽으로 고현 이남 지역의 10군을 빼앗고, 백제 또한 잃고 한강 유역의 6군을 되찾았습니다.

그러나 진흥왕의 야심은 거기서 멈추지 않았습니다. 삼국통일을 이루기 위해선 백제가 차지한 땅이 필요했던 것입니다. 한강 유역은 비옥한 토지뿐만 아니라, 풍부한 수량과 편리한 교통 때문에 전략상 대단히 중요한 곳이었습니다.

진흥왕은 다시 군사를 일으켰습니다. 마음을 놓고 있던 백제군은 신라군이 물밀 듯 쳐들어오자 한강 하류 지방을 고스란히 내어 주게

되었습니다.
"신라가 또 배신을 했군!"
　백제의 성왕은 신라가 동맹을 깨뜨린 것에 격분하여 복수하기로 마음 먹었습니다. 554년, 성왕은 직접 군사를 이끌고 신라의 관산성을 공격하게 되었습니다. 관산성은 지금의 옥천 지방으로 신라가 장차 대전, 논산 지역을 공격하려고 마련한 군사 요지였습니다.
　백제군이 물밀 듯이 쳐들어오자 신라군은 위협을 느끼고 응원군을 요청했습니다.
"관산성을 빼앗기면 상주가 위태롭고, 가야 군사들이 들고 일어날 것이다!"
　진흥왕은 관산성 싸움의 중요성을 잘 알고 있었습니다. 그리하여 김무력 장군에게 백제군에 대항하도록 명했습니다.
　김무력은 급히 군사를 이끌고 관산성으로 갔습니다.
"한발만 일찍 왔더라도 관산성을 손아귀에 넣을 수 있었는데……."
　백제의 성왕은 신라의 응원군이 도착했다는 소식에 다시 군사를 지휘하며 전장으로 나섰습니다. 그러나 신라군은 미리 매복해 있다가 백제군을 기습했습니다.
　성왕은 고전분투를 했지만 결국 신라군에게 사로잡혀 전사하고 말았습니다. 왕을 잃은 백제군은 신라군에게 대패하고 말았습니다. 김무력이 이끈 신라군은 이 싸움에서 3만 명 가량의 적을 전멸시키는 대승을 거두었습니다.
　관산성 전투는 백제와 신라 모두 국가의 운명을 걸고 임했던 전쟁이었습니다. 이 싸움은 고대 국가 전쟁 중 가장 피비린내 나는 전쟁으로 기록되고 있습니다. 이 싸움의 승리로 신라는 나날이 강성해졌고, 백제는 쇠퇴의 길을 걸었습니다.
　562년, 진흥왕은 이사부로 하여금 대가야를 공격하도록 하였습니다. 대가야의 정벌에서는 사다함이란 화랑이 큰공을 세웠습니다. 대가야를 멸망시키자 부근의 낙동강 유역의 여러 가야국들은 자진하여 신라에 항복하였습니다.

　이로써 신라는 한강 유역뿐 아니라 기름진 낙동강 유역까지 모두 차지하여 국토가 4배 이상 넓어졌습니다.

　이로써 진흥왕은 훗날 신라가 삼국을 통일할 수 있는 발판을 마련하였습니다.

화약을 발명한
최무선

"우리 나라에서 노략질을 일삼는 왜구를 물리치려면 새로운 무기가 있어야 한다. 원나라에서 사용하고 있는 화약, 바로 그것뿐이다!"

누구보다도 왜구를 미워하던 최무선은 왜구가 쳐들어올 때마다 안절부절 못하였습니다.

1370년대 고려 왕실은 왜구의 침략으로 골머리를 앓고 있었습니다. 왜구들은 수십 명에서 수천 명까지 떼지어 고려의 해안으로 침입하였습니다. 그들은 백성들의 재산을 약탈하고 살인과 방화도 서슴지 않았습니다. 시간이 갈수록 왜구들의 행패는 심각해졌습니다.

하지만 이미 국력이 쇠약해진 고려는 대규모로 노략질을 하는 왜구를 물리칠 뾰족한 방법이 없었습니다.

최무선은 왜구를 물리치고자 자나깨나 화약 제조에 골몰하였습니다. 당시 고려에서 화약 제조법을 알고 있는 사람은 아무도 없었습니다. 더구나 화약 제조에 관해 설명해 놓은 책을 본다는 것은 꿈도 못 꿀 일이었습니다.

남달리 의지가 강한 최무선은 혼자 힘으로 화약 제조 연구에 몰두하며 여러 가지 실험을 해 보았습니다. 그러나 그의 실험은 별다른 성과를 거두지 못한 채 번번이 실패하였습니다.

'차라리 원나라의 화약 제조법을 배우자. 하지만 원나라는 화약 기술을 비밀리에 숨기고 있는데 어떻게 알아낸단 말인가?'

그는 그 문제로 고심하느라 밤잠을 이루지 못했습니다.
그러던 어느 날 생각에 잠겨 있던 그는 무릎을 탁 쳤습니다.
'지금껏 왜 그 생각을 못했을까? 벽란도에 오는 원나라 상인들에게 물어보면 화약 제조법을 아는 사람을 만날 수 있지 않겠는가?'
그 후, 최무선은 원나라 배가 닿기만 하면 만사를 제쳐두고 곧장 벽란도로 달려가곤 했습니다. 그는 중국 강남 지방에서 오는 상인들과 만나 화약 제조 기술을 물어보곤 했지요.
이렇게 3년을 하루같이 오가는 사람들에게 물었지만 누구 하나 화약 제조법을 아는 사람이 없었습니다.
1373년 어느 날, 원나라 배가 도착하였다는 소식을 들은 최무선은 곧바로 벽란도로 달려갔습니다. 일일이 한 사람씩 붙잡고 화약을 만들 줄 아느냐고 물었습니다. 그러나 대부분 사람들은 그게 무슨 소리냐는 식으로 대꾸도 않고 지나가 버렸습니다.
그런데 어떤 사람이 최무선의 모습을 의아하게 지켜보다가 그에게 말을 건넸습니다.
"왜 화약 제조법을 물으십니까?"
"저는 화약을 만들려고 하는데 혹 만들 줄 아시는 분이 계시면 배울까 하고 그럽니다."
"이 배에 탄 사람 중에 이원이라는 강남 사람이 있습니다. 그 분은 화약을 만들어 본 경험이 있으니 그를 한번 만나 보시구려!"
최무선은 뛸 듯이 기뻐하며 그 사람에게 거듭 고맙다고 말하였습니다.
최무선은 이 사람 저 사람에게 물어 겨우 이원이라는 사람을 만나게 되었습니다. 그는 대뜸 이원의 손을 덥석 잡았습니다.
"선생께서 화약을 만들 줄 아신다지요? 저의 평생 소원이 오늘로써 이루어지는 것 같습니다."
"무슨 말씀이시오? 난 장사하는 사람일 뿐이오!"

영문을 몰라 어리둥절해진 이원은 최무선에게 이끌려 술집으로 따라가게 되었습니다.
　최무선은 술과 안주를 푸짐하게 시켜놓고 그를 극진히 대접했습니다. 최무선은 이원에게 술을 권하며 자기 마음을 털어놓았습니다. 무뚝뚝하게만 있던 이원은 나라를 위하는 최무선의 애국심에 크게 감동하였습니다.
　이렇게 하여 최무선은 이원과 함께 자기 집으로 돌아가 그에게 화약 제조법을 배우게 되었습니다.
　그 후 실험을 거듭한 최무선은 화약을 만들 수 있게 되었습니다. 하지만 왜구를 물리치기에는 화약의 화력이 너무나 약했습니다. 하루빨리 강력한 화약이 필요하다고 생각한 최무선은 조정에 화통도감을 만들자고 건의하였습니다.
　"최무선이 뭘 만든다고? 조정이 아무 데나 돈을 대주는 곳인가?"
　"지나가는 개도 배꼽 잡고 웃을 소리에 조정의 재정을 낭비할 수는 없소!"
　조정의 많은 벼슬아치들은 최무선의 건의를 들은 체도 하지 않았습니다.
　자신의 건의가 받아들여지지 않자 최무선은 자기 집에 조그마한 실험실을 만들어 놓고 연구에 몰두하였습니다.
　마침내 최무선은 평생 숙원이라고 생각한 화약 제조에 성공하게 되었습니다. 최무선은 그 기쁜 소식을 서둘러 조정에 알렸습니다. 조정의 대신들은 전과 달리 우호적으로 변하였습니다.
　"상감 마마, 우리 고려에서도 이제 화약을 만들 수 있게 되었나이다. 최무선이라는 사람이 화약을 만들었다고 하옵니다. 하루 빨리 화통도감을 두어 화약과 무기를 제조케 하여 왜구를 물리치는 데 사용하도록 허락하여 주시옵소서."
　"허! 이렇게 기쁠 때가 있나! 당장 서둘러 화통도감을 설치하여 화약을 제조케 하라!"
 최무선이 처음 화약을 제조하도록 조정에 건의한 해가 1372년이었습니다. 그로부터 5년이 흐른 1377년 10월에 최무선의 노력이 빛을 보게 된 것이었습니다.
 이미 쉰 살이 넘었지만 최무선은 화통도감의 책임자가 되어 화약과 화약 무기 제조에 온갖 노력을 기울였습니다.
 그리하여 화약을 제조하고 화통, 화포, 석포, 화전, 대장군, 이장군 등이 17종의 무기를 발명하였습니다.
 화약 무기를 얻게 된 고려에서는 새로이 배를 만들어 화약 무기를 장착하였습니다. 강력한 전투력을 확보한 고려 수군은 왜구의 침입을 물리칠 수 있게 되었습니다.
 1380년 5월 왜구들이 500여 척의 배로 금강 어귀의 진포에 침입하였습니다. 이 때 심덕부, 나세, 최무선 등의 지휘를 받은 고려 수군은 화통, 화포로써 왜구를 섬멸하였습니다.
 그 후 강력한 무기를 갖춘 고려 수군은 침입해 오는 모든 왜구들을 물리쳤습니다. 1389년에는 대마도를 공격하여 왜구들의 본거지를 소탕하기도 하였습니다. 그 후부터 겁을 먹은 왜구들은 고려의 영토를 침범하지 못하였습니다.
 최무선은 왜구에게 시달리는 백성들을 위하여 화약을 발명하려고 일생 동안 노력하였습니다. 그 결과 고려의 백성들은 왜구의 시달림에서 벗어날 수 있었습니다.
 고려 말 화약을 발명하여 왜구의 침입을 물리친 최무선은 1395년에 세상을 떠났습니다.
 그는 자신의 아들에게 화약을 제조하는 방법을 적은 책을 물려주었습니다. 그리하여 그의 아들뿐만 아니라 4대에 걸친 손자까지 조선의 무기 발전에 힘쓰도록 하였습니다.

관대한 인품의 명재상
황희

황희는 고려가 망할 징조를 보이던 1363년, 혼란의 시기에 태어났습니다.

황희는 어려서부터 총명하기로 소문난 수재였으며, 성품이 너그럽고 어질며 침착했습니다. 훗날 그는 관직에 나가서도 사리가 깊고 청렴했으며 국가에 대한 충성이 지극했습니다.

황희는 고려 말기 과거를 통하여 관직에 나가게 되나 고려가 멸망하자 두문동에서 은거 생활을 시작하였습니다. 두문동은 경기도 개풍군 광덕산 기슭에 있는 마을입니다. 이 곳에서 조선왕조에 참여하기를 거부하고 고려에 대한 충절을 지키고자 했던 120여 명의 선비들이 동서로 나뉘어 은거생활을 했습니다. 백성을 위한 정치를 펴기 위해 뛰어난 일꾼이 필요했던 이성계는 두문동에 사람을 보내어 새 왕조에 협조해 줄 것을 요청했습니다. 하지만 아무도 태조 이성계의 요청에 응하지 않았습니다.

이 때 가장 나이 많은 신하가 말했습니다.

"고려의 신하된 몸으로 조선에서 벼슬을 한다는 것은 수치스러운 일이나 지금의 백성들은 고려의 백성들이기도 하오. 우리 가운데 한 사람을 뽑아 죄 없는 백성들을 보살필 수 있도록 세상에 내보내는 게 좋을 듯하오."

이 제안에 고려의 충신들은 머리를 맞대고 논의를 거듭하였습니다.

마침내 그들은 재주가 출중하고 나이 어린 황희를 내보내기로 결정하였습니다. 물론 이 결정에 황희는 반대하였습니다.

"여러분들도 그렇겠지만, 저 또한 고려 왕조와 함께 운명을 같이 하고 싶습니다."

그러나 제일 나이 많은 신하가 고개를 저으며 황희를 설득하였습니다.

"이미 늙은 선비들은 고려에 대한 충절을 바라보고 얼마 남지 않은 삶을 살다 죽으면 영광이지만, 비록 새 왕조에서나마 도탄에 빠진 백성을 위해 자네 같은 젊은 선비가 나서야 하네."

결국 황희는 이러한 설득을 받아들여 조선에서 관직 생활을 하게 되었습니다. 두문동을 떠나는 황희의 심정은 비장했습니다. 어떻게 하든 새로운 나라의 기반을 훌륭히 다져보겠다는 생각이었습니다.

이성계는 그 후에도 두문동 선비들을 조정에 참여시키기 위해 최선을 다해 설득하였지만 더 이상의 협조자는 없었습니다. 이에 태조는 마지막 협박 수단으로 두문동 주위에 짚더미를 쌓고 통로를 하나 만들어 놓은 다음 불을 질렀습니다.

그러나 두문동에 있던 고려 충신들은 한 사람도 뛰쳐 나오지 않고 모두 불에 타 죽고 말았습니다. 이 때부터 한 곳에 틀어박혀 출입하지 않는 사람을 '두문불출'이라고 부르게 되었습니다.

황희는 조선의 개국에 참여한 공신은 아니지만 태조를 거쳐 태종대에 중견 관리직에 오르게 되었습니다. 태종의 황희에 대한 신뢰는 대단했습니다.

"황희는 비록 공신은 아니지만 나는 그를 공신으로 대하였고, 하루라도 보지 못하면 반드시 불러서 만났으며, 한시도 좌우를 떠나지 못하게 했다."

또한 황희가 병이 위급하다는 소식을 듣고 전의를 보내 병을 치료하게 하고 하루에도 서너 번씩 안부를 물었다고 합니다. 그러나 아무

리 임금의 신임을 받고 있는 몸이었지만, 황희는 어전에서도 직언을 서슴없이 말했습니다.

모든 대신들이 임금의 눈치를 살필 때 황희는 그들에게 오히려 따끔하게 충고하기도 했습니다.

"임금이 부당한 것을 마땅하다고 하고 마땅한 것을 부당하다고 한다면 폐단이 생기게 마련이오."

일찍이 태종은 황희가 훗날 나라를 이끌 재상이 될 것이라고 예언했습니다. 태종의 예상대로 황희는 나중에 역사에 길이 남을 명재상이 되었습니다.

황희는 일을 의논할 때 정도를 따르고, 편법을 쓰거나 쉽게 타협하지 않았습니다. 또한 제도를 번거롭게 변경하는 것을 좋아하지 않았습니다. 세종은 집권 초반기를 넘기면서 새로운 제도를 많이 제정하는 등 국가의 틀을 갖춰 나갔습니다.

이 때 황희는 급격한 제도의 변화가 발생하면 백성들이 혼란에 빠질 수 있다고 경계하였습니다. 또 옥사를 다스림에 있어서도 관용을 최고의 원칙으로 삼았습니다.

"차라리 형벌을 가볍게 하여 실수할지언정 억울한 형벌을 받게 할 수는 없다."

이 말에서 황희의 인간에 대한 사랑을 엿볼 수 있습니다. 그의 성격도 그러하거니와 관직 생활 전반에 걸쳐 황희의 인본주의적인 태도는 계속되었습니다.

또 황희는 곡식 종자를 개량하고 뽕나무 재배를 장려하는 등 의식주 생활을 풍요롭게 해 백성들의 수입증대와 굶주림으로부터 벗어나는 데 공을 세웠습니다.

또한 백성들이 권력의 횡포에 희생되는 일이 없도록 제도를 정비하고 살폈던 것도 인간 사랑에서부터 나온 것입니다.

그리고 황희는 국방에도 많은 관심을 기울여 매년 수차례씩 쳐들어

오는 야인과 왜적에 대한 방비책으로 유비무환을 강조하였습니다.

　재상으로서 황희는 독단적으로 일을 행한 적이 거의 없었습니다. 언제나 그는 관용을 가지고 여러 신하들의 의견들을 수렴하고 그것을 정리하여 왕에게 개진하는 편이었습니다. 그러다 보니 신하들이 자신의 능력을 마음껏 발휘할 기회가 자주 주어졌습니다.

　황희의 관대한 인품은 일화로도 잘 알려져 있습니다.

　언젠가 집안 여종 둘이 서로 싸우다가 결말이 나지 않자 황희에게 시비를 가려 줄 것을 청했습니다.

　"저 아이가 제게 나쁜 짓을 했는데, 몹시 간악합니다."

　"네 말이 옳구나."

　"아닙니다. 저 아이가 잘못하고도 저런 소리를 합니다."

　"네 말도 옳구나."

　옆에서 이를 지켜보던 조카가 못마땅한 투로 말하였습니다.

　"그런 애매모호한 말씀이 어디 있습니까? 한쪽이 그르면 한쪽이 옳아야죠?"

　"네 말 또한 옳도다!"

　이처럼 황희는 작은 일에는 늘 남의 의견을 존중해 주는 관용적인 태도를 지니고 있었습니다.

　아흔 살까지 장수한 황희는 인생에서 60여 년이 넘는 기간 동안 관직생활을 했습니다. 그는 24년 간 영의정 생활을 하면서 항상 인간을 근본에 둔 정치를 폈습니다. 이러한 황희는 명실상부한 우리 나라 최고의 재상으로 기억되고 있습니다.

강력한 정치를 펼친 고구려의 명장
연개소문

 연개소문은 고구려 말기의 용맹스런 장군이자 막강한 세력을 떨친 정치가였습니다.
 그는 고구려 왕실의 권위가 쇠약해지고 토호들이 나라의 실권을 잡고 권력 다툼을 하던 어지러운 때에 태어났습니다.
 그의 가문은 할아버지 때부터 대대로(중앙 정부의 우두머리)라는 정치의 실권을 한손에 거머쥔 높은 벼슬을 지낸 세력가였습니다.
 연개소문 역시 자신의 아버지가 세상을 떠나자 아버지의 뒤를 이어 대대로가 되고자 하였습니다.
 그러나 주위 사람들 모두 그것을 반대하였습니다.
 "연개소문은 너무 성질이 급하고 잔인하여 대대로를 맡을 자격이 없다."
 그 때 연개소문의 나이 겨우 열다섯 살이었습니다.
 대대로에 오르려는 원대한 야망을 품은 연개소문은 이런 상황을 그냥 두고 볼 수 없었습니다.
 '내 불같은 성격과 과감한 행동을 모두 두려워하고 있구나!'
 주위의 모든 사람들이 자기를 공포의 대상으로 여긴다고 생각하자 연개소문은 여러 사람들을 한자리에 불러모았습니다.
 "여러분들도 아시다시피 내 나이가 열다섯 살이 되었습니다. 열다섯 살이면 장부의 자리에 능히 설 수 있거늘 어찌 지난 날처럼 횡포만 일삼겠습니까. 나를 대대로 자리에 올려 주면 개과천선하여 좋은 정치를 베풀겠소. 그렇지 못하거든 그 때에 가서 쫓아내도 좋소."

이 말에 모든 사람들은 그가 대대로가 되는 것을 승낙하였습니다.

이 때부터 연개소문의 뛰어난 정치 수완이 펼쳐졌습니다.

그러나 대대로 자리에 오른 그는 조금도 그의 성질을 늦추지 않고 과감한 정치를 단행하였습니다.

그는 자기의 절대 권위를 과시하기 위하여 항상 몸에 다섯 자루의 칼을 차고 다녔습니다. 그리고 말을 타고 내릴 때에도 지위가 제법 높은 군인을 땅에 엎드리게 하여 그 등을 하마석(말에서 내릴 때 딛고 내리는 돌)으로 삼았습니다.

또 길을 갈 때에는 앞뒤 좌우로 군인들이 열을 지어 호위하게 하였고 행렬의 선두에는 호령군을 두어 자신의 행차를 고함치게 하였습니다.

대대로에 오른 연개소문은 642년 당나라의 침략을 예견하고 요동지방에다 천리장성을 쌓았습니다.

천리장성을 쌓은 후, 연개소문은 더욱더 막강한 권력을 쥐고 강력한 정치를 펼쳤습니다.

"이대로 내버려두면 연개소문이 모든 실권을 쥐게 되고 언제 우리를 죽이려 들지 모른다. 미리 그 싹을 잘라야 안심할 수 있다."

위협을 느낀 여러 대신들은 연개소문을 제거하려고 계획을 세웠습니다.

이 음모를 눈치챈 연개소문은 어느 날, 여러 대신들을 초청하여 술과 음식을 베풀었습니다. 주연이 무르익자 영류왕과 그를 제거하려고 한 180여 명의 대신을 모조리 섬멸하였습니다. 그리고 나이 어린 보장왕을 즉위시키고 스스로 대막리지(고구려 후기의 대관)가 되어 나라의 실권을 한손에 거머쥐었습니다.

대막리지는 대대로보다 더 권력이 센 절대권력자의 지위로 군사권까지 장악하는 지위였습니다.

대막리지에 오른 그는 백제와 힘을 합해, 지난 날 신라에게 빼앗긴 당항성을 되찾고 북으로 진출하려는 신라의 세력을 견제하였습니다.

이렇게 되자 신라는 동맹을 맺은 당나라에 구원을 청하였습니다. 당나라는 고구려에 사신을 보내 강제로 신라와 화해하도록 명령하였습니다.

"뭣이라! 하찮은 신라와 화해하라고! 당장 저놈을 잡아 가두라."

당나라의 권유를 뿌리친 연개소문은 전쟁 준비에 여념이 없었습니다. 당나라의 침략에 대비해서 군사를 모으고 맹훈련을 시켜 세력을 키웠습니다.

연개소문에게 화해 권유를 거절당한 당나라 태종은 급기야 고구려를 침략하기에 이르렀습니다. 645년 17만 대군을 이끌고 고구려의 요동지방을 공략해 온 것입니다.

이에 연개소문은 당나라 군대와 맞서 60여 일 동안 싸웠습니다. 하지만 당나라 군대는 고구려 병사들에게 상대가 될 수 없었습니다. 전세가 불리해지자 당 태종은 군대를 이끌고 되돌아갔습니다.

그 뒤에도 네 차례나 군대를 정비하여 쳐들어온 당나라의 공격을 받았지만 연개소문은 그 때마다 물리쳤습니다.

연개소문은 전쟁에만 뛰어난 장수는 아니었습니다. 남달리 선진 문물을 중요하게 여긴 그는 원수지간이었던 당나라의 발달된 문화를 받아들이기도 했습니다.

'도교와 불교, 유교는 서로 의지하고 발전되어야 한다.'

이리하여 그는 당나라에 사신을 보내어 도교와 유교, 불교를 배워 오게 하였습니다.

문화에 기반을 두고 강력한 정치를 펴고자 했던 연개소문은 665년에 세상을 떠났습니다. 자신이 바라던 튼튼한 조국을 만들지 못하고

눈을 감고 말았던 것입니다.
 그가 세상을 떠나고 난 후 고구려는 쇠퇴의 길로 접어들었습니다. 아들 3형제가 서로 세력 다툼을 하다가 결국 나당 연합군의 공격에 패하고 말았지요. 연개소문은 무인으로서 막강한 세력을 휘두르며 고구려를 통치한 사람으로 기억되고 있습니다.

빈 그릇을 덕으로 채운
강감찬

　강감찬이 귀주에서 거란의 2차 침입을 격퇴하고 수많은 포로와 전리품을 거두고 돌아오자, 현종은 그의 공적을 치하하기 위해 왕궁으로 그를 초청하여 주연을 베풀어 주었습니다.
　한창 분위기가 무르익을 무렵, 현종 옆자리에 앉아 있던 강감찬은 무엇인가를 골똘히 생각하더니 소변을 보고 오겠다며 자리에서 일어났습니다.
　강감찬은 밖으로 나가면서 내시에게 눈짓을 했고, 뒤이어 내시도 뒤를 따라 나섰습니다.
　강감찬은 주위에 아무도 없는 것을 확인하고 내시를 가까이 불러 나직한 목소리로 물었습니다.
　"내가 조금 전에 배가 고파 밥그릇을 열었더니 밥그릇이 비어 있던데, 어찌 된 일인가? 자네들이 실수를 한 모양이던데……."
　순간 내시의 얼굴은 새파랗게 질렸습니다. 오늘의 주인공은 강감찬 장군인데 빈 밥그릇을 내놓았으니, 실수도 보통 실수가 아니었습니다.
　"죽을 죄를 지었습니다, 장군님. 어떠한 벌이라도 달게 받겠습니다."
　사색이 된 내시는 장군 앞에 무릎을 꿇고 벌벌 떨었습니다. 그러나 강감찬은 너그럽게 내시를 타일렀습니다.

"일어나거라. 성미가 급하신 상감께서 이 일을 아시게 되면 모두 무사하지 못할 것이다. 그러니 이렇게 하는 게 어떻겠느냐?"

강감찬은 내시의 귀에 대고 방법을 일러 주었습니다.

"내가 자리에 앉거든 자네가 내 곁으로 와서 '진지가 식은 듯하오니 다른 것으로 바꾸어 드리겠습니다'라고 말하면서 밥이 든 것으로 바꿔다 놓거라."

혼날 줄 알았던 내시는 고마워 어쩔 줄을 몰랐습니다. 이 후 강감찬은 끝까지 내시의 실수에 대해 발설하지 않았고, 은혜를 입은 내시는 두고 두고 동료들에게 그 때의 일을 얘기했습니다.

아랫사람을 보살필 줄 아는 그의 너그러움은 마침내 현종의 귀에까지 들렸으니 왕은 그를 모든 사람의 귀감으로 삼았다고 합니다.

조선의 마지막 임금
고종

고종은 1852년 흥선대원군의 아들로 태어났습니다. 고종이 왕위에 오를 때 그의 나이는 고작 열두 살에 불과했습니다.

당시에는 안동 김씨라는 세도가가 나라의 모든 권력을 쥐고 흔들 무렵이었습니다. 안동 김씨의 세도가 어찌나 당당했던지, 그가 헛기침이라도 할라치면 날아가는 새도 떨어진다는 말이 생겨날 지경이었습니다.

설령 그가 왕족이라도 일단 안동 김씨의 눈밖에 벗어났다 하면 목숨을 부지하기 힘들었습니다. 한때 흥선대원군도 목숨을 부지하기 위해 세도가들의 틈바구니에서 미치광이 짓을 서슴지 않았습니다. 일부러 안동 김씨 가문을 찾아가 구걸을 하기도 했습니다. 상가집에 가서는 게걸스럽게 음식을 먹기도 하고, 스스로가 알아서 거지 행색을 흉내내고 다녔습니다. 결국 안동 김씨는 흥선대원군을 반쯤 미친 얼간이 정도로 생각하게 되었습니다.

그러나 흥선대원군은 얼간이도 아니었고, 그렇다고 미친 사람은 더더욱 아니었습니다. 그는 이상한 행동을 하면서도, 다른 한편으로 자신의 자식을 왕의 자리에 올리기 위해 치밀한 계략을 짜나갔습니다. 흥선대원군의 인고의 세월은 드디어 빛을 보기 시작했습니다. 1863년에 아들 고종이 왕위에 오르게 되었습니다.

당시 나라의 안팎은 어지럽기 짝이 없었습니다. 서구 열강들이 다

짜고짜 무역을 하자며 압력을 가해 왔고, 일본 또한 교묘한 방법으로 조선의 이권을 챙겼습니다. 이러한 상황에서 나라의 앞길을 밝혀 나가기엔 고종의 경험은 너무나 작고 미약했습니다. 그러다 보니 자연 아버지 흥선대원군과 왕비 명성황후의 간섭이 잦았습니다.

그뿐만 아니라, 흥선대원군과 민비는 자신들의 권력을 한층 더 확고히 하기 위해 일본이나 청나라에 도움을 요청하였습니다. 그러나 한 산에 두 마리의 호랑이가 살 수는 없는 법이었습니다.

민비는 집권하면서 일본과 국교를 긴밀히 하였습니다. 덕분에 대원군의 강경한 쇄국정책은 무너지고 유림의 불만은 높아만 갔습니다. 권좌에서 물러나 있던 대원군은 이를 이용하여 왕을 폐위시키고 왕비를 몰아내려 했는데, 실패하고 말았습니다. 그러자 대원군과 민비 사이의 반목과 암투는 날이 갈수록 치열해졌습니다. 대원군과 민비는 서로를 살해하기 위해 자객 등을 수시로 보냈습니다.

누가 뭐래도 조선의 임금은 고종이었지만, 그는 고래 싸움에 끼여 아버지 편을 들어야 할지, 부인의 편을 들어야 할지 망설이고만 있었습니다. 한 마디로 고종은 허수아비에 불과했습니다.

개화기 시절 적지 않은 변란은 이러한 독특한 삼각 관계에서 비롯되었습니다.

한편 민비는 한때나마 절친한 관계를 유지했던 일본에게 도리어 배신을 당하고 생애를 마감하였습니다. 일본인 자객이 궁궐로 침입해 민비를 죽였던 것입니다.

민비 시해 사건을 겪은 고종은 더럭 겁이 났습니다. 언젠가는 자신도 민비처럼 당할 것만 같아서였습니다. 그리하여 그는 청나라도, 일본도 아닌 제 3국인 러시아와 은밀히 내통하기 시작했습니다. 마침내 1896년에는 러시아 영사관으로 몸을 옮기기도 하였습니다.

그러나 이 모든 일들은 조선이 힘이 없었기 때문에 벌어진 일들이었습니다. 러시아 또한 고종을 정답게 받아준 것은 나름대로의 속셈

이 있었기 때문입니다. 당시 러시아의 여러 꿈들 중 하나는 겨울에도 얼지 않는 항구를 획득하는 것이었습니다. 때문에 러시아가 한반도의 부동항에 눈독을 들인 것은 당연한 일이었습니다.

그러나 세상은 빚갚음의 고리로 이루어져 있기에 러시아는 여러 열강들처럼 조선의 내정을 시시콜콜이 간섭하기 시작했습니다.

이 어려운 시절에 왕위에 있던 고종은 나름대로 국가의 부흥을 위해 애썼습니다. 그러나 서구의 막강한 힘과 일본의 교묘한 침략 앞에서는 어떤 효과도 기대하기 힘들었습니다.

조선이 무너지기 일보 직전에 임금의 자리에 오른 고종은 엄밀히 말해 여러 열강들의 허수아비에 불과했습니다. 고종의 죽음 또한 비극적인 것이었습니다. 일부에서는 고종이 뇌일혈로 쓰러져 숨을 거두었다고 했지만 어느 누구도 그런 소문을 믿지 않았습니다. 말하자면 고종은 일본인 첩자에 의해서 독살당한 것이었습니다.

험한 세월에 임금이 된 고종은 이처럼 제국주의의 손아귀에서 신음하다 세상을 떠났습니다.

불변의 진리를 가르친 사상가
공자

    기원전 551년 중국 춘추 시대 말, 공자는 주나라의 동쪽에 있는 노나라 창평향에서 태어났습니다. 공자는 유서 깊은 집안에서 태어난 것은 아니지만 충분한 교육을 받고 자랐습니다.

    어린 시절 양친을 여읜 공자는 친절한 친척집에 맡겨졌습니다. 직업을 선택할 나이에 이르러 그는 노나라의 재상이 되고자 결심했습니다. 하지만 쉽지 않아 조정에서 그다지 중요하지 않은 자리에 머물 수밖에 없었습니다.

    이 때 공자는 벼슬을 버리고 노나라를 떠났습니다. 옛날 중국의 태고 시대로부터 전해 내려왔던 훌륭한 인류의 전통을 통해서 당시의 혼란했던 사회상을 하나로 통일시켜 이상적인 사회를 세워 보려고 했던 것이었습니다. 그리하여 14년이라는 세월에 걸쳐 여러 나라를 다니면서 뜻을 펴게 되었습니다. 그러나 각 나라 제후들의 욕심과 또 관리들의 권력 다툼 속에서 뜻을 이루지 못하고 결국 노나라로 돌아오고 말았습니다.

    노나라에 돌아온 공자는 다음 시대를 위해 제자들을 가르치기 시작했습니다. 그리하여 공자의 문하(스승의 집)에서는 수많은 인재가 배출되었고, 그 사상의 영향은 중국대륙을 넘어 온 아시아 전체의 문화와 생활의 토대를 이루기에 이르렀습니다.

    그 당시 공자의 생애나 그의 사상을 살필 수 있는 〈논어〉조차 그가

쓴 것이 아니고 누군가에 의해 엮어진 것이었습니다.

그러므로 그의 철학은 다음과 같이 제자들과 주고받은 대화를 통해서 알 수 있습니다.

"스승님, 일생 동안 좌우명으로 삼을 말이 없겠습니까?"

"상대방을 존중하는 것이다. 내가 원하지 않는 것을 다른 사람에게 강요하지 말지어다."

"이웃을 사랑하라는 뜻이옵니까?"

"그렇다. 모름지기 도덕이란 제 홀로 서지 못하는 법이거늘, 언제나 이웃과 함께 해야만 올바로 설 수 있는 것이니라."

공자의 말이 끝나자 깊이 새겨들은 제자가 다시 묻기 시작했습니다.

"그러면 악을 선으로 갚으라는 말은 어떻게 보아야 합니까, 스승님?"

"그렇게 되면 선에 대해서는 무엇으로 보답하겠느냐? 그런즉, 악은 정의로써 다스리고 선은 선으로 갚아야 할 것이다."

제자가 그 말뜻을 알아들은 듯 고개를 끄덕이자 공자는 말을 계속했습니다.

"세상에는 언제나 두 부류의 인간이 있느니라. 지혜로운 인간이 있는가 하면 어리석은 인간들이 있게 마련이다. 이는 너희들도 어찌할 수 없는 일이다."

"그러면 무엇으로 지혜로운 사람을 판별하옵니까?"

공자가 대답했습니다.

"지혜로운 자는 사람들이 알아주지 않는다고 화를 내지 않으며, 다만 자기가 사람을 알아보지 못할 때만 스스로 화를 내는 법이다."

"그러시면 스승님은 어떠하옵니까? 원하건대, 들려 주십시오."

잠시 머뭇거리다가 공자가 말했습니다.

"내 나이 열다섯에 배움의 길에 들어섰다. 배움을 거듭하여 서른이 되어서야 겨우 내 뜻을 세웠고, 마흔에 무릇 의혹이 없어졌으며, 쉰을 넘어서야 비로소 하늘의 뜻을 알게 되었다. 예순이 되자 드디어 진실된 말에 귀를 기울일 줄 알게 되었다. 일흔이 넘어서 이제 내 마음에 따라 행동하여도 이치에 어긋나지 않게 되었느니라."

"덕이란 무엇을 가리키는 것이옵니까?"

공자는 거침없이 대답을 했습니다.

"마음은 태평하되, 상스럽지 아니함을 말한다. 덕을 쌓지 못한 자는 마음이 평화롭지 못하고 상스럽게 마련이다. 덕이라는 것은 자신이 할 일을 다하는 것이요, 부덕하다 함은 자신의 이익을 탐하는 것이다. 덕이 있는 자는 마음속의 가치를 추구하고, 부덕한 자는 겉모양을 쫓는 법이다. 덕이 있는 자는 법도를 좋아하고, 부덕한 자는 저한테 편한 것을 좋아한다. 덕에 일치하는 행동은 마치 바람과 같고 부덕한 행동은 풀과 같아서, 바람이 풀을 스치면 풀은 고개를 숙이게 되는 것이다."

공자와 제자들 사이의 대화는 이렇게 끝없이 이어졌습니다. 이렇게 계속되는 대화 도중에 극소수의 제자들만이 깨우침을 얻어 공자와 말을 주고받았습니다.

그 당시 공자가 나라 일에서 어떤 벼슬에 나갔는지 확실하진 않으나, 그는 명관으로 평판이 나서 주위의 적대국가들이 그를 제거하려 했을 정도였습니다. 그 중에 어느 군주는 노나라의 공자를 몹시 못마땅히 여겨 그를 힘으로 처치하려다 실패하고 나중에는 음모를 꾸미기까지 했습니다.

노나라 왕의 약점을 알아낸 이웃 나라의 왕은 값진 말과 빼어난 미모의 무희들을 노나라 왕에게 선사했습니다. 결국 그 왕의 계획은 맞아떨어졌습니다. 준마와 미희들에게 마음을 빼앗긴 노나라 왕은 나라 일을 멀리하고, 듣기 싫은 충고를 하는 공자를 궁궐에서 내쫓아 버렸습니다. 크게 낙심한 공자는 뼈 있는 한마디 말을 남겼습니다.

"미인을 좋아하는 정성으로 덕을 숭상한 제왕은 내 일찍이 보지 못했다."

공자는 주로 선조들이 남긴 경험과 교훈에서 당대인들이 따라야 할 진리를 찾아내는 일에 힘을 기울였습니다.

"나는 새로운 것을 만들어 내는 것이 아니라, 다만 옛 것을 전해 줄 따름이다."

옛 것을 전할 따름이라고 겸손을 표현한 공자는 오로지 덕과 자연의 순리를 공경하는 것만을 중요하게 생각하였습니다.

영원이나 천국 혹은 신이나 사후 세계 같은 것에는 그다지 관심을 두지 않았던 공자는 임종을 앞두고 제자들에게 이렇게 말했습니다.

"아무리 높은 산도 언젠가는 무너질 것이며, 아무리 높은 나무도 언젠가는 부러지고 만다. 그리고 지혜로운 자도 결국에는 한 포기 풀처럼 죽어 없어지는 법이다. 이젠 그 어느 군주도 나를 찾지 않는다. 나도 이제 죽을 때가 되었구나……."

공자가 죽자 나이가 가장 어린 애제자 한 사람은 꼬박 3년 동안 이 위대한 스승의 무덤을 떠나지 않고 슬피 울었다고 합니다.

인륜을 밝히고 도덕을 세우려고 노력했던 공자의 가르침은 오늘날까지 면면이 전해지고 있습니다.

하늘이 내린 장수, 홍의 장군
곽재우

　임진왜란이 일어날 당시 곽재우는 의령에 살고 있었습니다. 그 때, 곽재우의 나이는 이미 마흔이 넘어 있었습니다. 그래서 오랫동안 준비해 오던 과거를 단념하고 낚시로 한가로운 생활을 하고 있었습니다.
　왜군들은 부산으로 치고 들어와 거침없이 밀고 올라갔습니다. 왜적들은 불과 보름 만에 한양을 점령하였고, 선조 임금은 의주로 피난을 가야 하는 신세가 되었습니다.
　곽재우가 살고 있던 의령 주변의 고을들도 잇달아 왜군들에 의해 짓밟힘을 당하였습니다. 그러자 곽재우는 의병을 조직하여 나라를 구해야겠다고 결심하였습니다.
　"적군이 이미 코앞까지 밀려왔으니, 이대로 앉아만 있다가는 부모와 처자가 모두 적병의 포로가 될 것이다. 우리 마을에는 싸움터에 나설 수 있는 젊은이가 수백 명은 될 것이다. 어찌 가만히 앉아서 죽기만을 기다릴 것인가!"
　곽재우는 곧 자신의 뜻을 밝히고, 앞장 서서 집안의 재물을 처분하여 군사를 모집하였습니다.
　"이제 나의 옷을 벗어 전장에 나설 군사들에게 입힐 것이오, 나의 처자의 옷을 벗겨 군사들의 처자에게 입힐 것이다."
　그리하여 곽재우는 심승대를 비롯한 십여 명의 용감한 부하 장수를

얻어 죽음을 같이 할 것을 굳게 다짐하였습니다.

이 때부터 곽재우는 여러 전투에 참가하여 수많은 승리를 올렸습니다. 곽재우는 주변의 지형지물을 재치있게 이용했을 뿐만 아니라, 용병술을 이용한 게릴라전에도 능했습니다.

곽재우는 싸움터에 나갈 때 항상 붉은 옷을 입고 나갔다 하여 사람들은 그를 '홍의 장군'이라고 불렀습니다. 왜군들도 붉은 옷을 입은 곽재우를 보면 도망가기 바빴다고 합니다.

정암에서 벌어진 전투 때의 일입니다.

정암은 교통의 요지로 지형을 잘 활용한다면 대승을 거둘 수 있는 요새였습니다. 곽재우는 이러한 정암의 지세를 이용하여 남강과 낙동강 일대를 방어하고 있었습니다.

1592년 6월 초, 왜군은 전라도 북부 지역을 공격하기 위해 정암을 넘고 있었습니다.

"만약 이 곳을 지키지 못한다면 곡창지대인 전라도를 적에게 빼앗기게 된다. 모든 병사들은 조국을 위해 목숨을 걸고 적군과 싸우라!"

곽재우는 날쌘 병사 10명을 뽑아 자기와 똑같은 붉은 옷을 입게 하였습니다. 위장술로 적을 혼란스럽게 하기 위함이었습니다.

"저기 붉은 옷의 곽재우가 있다. 곽재우를 잡아라!"

왜장이 소리치자 왜군들은 그쪽으로 우르르 몰려갔습니다. 그 때 갑자기 사방에서 붉은 옷에 백마를 탄 사람들이 한꺼번에 나타나자 왜군들은 누가 진짜 홍의 장군인지 갈피를 잡을 수 없었습니다.

왜군들이 혼란에 빠지자 그제서야 곽재우가 나타나 군을 지휘했습니다.

"왜군을 한 놈도 살려 두지 말라! 모조리 목을 베어라!"

혼비백산한 왜군들은 제대로 싸워 보지도 못하고 의병의 칼날 아래 목숨을 잃고 말았습니다.

이 전투에서 크게 패한 왜군들 사이에서는 이런 소문이 나돌았습니다.
 "홍의 장군 곽재우는 하늘이 내린 장수가 분명하다. 패배를 모르는 곽재우를 조심하라."
 전쟁이 끝난 뒤 선조 임금은 곽재우의 공을 기려 그에게 벼슬을 내렸으나, 곽재우는 이를 거절하고 고향으로 돌아갔습니다. 당파싸움으로 시끄러운 정치에 뛰어들 생각이 없었기 때문이었습니다.
 고향에서 자연을 벗삼아 지낸 그는 1617년, 예순여섯을 일기로 세상을 떠났습니다.
 그의 삶은 다했지만, 나라 사랑하는 마음과 뛰어난 전술은 아직도 우리 겨레의 귀감이 되고 있습니다.

위대한 정복자
광개토 대왕

대륙의 지배자 광개토 대왕은 고구려의 제 19대 왕으로 고국양왕의 아들로 태어났습니다. 열세 살 때 태자로 책봉되었고, 열여덟 살이 되던 해에 아버지가 세상을 떠나자 그 뒤를 이어 왕위에 올랐습니다.

왕위에 오르자 광개토 대왕은 중국 민족과 끈질기고도 격렬한 투쟁을 벌였습니다. 이러한 과정의 결과로 광개토 대왕은 드넓은 만주 일대와 한반도의 지배자로 군림하게 되었습니다. 역대의 왕중에서 광개토 대왕만큼 넓은 영토를 다스린 왕은 없었습니다.

광개토 대왕 재위 15년 때의 일이었습니다. 그 해 12월에 연나라 왕 모용희는 거란을 공격하여 물리치고는 그 여세를 몰아 또다시 고구려의 목저성을 공격해 왔습니다. 그러나 그 공격은 연나라 왕의 커다란 과오였습니다. 거란과의 싸움으로 피로가 덜 풀린 데다, 3천 리나 되는 먼 길을 진군한 탓에 연나라 군사들은 기운이 몽땅 빠져 버렸습니다. 더군다나 그 해 겨울은 유난히도 추웠습니다.

"이러다 우리 군사들이 추위와 배고픔으로 모조리 죽고 말겠구나!"

연나라 왕은 시일이 지날수록 자신들이 불리하다는 것을 뼈저리게 느꼈습니다.

"후퇴하라!"

마침내 연나라 왕은 목저성의 공격을 단념하고 퇴각하였습니다.

이 후로 연나라는 좀체로 고구려를 침범하지 못하였습니다. 그러나 광개토 대왕은 언젠가는 다시 연나라가 침범할 것이라고 예상하고 있었습니다. 그래서 연나라의 발을 묶고 고구려의 안전을 확보할 방법을 끊임없이 모색하였습니다.

그러다 광개토 대왕은 북연의 왕 고운에게 사신을 보냈습니다.

"따지고 보면 우린 서로 같은 핏줄이니 싸우지 말고 평화롭게 지냄이 어떻습니까?"

북연 왕도 내심 고구려가 짐이 되어 왔던 탓에 기꺼이 화친의 제의를 받아들였습니다.

광개토 대왕이 한 핏줄이라고 한 것은 북연 왕의 할아버지 고화가 일찍이 고구려 왕가에서 갈려 나간 고양 씨의 후손이었기 때문이었습니다. 이들은 모두 고구려의 시조 고주몽의 후손들이었습니다.

흔히 광개토 대왕 하면 정복에만 능한 임금이라고 생각하기 쉽지만, 그는 화해와 평화에도 능한 임금이었던 것입니다. 이처럼 껄끄러운 적과 화해를 하고 나니 마음이 편해진 것은 백성들이었습니다. 아무리 전쟁에서 승리를 한다 치더라도, 백성들이 전쟁 자체를 좋아할 리는 없기 때문입니다.

그 후, 광개토 대왕은 다시 예맥을 치고 읍루라는 나라도 쳤습니다. 이렇게 되자, 고구려의 위세에 스스로 항복해 오는 나라도 적지 않았습니다. 그는 왕위에 있던 22년 동안, 쉴 사이 없이 동서남북으로 말을 달렸습니다. 그리하여 서쪽으로는 뼈를 깎는 정복 전쟁 끝에 요하를 차지하였고 동북 쪽으로는 동부여와 북부여를 굴복시켜 만주의 주인공이 되었습니다. 남으로는 신라와 백제를 압박하여 한강까지 차지함으로써 위대한 고구려 제국을 건설하기에 이르렀습니다. 대륙을 지배한 고구려의 영웅 광개토 대왕은 서른아홉의 나이로 세상을 떠났습니다.

한편 광개토 대왕의 국토 확장을 증언하는 광개토 대왕 비는 1882년 만주 집안현의 통구에서 발견되었습니다.

최초로 과거 제도를 실시한
광종

고려 제 4대 임금인 광종은 925년 태조 왕건의 셋째 아들로 태어났습니다. 신명태후의 아들이자 정종 임금의 아우이기도 한 그는 정종의 뒤를 이어 왕위에 올랐습니다. 근친 결혼을 장려하여 외척 세력을 없애려고 했으며 958년에는 과거 제도를 실시하려고 하였습니다.

중국 땅 후주에서 망명해 온 쌍기의 건의를 받아들인 광종은 과거 제도를 시행하여 지방호족의 세력을 견제하려 했던 것입니다.

"상감 마마, 과거 제도를 실시하오면 이름 있는 집안의 자녀가 아니라 서민 출신의 관리가 벼슬에 오를 수가 있나이다. 통촉하여 주시옵소서."

"통촉하여 주시옵소서."

조정의 신하들은 과거 제도를 강력하게 반대하였습니다. 그러나 신하들은 광종의 뜻을 꺾지 못하였습니다.

권세 있는 집안과 지방의 유력자들의 자녀만이 관리가 된다는 것을 불합리하게 여긴 광종은 신하들을 설득하였습니다.

"인재를 고루 등용하여야 나라의 기틀을 바로 잡을 수가 있는 법이오. 과거 제도만큼은 양보할 수 없는 중대한 사안이오."

신하들의 반대를 무릅쓰고 광종은 마침내 과거 제도를 실시하여 새로운 인재를 등용하였습니다.

이로 인해 권문세족의 횡포를 억누른 광종은 왕의 권한을 찾게 되어 튼튼한 왕권을 세울 수가 있었습니다.

　이러한 광종의 정책은 옛 세력에 대한 탄압이라는 반발도 불러 일으켰으나 과거 제도는 고려조 이후 조선 시대까지 크게 영향을 끼친 새로운 제도였습니다.

　이밖에도 관리의 의복 제도를 개선한 광종은 관리들이 생활에 편리하고 좋은 옷을 입도록 하였습니다. 그리하여 의복의 디자인에 따라 관리의 직급을 알아볼 수 있었습니다.

　국토를 넓히는 것에도 주력했던 광종은 불교를 크게 장려하였습니다.

　"불교를 호국불교로 떠받드는 길만이 외적의 침입으로부터 나라를 구하는 길이다. 전국에 많은 절을 짓고 연등회와 팔관회를 크게 열도록 하라."

　이렇게 불교와 관련된 행사를 지나치게 크게 벌여 국가의 재정이 크게 줄어들기도 하였습니다.

　그러나 백성들을 위하는 마음이 앞섰기에 노비의 생활을 보호하기 위한 '노비 안건법'을 실시하였고 병에 걸린 백성들을 치료하기 위하여 '제위보'라는 의료 재단을 설치하기도 하였습니다.

　이렇듯 광종은 후세에 빛나는 업적을 많이 남겼으나 말년에 거짓된 상소를 쉽게 믿어서 많은 사람을 죽이는 잘못을 저지르기도 했습니다.

조국의 독립을 위해
김구

    김구 선생은 1876년 7월 11일 새벽에 황해도 해주 백운방 텃골에서 출생하였습니다.
    김구는 맏아들로서 어릴 때의 이름은 창암이었습니다. 창암의 집안은 아주 가난하였기 때문에 자주 이사를 해야 했습니다. 창암은 네 살 무렵에 천연두를 앓았는데, 그 때 치료를 제대로 받지 못해 얼굴이 약간 곰보가 되었습니다.
    창암은 가난한 살림에 보탬이 되고자 나무를 해다가 팔고 품팔이도 해야 했습니다. 그러면서도 공부를 등한히 하지는 않았습니다.
    창암은 열여덟 무렵에 동학에 입도하였습니다. 마침내 동학 농민 운동이 일어났을 때에는 어린 나이로 한 고을의 대장이 되어 의병 칠백여 명을 거느리고 관군과 싸웠습니다. 잠시 동안이었지만 해주의 관청을 점령했을 정도로 뛰어난 대장이었습니다. 이 때 그는 이름을 창암에서 창수로 고쳤습니다.
    당시 일본은 우리 나라의 약탈에 서서히 열을 올리기 시작했습니다. 이러한 김구는 일본을 지독히 싫어했습니다. 동학 농민 전쟁이 실패하여 의병을 해산할 때였습니다.
    "대장님, 행동이 수상한 사람이 있습니다."
    의병 하나가 김구에게 찾아와 보고를 하였습니다. 김구는 부하를 시켜 수상한 사람을 잘 살펴보게 하였습니다.

"일본군의 첩자가 분명합니다."

그러자 김구는 그 사람을 당장 잡아오게 하였습니다. 과연 조사해 보니 그는 일본군 장교였습니다. 조선 사람 옷을 입고 은밀히 의병 부대의 동정을 살피고 있었던 것입니다. 김구는 칼을 빼어 그 사람을 그 자리에서 죽이고 말았습니다.

이어 김구는 거리에 나가서 다음과 같은 방을 붙였습니다.

"해주의 김창수가 죽었다."

그러나 김구는 이 일로 인해 일본군에게 잡혀 인천의 감옥에 갇히게 되었습니다. 하지만 동료 죄수들의 도움으로 감옥에서 탈출하게 되었습니다. 그 후 김구는 일본 헌병의 눈을 피해 남쪽 지방을 돌아다니다가 마곡사라는 절에 가서 승려가 되었습니다.

1년이 조금 넘게 승려 생활을 하던 김구는 다시 속세로 나와 기독교를 믿었습니다. 이렇게 해서 김구는 처음에는 동학을 믿었다가, 그 다음에는 승려가 되었다가, 결국엔 기독교 신자가 된 것입니다.

스물아홉에 결혼을 한 그는 을사조약에 반대하는 운동을 벌이기도 하고 신교육 운동을 펴기도 하였습니다.

한편 이 무렵 김구는 다시 감옥에 갇히게 되었는데, 죄목은 안악의 부자를 위협했다는 것이었습니다. 그러나 그 곳에서 김구는 이동휘와 김좌진 등을 만날 수 있었습니다. 그리고 그 감옥에서 평범한 사람이라는 뜻인 백범이라는 말로 호를 삼기도 하였습니다.

감옥에서 4년을 보내고 나온 김구는 어느 농장에서 평범한 생활을 하며 지내다가, 1919년 3 · 1운동이 일어나자 압록강을 건너 상하이로 갔습니다.

임시 정부에서 김구가 가장 존경했던 인물은 도산 안창호였습니다. 그 때, 안창호는 지금의 내무부 장관격인 내무 총장이었습니다.

김구는 어떻게든 임시정부에서 일하고 싶어 안창호에게 간절히 부탁하였습니다.

"임시 정부의 문지기가 되어도 좋습니다. 그러니 임시 정부를 위해 일하게 해 주십시오."

안창호는 임시 정부의 여러 사람들과 의논한 끝에 김구에게 경무국장이라는 자리를 주었습니다. 경무 국장은 지금의 경찰 서장에 해당되는 자리였습니다. 김구는 자신의 임무에 충실하여 많은 다른 사람의 신임을 얻었습니다. 그러다 4년 뒤에 안창호의 뒤를 이어 내무총장이 되었습니다.

이 때쯤 임시 정부는 이름만 있었지, 돈도 없고, 사람들도 제 갈 길로 뿔뿔이 흩어졌습니다. 그러나 김구는 주위 사정에 아랑곳하지 않고 묵묵히 자신의 직무에 충실했습니다. 그러다 보니 주위에서는 김구를 임시 정부의 터줏대감이라고 했습니다.

그러다 1927년 김구는 임시 정부에서 가장 높은 국무령이 되었습니다. 국무령이 되었지만, 김구의 고난은 끝이 없었습니다. 무엇보다도 일본 헌병의 눈을 피해 도망다녀야 하는 일이 가장 고역이었습니다.

그러나 김구는 결코 좌절하지 않았습니다.

그 무렵 김구는 이동녕, 이시영, 조완구, 조소앙 등과 한국 독립당을 만들었습니다. 그리고 윤봉길에게 지시해 중국 상하이의 홍구 공원에 폭탄을 던지게 하였습니다. 일본은 싸움에서 이긴 것을 축하하는 기념식을 상하이의 홍구 공원에서 치르기로 했던 것입니다.

윤봉길이 홍구 공원으로 떠나기 전 아침이었습니다.

윤봉길이 문득 자신의 손목 시계를 풀며 김구에게 건넸습니다.

"이 시계는 어제 선서식 후에 선생님 말씀대로 6원을 주고 산 시계인데, 선생님 시계는 2원짜리이니 제 것하고 바꿉시다. 제 시계는 앞으로 한 시간밖에는 쓸 수가 없으니까요."

그러자 김구는 말없이 윤봉길의 시계를 받고, 자신의 시계를 그에게 건네주었습니다. 홍구 공원으로 떠나는 길에 윤봉길은 자동차에 앉아서, 다시 그의 돈을 꺼내서 김구에게 건넸습니다.

"왜, 돈 가지고 있는 게 어떨라구요?"
"자동차 요금을 주고도 5, 6원이 남아요."
그러자 김구는 고개를 끄덕이며 목 메는 소리로 말했습니다.
"훗날 지하에서 만납시다."
차에 오른 윤봉길은 고개를 내밀어 김구를 향하여 절을 하였습니다. 자동차는 큰소리를 내며 윤봉길을 태우고 홍구 공원을 향하여 달렸습니다.
윤봉길은 홍구 공원에 폭탄을 투척하여 일본의 많은 고위 관료를 살해하고 한국인이 아직 건재함을 세계 만방에 과시하였습니다. 그러나 일본 헌병은 이러한 일들의 배후에 임시 정부가 있다는 것을 간파하고 김구를 체포하기 위해 혈안이 되었습니다.
드디어 1945년 일본군은 연합군에게 항복을 했고, 우리 나라는 독립을 맞게 되었습니다. 이렇게 되자 김구는 상해를 떠나 조국으로 돌아왔습니다.
그러나 1945년 12월, 모스크바의 3상 회의에서는 우리 나라를 5년 동안 신탁 통치한다는 발표가 있었습니다. 신탁통치란 우리가 아직 나라를 세울 힘이 없으니, 강대국이 대신 다스려 주겠다는 것이었습니다.
김구로서는 통곡하지 않을 수 없는 노릇이었습니다.
"어떻게 해서 찾은 독립인데, 신탁통치라니! 절대 안 된다!"
김구는 즉시 신탁통치 반대 국민 총동원 위원회를 만들어 반대 운동에 나섰습니다. 그러나 이 때, 북측의 대표 여운형은 신탁 통치를 찬성하고 나섰습니다.
이 때부터 두 사람은 서로 미워하기 시작하였습니다. 김구는 신탁통치를 찬성하는 것은 공산주의자의 논리라고 생각하여 여운형도 공산주의자로 여겼습니다. 그리하여 김구가 이끄는 한국 독립당과 여운형이 이끄는 조선 인민당은 시도때도 없이 싸우게 되었습니다.

이 사이에서 득을 본 사람은 이승만이었습니다. 이승만은 공산당을 미워한다는 점에서는 김구와 같은 입장이었으나 김구와 여운형이 싸우도록 내버려두었고, 자신이 실권을 잡을 생각에만 골몰하였습니다.
　이승만은 남한만의 단독 정부 수립을 주장하였습니다. 그러나 김구는 민족이 분단되어서는 안 된다는 신념하에 북쪽과 함께 통일 정부를 세워야 한다고 주장하였습니다. 그리하여 3·8선을 넘어 직접 김일성과 협상을 벌이기도 하였습니다. 그러나 김구의 모든 노력에도 불구하고 끝내 우리 나라에는 두 개의 정부가 들어서고 말았습니다.
　한평생 민족의 독립을 위한 길을 걸은 김구는 1949년에 암살당하고 말았습니다.

의병을 일으켜 나라에 충성한
김덕령

1592년 선조 25년, 임진왜란이 일어나자 김덕령의 형인 김덕홍은 의병을 일으켰습니다. 의병장 고경명과 함께 왜적과 싸웠던 김덕형은 그 해 7월 금산성 싸움에서 전사하고 말았습니다.

그 때 김덕령은 모친상을 당하여 집에 머무르고 있었습니다. 김덕령의 용맹을 잘 알고 있었던 그 매부 김응회와 담양부사 경린은 그에게 의병을 일으키라고 권유하였습니다. 그 뒤 1593년에는 세자인 광해군이 장병들을 격려하기 위해 남쪽으로 내려왔다가 김덕령을 만났습니다.

"그대가 무예에 뛰어나고 용감하다는 것은 익히 들어 알고 있소. 위기에 처한 나라를 위해 의병을 일으키시오."

김덕령은 광해군의 뜻을 받들어 최담령 등 수십 명과 함께 의병을 모으기 시작했습니다. 며칠 사이에 6천여 명의 의병이 모이게 되었습니다.

광해군은 의병을 일으킨 김덕령에게 익호 장군이라는 이름을 주었습니다. 그 때 김덕령의 나이 스물여섯이었습니다.

항상 백근이 넘는 철퇴를 양쪽 허리에 차고 다녔던 김덕령 장군은 모든 사람들을 놀라게 하였습니다. 그리고 싸움터에서도 사나운 말을 타고 번개처럼 적을 물리쳤던 그는 적장들의 간담을 서늘하게 만들었습니다.

선조 27년 정월, 나라에서는 김덕령 장군의 공을 인정하여 '충호군'이라는 군호를 주었습니다. 그 해 2월 김덕령 장군은 별장 최담령 등과 더불어 영남 지방으로 진군하여 격문을 띄웠습니다.

'담양, 순창으로부터 김해, 동래, 부산 등의 왜적을 물리치고 바다를 건너 대마도를 치고 이어 왜의 대판성을 뺏은 다음 적들의 목을 잘라 죽임으로써 형의 원수를 갚고 국가의 치욕을 씻으리라.'

김덕령 장군이 영남으로 진군한다는 소식을 들은 왜적들은 모두 겁을 먹었습니다.

영남으로 들어온 김덕령 장군은 권율, 곽재우 등 의병 장군들과 전략을 세워 적을 토벌하였습니다. 그 해 4월에 그는 조정에 진주성 방어 대책을 상소하였으나 자기를 모함하는 자들에 의해 그 의견은 허락되지 않았습니다. 그는 탄식하며 동생 김덕진에게 이렇게 말하였습니다.

"네가 나와 같은 용맹이 있고 내가 너와 같은 지략이 있다면, 어찌 이런 경우를 당하겠느냐?"

이 때 김제에 있는 적을 치려고 남원을 거쳐 거제에 당도한 체찰사 윤두수는 권율, 이순신, 김덕령 등과 합세하여 왜적들을 무찔렀습니다.

그런데 그 해 9월 호남에 온 윤두수가 김덕령을 모함하는 자들의 말을 그대로 믿고 그를 처형해야 한다고 조정에 알렸습니다. 그리하여 김덕령은 감옥에 갇히고 말았습니다.

1597년 2월, 남도 사람들은 김덕령의 억울한 옥사를 상소하여 용서를 청하였습니다. 그 탄원이 옳다는 것을 안 우의정 정탁은 왕에게 아뢰었습니다.

"아직 적을 섬멸하지 못하였는데 훌륭한 장사를 죽인다는 것은 옳지 않사옵니다. 만일 왜적들이 이 사실을 안다면 얼마나 기뻐하겠습니까?"

정탁에 의해 죄가 없는 것이 드러나자 김덕령은 석방되었습니다.

그 해 7월에 이몽학이란 자가 7백여 명의 군사들을 이끌고 반란을 일으켰습니다. 홍산, 임천, 정산, 청학 등지를 함락시키고 대홍을 거쳐 홍성으로 침입하였습니다. 김덕령은 도원수 권율과 전라감사 박홍로와 더불어 군사를 거느리고 반란군을 평정하였습니다.

그러나 김덕령, 최담령, 홍계남 등이 반란군에 가담하였다고 모함하는 사람이 나타났습니다. 이 때 왜적의 간악한 흉계에 넘어간 김응서는 평소에 김덕령을 시기하여 이를 사실로 꾸며 조정에 밀고하였습니다. 선조는 크게 분노하여 김덕령을 감옥에 가두게 하였습니다. 이후 김덕령은 억울하게 처형당하고 말았습니다. 이 때 그의 나이 서른 아홉이었습니다.

음악 보급에 힘쓴
현제명

현제명은 1902년 대구시 남산동에서 4남매 중 차남으로 태어났습니다. 그가 성장한 때는 우리 나라 양악의 요람기라고 할 만했습니다.

현제명이 계성학교를 다닌 때 학교의 음악 교육이란 창가류에 지나지 않았습니다.

그러나 현제명은 종교적인 가정에서 자랐기 때문에 기독교적 정서에 영향을 받아 남달리 일찍 음악에 눈을 떴습니다.

진실로 음악에 뜻을 둔 계기는 숭실 전문 학교에 재학하던 때였습니다. 당시 숭실 전문 학교는 서양 선교사들에 의해서 과외로 음악 교육이 실시되었습니다. 음악대가 조직되고 전국을 순회하여 많은 칭찬을 받기도 했습니다.

현제명은 피아노를 가르치는 것으로 유명했던 솔토 부인에게서 피아노를 배우면서 바이올린과 합창 단원의 한 사람으로 음악 생활을 시작하였습니다.

1923년 숭실 전문 학교를 졸업한 그는 전주 신흥 학교에서 교편을 잡기도 했지만 음악을 깊이 있게 공부하기 위해 미국으로 건너갔습니다.

미국으로 건너간 그는 시카고 거언 음악 학교에 입학하여 석사 학위를 받고 졸업하였습니다.

미국 유학을 마치고 돌아온 그는 1929년 9월 27일 제 1회 독창회를 열고 '그 집 앞'과 '여름저녁'을 처음으로 선보였습니다. 이 후 유명해진 그는 레코드 취입을 하여 많은 노래를 수록하였습니다.

현제명은 이처럼 음악가로서 활동하였을 뿐만 아니라 음악을 널리 보급한 교육자로서 큰 업적을 남기기도 했습니다.

연희 전문 학교(현 연세대) 음악부 주임이 되어 1932년 조선 음악가 협회, 1954년 고려 교향악단을 각각 창설하여 이사장에 취임했습니다. 그 밖에도 남녀 중학 콩쿠르, 하기 음악 강습회를 열어 음악 보급에 힘썼습니다.

그의 교육 목표는 세계로 통하는 길을 열어야 한다는 것이었습니다. 그리하여 연희 전문에 근무할 때 봄, 가을 음악 대연주회, 남녀 중고등학교 현상 음악 대회, 하기 음악 강습회를 주최하였던 것입니다. 뿐만 아니라 몸소 독창, 합창, 밴드, 관현악에 이르기까지 직접 지도하였고 그의 젊음을 이 일에 바쳤습니다.

1931년 10월 29일자 조선일보에는 그의 업적을 호평하는 기사가 실렸습니다.

'연희 전문 관현악단은 종전보다 한층 세련된 솜씨를 보여주었다. 특히 바이올린 연주는 뛰어났다. 여기서 현제명의 공로는 매우 지대하다고 말할 수 있다.'

그리고 음악 콩쿠르는 1932년에 시작해서 매년 계속되었거니와 이것으로 인하여 전국의 남녀 고등학교에 음악열을 불러일으키는 중요한 계기가 되었습니다.

해방 후 경성 음악 학교를 세운 그는 교장이 되었다가 이듬해 서울 대학교에 통합되자 초대 음악 대학 학장에 선출되었습니다. 이 후 한국 음악가 협회 위원장, 국립 극장 운영 위원, 서울시 문화 위원회 부위원장 등을 지내고 1954년 예술원 종신 회원으로 뽑혔습니다.

그 후 유네스코 한국 대표로 여러 차례 국제 회의에 참석했으며 1957년 시카고 음악 대학에서 음악 박사 학위를 받고 제 1회 예술원상

을 받았으며 1965년 문화 훈장까지 받았습니다.
 그의 대표작으로는 오페라 '춘향전'과 '왕자 호동'과 가곡 '고향생각', '그 집 앞', '산들바람', '희망의 나라로' 등이 있습니다.

교과서에 나오는
6학년 위인들

초판 4쇄 인쇄   2010년 7월 2일
초판 4쇄 발행   2010년 7월 5일

엮은이 위인전 편찬위원회
발행인 김범수
발행처 자유토론
주　소 서울시 양천구 목2동 504-17 신구빌딩 2층
전　화 070-7641-9515
전　송 02-732-3474
E-mail fibook@naver.com
출판등록 제 314-2009-000001

　　ISBN 978-89-93622-32-4 73990

　　　　값 8,500원

　　　　잘못된 책은 구입하신 서점에서 교환해 드립니다.
　　　　저자와의 협의에 의해 인지는 생략합니다.